지금 **북극**은

What is happening in the Arctic?

제5권 북극, 새로운 도전의 공간

지금 북극은
What is happening in the Arctic

제5권 북극, 새로운 도전의 공간

2023년 6월 15일 초판 1쇄 발행

엮은이 배재대학교 한국-시베리아센터
글쓴이 김정훈 · 이송, 라미경, 이주연 · 최배성, 한종만, 김태진, 김정훈,
　　　　백영준 · 바실리예바 조야 안드레예브나, 서승현, 방민규
펴낸이 권혁재

편집 조혜진
출력 성광인쇄
인쇄 성광인쇄

펴낸곳 학연문화사
등록 1988년 2월 26일 제2-501호
주소 서울시 금천구 가산디지털1로 16 가산2차SKV1AP타워 1415호
전화 02-6223-2301
팩스 02-6223-2303
E-mail hak7891@chol.com

ISBN 978-89-5508-488-7 94960

이 논문 또는 저서는 2022년 대한민국 교육부와 한국연구재단의 지원을 받아 수행된 연구임 (NRF-2022S1A5C2A01092699)
This work was supported by the Ministry of Education of the Republic of Korea and the National Research Foundation of Korea (NRF-2022S1A5C2A01092699)

지금 **북극**은

What is happening in the Arctic

제5권 북극, 새로운 도전의 공간

학연문화사

발간사

　오랜 기간 북극공간은 환경보호 및 인류공동유산이라는 명목가치 아래 국제사회 협력 기반의 보호망에 속해 있었다. 그러나 2023년 현재의 북극권은 기후변화, 국제개발, 신 국가보호주의, 남북 불균형 증대 등 지구의 다변화적 요소로 인해 이해 당사국 간의 국익 증대를 위한 지정학적 경쟁이 가속화하면서 새로운 국면을 맞이하고 있다.

　2022년 2월 발발해 지금까지 진행되고 있는 러시아 · 우크라이나 전쟁은 해당 지역을 넘어 국제 사회 전반에 영향을 미치고 있으며, 북극권까지 갈등의 파고를 확대시켜 나가고 있다.

　1996년에 북극권 환경 보호 및 지속가능한 발전을 추구한 '오타와 선언'을 토대로 북극이사회(AC, Arctic Council)가 발족한 이래 AC(산하 6개의 워킹그룹, 6개의 원주민 그룹 및 옵서버 국가들 포함)를 중심으로 북극권 내의 협력사업을 모색하고 실행하려는 노력이 전개되어 왔다. 그러나 러시아 · 우크라이나 전쟁 발발 이후 AC는 당시 의장국 역할을 수행하고 있던 러시아(2023년 5월 11일부터 노르웨이가 의장국 지위 수임) 대 미국을 비롯한 나머지 7개국으로 양분화되었고, 이로 인해 북극권 내의 협력 사업들은 지지부진한 상태로 전락했다.

　특히 AC회원국으로 중립국의 위치를 견지해오던 핀란드가 2023년 4월 NATO 가입을 확정했고, 그와 유사하게 전개되고 있는 스웨덴의 NATO 가입 추진도 러시아를 자극하고 있다. 이에 러시아는 우크라이나 사태와 유사한 입장인 NATO의 동진에 강력한 거부 의사를 표명하며 '포세이돈(수중 드론 형태의 핵 어뢰)'과 같은 핵무기를 북극권에 전진 배치시키는 등 무력시위를 펼치고 있어, 동 지역에 대한 안보 위기는 더욱 첨예화하고 있다. 이외에도 자원 및 항로 개발 등 북극권 개발과 관련된 각종 이익 사업 역시 갈등을 증폭하거나 촉발시킬 수 있는 잠재적 요인으로 내재 중이다.

뿐만아니라 기후 및 생태 그리고 그 공간에 거주하고 있는 원주민들의 문제 등 여러 분야에 있어 북극권에는 갈등 촉발 차원을 넘어 인류 전체의 공존을 위해 해결해야 할 문제들이 산적해 있다. 이들 중 일부는 개별 국가가 해결하거나 추진해 나갈 사항일 수도 있지만, 대부분의 문제는 지구촌 전체가 협력해야 그 결실을 맺을 수 있음은 명백한 사실이다. 따라서 국제 사회는 해당 공간에서 불거진 현재의 '갈등'을 극복하고 '인식의 공유 및 협력'을 통한 지속가능한 발전방안을 모색해 나가야만 할 것이다. 물론, 2023년 AC 옵서버 지위 확보 10주년을 맞이하는 대한민국 역시 포화 상태인 한반도의 경제 공간을 확장시킬 수 있는 기회 확보 및 중견 국가 리더 그리고 '극지 선도국'으로서의 자리 매김하는 중요한 역할을 실현할 수 있는 단기적뿐 아니라 중장기적인 대책과 방법을 준비해야만 한다. 현재 다소 답답하고 정체되어 있는 것처럼 느껴지는 한반도의 현실과 미래가 북극공간을 통해 해결될 수도 있기 때문이다.

다시 강조하지만, 북극권은 지역 차원을 넘어 전 인류에게 있어 소중한 자산이다. 따라서 어떻게 그 공간을 활용하고 보전하느냐에 따라 한반도는 물론 지구촌 전체의 현재와 미래가 결정될 수도 있다. 북극권과 관련해 인류는 지금까지 '개발과 보전'이라는 커다란 명제를 해결해 나가고자 노력해 왔다. 여기에 현재의 북극권은 그동안 수면 위로 떠오르지 않고 내재되어 있던 또 하나의 지극히 현실적이고 중대한 문제인 '갈등과 협력'이라는 문제를 추가적으로 제시하고 있다. 이를 지혜롭게 해결할 수 있는 방법의 모색에 대한 진지한 접근이 필요한 시기이다.

배재대학교 한국-시베리아센터는 2019년 한국연구재단의 '인문사회과학연구소' 지원 사업에 선정된 이후, 연구진과 전문가 및 학자들의 연구활동의 결과물을 모아 현재까지 북극 관련 총서 4권을 발간했다. 그 사업의 연장선 상에서 이번에 출간되는 '지금 북극은: 제5권 북극, 새로운 도전의 공간' 역시 이전과 마찬가지로 지정, 지경, 지문화 및 생태환경 등 다양한 학술 분야의 연구결과와 전문가들의 논고를 담아냈다. 이번에 발간되는 총서 5권은 나름 여러 가지 측면에서 의미를 가지고 있다고 생각한다. 학술적 측면으로는 새로운 학술 연구의 확대 및 '갈등과 협력'이라는 현실 문제 해결책 모색에 대한 북극공간의 사회적 인식의 확산 측면에서 소중한 가치를 함유하고 있으며, 시의적인 측면으로 2023년은 대한민국이 AC 옵서버 지위 확보 10주년을 맞이하는 해이기에 그 의미가 더 배가될 수 있다고 생각한다.

본 연구결과물이 지난 10년간 AC 옵서버로서의 대한민국 북극 정책 및 전략에 관해 회고하고 분석할 수 있는 중요한 자료로서 활용되어, 우리 북극정책의 실행 과정과 미래 방향성 설정 모색의 동력이 될 수 있으리라는 기대를 해본다. 아울러 이를 기반으로 한 북극공간에 대한 더욱 심도깊은 연구활동과 논의가 지속되어야 할 것이기에, 배재대학교 한국-시베리아센터의 연구진은 그 연속성을 이어주는 중요한 연결 고리의 역할을 지속해 나가고자 한다.

끝으로 '지금 북극은; 제5권 북극, 새로운 도전의 공간'이 세상에 나오기까지 수고해 주신 모든 분들께 감사를 전한다. 여러 다양한 환경 속에서 하나가 되어 본 결과물을 창출해 내신 연구진 내 일곱 분과 네 분의 외부 전문가로 이루어진 집필진, 출간 과정에서 힘을 보태신 연구소 구성원들 그리고 출간에 적극적인 지원을 아끼지 않으신 학연문화사 권혁재 대표님과 편집진 모든 분들에게 진심으로 머리 숙여 감사를 표한다.

감사합니다.

'북극권 내의 갈등을 넘어 협력과 공조의 시대 도래와 지속가능한 발전 과정에 대한 민국의 선도적 입지 확보를 위한 새로운 도전'을 기대하며...

2023년 6월 1일

배재대학교 한국-시베리아센터 소장 김정훈

목 차

러시아 · 우크라이나 전쟁으로 인한 북극권 변화 그리고 한국의 역할 모색

김정훈* · 이송**

Ⅰ. 서론

북극권은 오랜 시간 동안 닫힌 공간으로 인식되어 왔으며, 냉전으로 양극화된 지난 20세기 국제관계 하에서는 미 · 소간 군사 대결의 최전선이 되기도 했다. 1987년 소련 서기장 미하일 고르바초프(Mikhail Gorbachev)의 '무르만스크 선언'은 북극권의 냉전 상황을 종식하는 중요한 계기가 됐다. 그는 선언문을 통해 북극권의 개방과 평화지역 설립을 제안했다. 아울러 급속도로 진행하고 있는 과학기술의 발달과 지구온난화 현상은 해당 공간에 대한 접근과 개발 가능성을 높여 주고 있다. 이러한 추세에 발맞추어 1996년 9월 19일 캐나다 오타와(Ottawa)에서 북극권 국가인 캐나다, 미국, 스웨덴, 핀란드, 아이슬란드, 노르웨이, 덴마크, 러시아의 대표가 모여 '지속가능한 개발(SDG's)'을 목표로 한 북극이사회 창설 선언문[1]을 발표하면서 북극이사회(Arctic Council, 이

※ 이 글은 한양대학교 아태지역연구센터가 발간하는 『중소연구』(2022년 46권 3호)에 게재된 논문 "러시아 · 우크라이나 사태 전후의 북극권 상황 분석과 한국 역할 모색"을 수정하고 보완한 글임.

 * 배재대학교 한국-시베리아센터 소장
** 한국외국어대학교 국제지역대학원 박사과정생

1) Declaration on the Establishment of the Arctic Council, https://1997-2001.state.gov/global/oes/oceans/declaration.html (검색일: 2022.9.28).

하 AC)가 출범했다. 이후 AC는 6개의 워킹그룹을 조직하고 북극 원주민의 공동 참여를 유도하며 북극 문제에 대한 국제적 협력을 추구해 왔다. 물론 이 기간에도 영유권 문제 및 자원 문제 등 적지 않은 사안들에 있어 갈등들이 내재해 있기는 했다.

2022년 2월 러시아·우크라이나 전쟁이 발발했다. 이는 자원, 물류 및 금융 등 거의 국제관계 전반에 있어 부정적인 영향을 미치고 있으며, 북극권에서의 국제관계 정세 변화로 인한 갈등의 첨예화를 초래할 수 있을 것이라는 예측들이 나오고 있다.[2] 대표적인 실례로 2022년 7월 북극 인접국이자 러시아와 국경을 맞대고 있는 핀란드와 스웨덴은 NATO 가입 의정서 서명을 마쳤다. 2023년 4월 핀란드는 NATO 가입에 대한 공식 절차를 완료했다.[3] 스웨덴의 경우는 NATO 회권국 확대에 대해 찬성 입장을 표하면서도 비준을 유예하고 있는 헝가리와 튀르키예 때문에 다소 지체되고 있는 상황이다. 러시아와 1,340km의 국경을 맞대고 있는 유럽의 대표적인 중립국인 핀란드의 나토 가입은 2022년 러시아·우크라이나 전쟁 이후 자국의 군사·안보가 우선시되었기 때문이다. NATO의 동진 현상에 민감하게 반응하는 러시아는 자국의 안보와 국익에 대한 공격이라 표현하며 이에 엄중한 대응을 예고하고 있다. 스웨덴의 NATO 가입 선언과 핀란드의 나토 가입은 북극권 이해 당사국의 안보 문제에 있어 새로운 갈등을 야기시킬 수 있는 중요 사건 중 하나가 됐다. 이로 인해 AC도 큰 영향을 받고 있다. 러시아(2021-2023년 의장국)에 대해 미국을 비롯한 나머지 6개국이 비토를 행사하고 있어, 마치 두 개의 그룹으로 분열된

---

2) 중앙일보, "얼음이 녹자 싸움이 벌어졌다…푸틴 vs NATO '북극해 혈투'," https://www.joongang.co.kr/article/25085033#home (검색일: 2022. 7. 23).

3) 나토 공식 홈페이지에는 핀란드를 'NATO MEMBER COUNTRIES'로 명시하고 있다. https://www.nato.int/cps/en/natohq/nato_countries.htm 참조

상태로 인식되고 있다. 2023년 5월 AC 의장국은 러시아에서 노르웨이로 전환됐다. 이전까지는 북극해 연안국인 미국, 덴마크, 노르웨이와 캐나다 4개국과 러시아 사이에는 영유권 갈등이 존재하지만, 러시아와 직접적 분쟁보다는 AC에서 협력 관계를 구축하는데 힘을 쏟아 왔다. 그러나 스웨덴의 NATO 가입 선언과 핀란드의 NATO 가입은 북극권의 갈등을 더욱 심화시키는 트리거(Trigger)가 될 수도 있다. 이러한 현상들은 미국, 러시아와 중국 등 강대국 3개국과 AC 회원국을 중심으로 한 북극권의 패권전쟁이자 진영대결의 장으로 변모하는 새로운 지형변화의 예고편이라 할 수 있다.

러시아의 북극권에 대한 의지는 2022년 7월 '해군의 날'을 맞이하여 상트페테르부르크에서 열린 기념식에서 푸틴 대통령이 서명한 개정된 행정명령 '해양 독트린'에 잘 나타나 있다. 해양 독트린은 러시아 해양 정책의 우선순위를 규정한 최상위 전략 계획 문서로, 2001년 처음 제정되었고, 2014년 우크라이나 크림반도 병합 등 국제정세의 주요 변화 국면에서 개정됐다. 개정된 독트린에 의하면, 러시아는 "미국의 세계 해양 지배를 향한 전략"을 "러시아의 안보와 지속가능한 세계 해양 개발에 대한 주요한 도전이자 위협"이라고 규정하며, NATO가 러시아 인근 해역인 흑해와 발트해 등에서 진행하는 군사 훈련을 안보 위협으로 규정하고 있다. 이를 토대로 푸틴 대통령은 "몇 달 안에 최신형 극초음속미사일인 '치르콘(3M22 Tsirkon, Циркон)'을 해군에 배치하고, 북극권에서의 핵추진 쇄빙선 건조와 운영에 대한 우위를 확보하겠다"고 언급했으며, 이를 실현해 나가고 있다.

러시아 · 우크라이나 전쟁 발발 이후 미국을 중심으로 한 서방 세계는 러시아 경제 제재 강화를 선포하고 강경 대응을 이어 가고 있다. 이러한 움직임은 우크라이나 영토를 넘어 북극권에서도 나타나고 있다. 미국은 패권 다툼이 가열될 것으로 예상되는 북극권에 특사를 신설하여 중국과 러시아의 영향력 확대를 견제하고 있다[4]. 이는 안보 문제뿐 아니라 북극해에 매장되어 있는 막대한 자원을 두고 강대국들의 이권 다툼이 본격화 될 것으로 예상된다.

상기한 바와 같이 북극권 국제정세의 흐름과 미래에 심화될 것으로 우려되고 있는 갈등에 대해 언급해 보았다. 북극권은 인류 공동의 자산으로 인접국뿐 아니라 지구촌 전체의 중요한 공간이다. 기후, 생태, 자원, 물류 이동, 원주민과 거주민들의 다양한 문화자산 등이 바로 그 증거라 할 수 있을 것이다. 그리고 현재 경제적으로 포화 상태인 한반도의 미래를 위해 유라시아를 포함한 새로운 성장공간을 창출해 내야하는 한국의 입장으로서도 북극권은 매우 중요한 공간이기도 하다. 이에 따라 본고에서는 러시아·우크라이나 전쟁 전후 북극권 정세 변화와 특성을 분석하고 러시아·우크라이나 전쟁 후 한국의 북극 전략을 용이하게 만들 수 있는 방안에 대해 모색해 보고자 한다.

이에 따라 본 연구는 세 개의 연구 방향으로 구성해 보고자 한다. 우선 첫번째 부분에서는 러시아·우크라이나 전쟁 이전의 북극권을 둘러싼 협력과 갈등 그리고 AC의 설립 과정과 한계를 설명하고자 한다. 이어 두 번째 부분에서는 동 전쟁의 전개 과정과 이후의 북극권에서의 관계 변화 그리고 북극권을 둘러싼 새로운 거버넌스에 대한 분석과 전망을 시도해 볼 것이다. 마지막으로 이러한 사항들이 한국의 북극 진출 과정에 있어 어떠한 시사점을 주고 있으며, 이를 위한 방안 모색 및 대책 수립으로 결론을 맺고자 한다.

---

4) 한겨레, "푸틴 "미·NATO는 안보위협" 새 해양독트린에 명시,"
   https://www.hani.co.kr/arti/international/europe/1053149.html (검색일: 2022.9.28).

Ⅱ. 선행연구

2022년 2월 러시아·우크라이나 전쟁이 발생하기 전의 북극권 정세 변화에 관련된 국내 연구 결과물들은 다수 존재한다. 북극해 확보 경쟁과 기존의 거버넌스의 문제점, AC의 한계를 제시한 우양호, 이원일, 김상구[5]의 공동 논문을 비롯해 AC의 특징과 산하 워킹그룹을 구별하고 한국의 대응 방안을 모색한 진동민, 서현교, 최선웅[6]의 공동 연구 결과물 등이 있다. 이용희[7]는 스발바르 조약의 체결 배경과 과정, 해양 관할권에 관한 국제법적 해결 방안을 모색했으며, 라미경[8]은 스발바르 조약 적용에 관한 각국의 입장, 북극권의 안보협력 가능성에 대해 고찰했다.

지정학적 부분에서는 북극권 영유권 갈등 해결을 위한 모델로 1920년 체결한 '스발바르 조약(The Svallbard Treaty)'을 제시하며, 북극해 관할권 갈등 양상을 주목하고 다자간 협력 틀에서 해양 레짐의 가능성과 러시아·노르웨이 양국의 분쟁 해결 과정을 분석한 박영민[9], 지구온난화 현상으로 해빙이 진행되면서 북극권의 이해관계 국가 간 외교 마찰 움직임을 제시하고 러시아 북극 정책이 주는 시사점을 북극해의 지정학적 변화에서 찾고 있는 이영형[10], 지

---

5) 우양호·이원일·김상구, 「북극해(北極海)'를 둘러싼 초국경 경쟁과 지역협력의 거버넌스: 최근의 경과와 시사점」, 『지방정부연구』 제21권 1호 (2017), 87, 98쪽.
6) 진동민·서현교·최선웅, 「북극의 관리체제와 국제기구 : 북극이사회(Arctic Council)를 중심으로」, 『Ocean and Polar Research』 제32권 1호 (2010), 85-95쪽.
7) 이용희, 「북극 스발바르조약에 관한 연구」, 『해사법연구』 제25권 2호 (2013), 107-136쪽.
8) 라미경, 「스발바르조약 100주년의 함의와 북극권 안보협력의 과제」, 『한국 시베리아 연구』 제24권 4호 (2020), 1-29쪽.
9) 박영민, 「북극해 영유권 갈등의 정치학: 동아시아 지역에 주는 시사점」, 『대한정치학회보』 제27권 3호 (2019), 19-42쪽.
10) 이영형, 「러시아의 북극해 확보전략: 정책방향과 내재적 의미」, 『중소연구』 제33권 4

경, 지정, 지문화적 접근을 통해 노르딕 북극권의 거버넌스의 중요성을 도출하고 있는 한종만[11] 등의 연구 결과물이 있다.

한국의 북극권 전략과 전망에 관한 연구로는 한국, 일본, 중국은 러시아의 중요한 전략적 파트너가 될 수 있는 조건을 갖추고 있다고 밝히며, 한·중·일 북극 개발 전략을 서술하고 있는 이상준[12], 한국의 정치적 특성상 일관되지 못하고, 러시아 북극권 정책의 소극적인 입장을 지적하며 해결 방안으로 정부 부처 신설을 주장한 백영준[13], 중견국 입장에서 한국의 새로운 북극 역할로 우수한 5G 통신기술을 주목하고 있는 김정훈, 성지승[14] 등이 있다.

국제사회 내 심화되는 진영대결 속에서 북극권은 러시아-미국-서방이 대립하는 공간으로 제시하고 있는 윤민우[15], 러시아의 우크라이나 침공 이후 국제사회가 어떻게 바뀔지 예상하고, 핵심 이해 당사국인 미국의 세계 패권 전략의 이해가 필요하다고 강조하는 이대식[16] 등의 연구결과물이 있다.

러시아가 발표한 대표적인 북극 개발 전략은 사회·경제, 군사안보, 환경, 정보통신, 과학기술과 국제협력 등 총 6개 분야를 바탕으로 북극권 전략의 목

호 (2010), 103-129쪽.

11) 한종만, 「노르딕 북극권의 지정, 지경, 지문화적 역동성에 관한 연구」, 『한국 시베리아연구』 제21권 2호 (2017), 1-50쪽.

12) 이상준, 「러시아의 북극개발과 한국의 참여전략」, 『러시아연구』 제31권 1호 (2021), 247-284쪽.

13) 백영준, 「한국의 러시아 북극개발 협력 가능성 모색: 일본과 한국의 대러시아 정책 비교분석을 중심으로」, 『한국 시베리아연구』, 제25권 3호 (2021), 79-110쪽.

14) 성지승·김정훈, 「북극권 미중 경쟁 속 한국의 중견국 외교전략 모색: 북극 5G 거버넌스」, 『한국 시베리아연구』 제26권 1호 (2022), 34-72쪽.

15) 윤민우, 「미국-서방과 러시아-중국의 글로벌 전략게임:글로벌 패권충돌의 전쟁과 평화」, 『평화학연구』 제23권 2호 (2022), 7-41쪽.

16) 이대식, 「미국 패권의 진화와 우크라이나 전쟁」, 『국제지역연구』 제26권 4호 (2022), 83-120쪽.

표를 명확히 제시하고 있는 "2020 러시아연방 북극 기본정책과 전망(Основы государственной политики Российской Федерации в Арктике на период до 2020 года и дальнейшую перспективу)[17]"에 담겨 있다. 이를 기반으로 상기한 6개 분야를 중심으로 북극권 발전 및 국가안보를 제시하고 있는 "러시아연방 북극권 발전 및 국가 안보 전략 2020(Стратегия развития арктической зоны Российской Федерации и обеспечения национальной безопасности на период до 2020 года)[18]"이 만들어졌다. 장기적 관점에서 북극권의 국가안보, 물류 수송과 자원개발 중심의 북극권 전략을 담고 있는 "2035 러시아연방 북극 기본정책(Об основах государственной политики Российской Федерации в Арктике на период до 2035 года[19])"이 수립됐다. 이는 러시아의 주요 북극권 전략 문서이며, 북극권 영향력을 강화하기 위해 장기적인 관점에서 북극전략을 제시하고 있다.

　모로조프와 클리멘코(Ю.В Морозов, А.Ф Клименко)[20]는 공동 연구 결과물

---

17)　КонсультанПлюс надежная правовая поддержка, "Основы государственной политики Российской Федерации в Арктике на период до 2020 года и дальнейшую перспективу," (утв. Президентом РФ 18.09.2008 N Пр-1969) http://www.consultant.ru/document/cons_doc_LAW_119442/ 참조(검색일: 2022.8.28).

18)　Правительство России, "О Стратегии развития Арктической зоны Российской Федерации и обеспечения национальной безопасности на период до 2020 года," http://government.ru/info/18360/ (검색일: 2022.8.28).

19)　Президент России, "Указ Президента Российской Федерации от 05.03.2020 г. № 164," http://www.kremlin.ru/acts/bank/45255 (검색일: 2022.8.28).

20)　Морозов Ю.В., and Клименко А.Ф. "Арктика в стратегии НАТО и направления взаимодействия России с государствами Северо-Восточной Азии в этом регионе" Национальные интересы: приоритеты и безопасность," no. 17 (302), 2015, pp. 39-51. https://cyberleninka.ru/article/n/arktika-v-strategii-nato-i-napravleniya-vzaimodeystVIya-rossii-s-gosudarstvami-severo-vostochnoy-azii-v-etom-regione (검색일: 2022.9.28).

을 통해 러시아 북극전략 수립의 중요성, 경제 제재 하에서의 수출 다각화 모색, 북극에서의 러시아 전략 이행 방안의 제시 및 동북아시아와의 협력을 강조했다. 이와 유사한 연구물로 보로넨코, 그레이직(А. Л Вороненко, С. В Грейзик)[21]의 공동 논문이 있다. 이들은 한국, 중국 및 일본 등 동아시아 3개국의 북극권 관심이 증가하고 있다는 사실에 주목하고, 이들 국가들은 러시아와의 이해관계 속에서 협력 가능성이 높다고 전망하고 있다. 쥬라벨 (В. П Журавель)[22]은 자신의 논문을 통하여 북극권에서 벌어지는 NATO 활동은 안보 분야에서 국가 간 힘의 균형을 붕괴시킬 수 있으며, 2021년 AC 의장국의 과정과 결과에 부정적인 영향을 미칠 수 있다고 주장했다.

폴 아서 버크만 (Paul Arthur Berkman)과 오란 영(Oran R. Young)[23]은 북극해에서 벌어지는 거버넌스와 환경변화 내용을 분석하였으며, 유하 조켈라 (Juha Jokela)[24]는 북극권 변화에 따른 기회는 지역 협력 증가와 국제 협정의 중요성에 대해 연구했다.

이외의 해외 자료로는 근 북극권 국가로 지칭하며 북극권의 영향력 확대

---

21) Вороненко Александр Леонидович · Грейзик Сергей Владимирович, "Перспективы сотрудничества России со странами Северо-Восточной Азии в Арктическом регионе," // АиС. 2019. №35. https://cyberleninka.ru/article/n/perspektIVy-sotrudnichestva-rossii-so-stranami-severo-vostochnoy-azii-v-arkticheskom-regione (검색일: 2022.9.28).

22) Журавель Валерий Петрович, "НАТО И ВОПРОСЫ НАЦИОНАЛЬНОЙ БЕЗОПАСНОСТИ РОССИИ В АРКТИКЕ," // Научно-аналитический вестник Института Европы РАН. 2021. №2. https://cyberleninka.ru/article/n/nato-i-voprosy-natsionalnoy-bezopasnosti-rossii-v-arktike (검색일: 2022.9.28).

23) New Series, Vol. 324, No. 5925 (Apr. 17, 2009), https://www.science.org/doi/10.1126/science.1173200 (검색일: 2022.10.5).

24) European Union Institute for Security Studies (EUISS), http://www.jstor.com/stable/resrep07064.7 (검색일: 2022.10.5).

를 위해 2018년 발표한 "중국 북극정책백서(China's Arctic Policy)"[25], 북극권의 자유, 에너지 확보와 환경보호에 관련해 AC 회원국들과의 국제협력 강화 필요성을 강조하고 있는 미국의 "북극 지역 국가전략 (National Strategy for Arctic)"[26], 북극권 내의 중국과 러시아의 움직임을 견제함과 동시에 미국의 이익실현과 동맹강화를 목표로 한 "북극권 특사 신설 (Establishing an Ambassador-at-Large for the Arctic Region)"[27] 등이 있다.

위에서 살펴본 바와 같이 국내와 해외의 연구논문은 주로 북극해의 전략적 가치, 자원, 북극항로, 북극권 협력과 거버넌스 분석, 한국의 북극권 대응 방안에 편도 되어 있다. 이는 러시아·우크라이나 전쟁 전 상황에서 연구된 논문으로 2022년 러시아·우크라이나 전쟁 후 북극권에서 새롭게 발생하는 갈등을 담아내지 못하고 있다. 따라서 본고에서는 기존의 연구 분석을 토대로 2022년 러시아·우크라이나 전쟁이 반영된 북극권에서 전개되고 있는 변화에 대해 주목해보고자 한다.

---

25) The State Council Information Office of the People's of China, "China's Arctic Policy (Beijing 2018)," https://webcache.googleusercontent.com/search?q=cache:AYe1MfTDHhYJ (검색일: 2022.9.28).

26) White House, "NATIONAL STRATEGY FOR THE ARCTIC REGION," https://obamawhitehouse.archIVes.gov/sites/default/files/docs/nat_arctic_strategy.pdf (검색일: 2022.9.26).

27) U.S Department of State, "Establishing an Ambassador-at-Large for the Arctic Region," https://www.state.gov/establishing-an-ambassador-at-large-for-the-arctic-region/ (검색일: 2022.9.26).

Ⅲ. 본론

A. 러시아 · 우크라이나 전쟁 이전의 북극권을 둘러싼 협력과 갈등

러시아 · 우크라이나 전쟁 이전, 북극권 인접 국가들은 북극권 분쟁과 갈등을 주로 조약체결로 해결하고자 했지만, 그 외 북극권에 관심이 있는 국가들은 인류 공동의 관심사로 부각된 기후변화, 생태계 보전 및 환경보호 그리고 북극 원주민의 삶 보존 등과 같은 문제에 대해 국제사회의 협력을 통한 공동 해결 의지를 표출해 왔다.

20세기 초부터 러시아 · 우크라이나 전쟁 이전까지 있었던 이와 관련된 사항들을 1925년 발효된 스발바르 조약을 시작으로 분석해 보고자 한다. 북극권의 대표적 다자 조약이며, 영토분쟁 해결의 대표적인 조약으로 평가 받고 있는 스발바르 조약은 1개의 전문, 10개의 조항과 1개의 부속서로 구성되어 있으며, 스발바르 제도의 평화 보장과 노르웨이의 절대적 주권 부여를 명시한 북극권에서 발효된 최초의 조약이다.[28] 이 조약에 가입한 회원국은 노르웨이 국민과 동등하게 북극권 활동에 참여할 수 있으며, 비군사적 목적을 전제로 해야 한다. 수산 및 석유 자원 등을 풍성하게 보유하고 있는 스발바르 제도는 현재까지 경제적, 자원적 가치를 둘러싼 영유권 갈등의 핵심 지역으로 남아 있다[29].

2차 세계대전 이후 냉전체제의 국제 정세는 북극권에도 영향을 미쳤으며, 이로 인해 북극 공간은 안보 차원에서 굳게 닫힌 공간으로 인식되어 왔다. 그

---

28) 김봉철 · 고승화, 「유럽의 북극지역 관련 갈등 해결을 위한 법과 정책」, 『EU연구』 57호 (2021) 41-62쪽.
29) 라미경 (2020), 3쪽.

러나 1987년 소련의 서기장이었던 고르바초프의 '무르만스크 선언'은 북극을 열린 공간으로 인식하는 중요한 계기가 됐다. 그는 북극과 북극점을 전세계에 개방하면서 북극권 개발과 북극해 항로의 국제적인 이용 및 북극 평화지역 설립을 제안했다. '무르만스크 선언'은 북극 협력의 시발점이 되었으며, 이에 따라 소련 쇄빙선의 에스코트 하에 북극항로를 국제적인 수송노선으로 이용할 수 있는 방법이 제기됐다.[30] 그로부터 2년 후인 1989년 발생한 엑슨 발데즈호 기름유출사건은 환경문제에 국제적 협력이 필요함을 인식시키는 계기가 됐다[31]. 그러나 북방항로의 외국선박 개방을 법제화한 '북방항로 항해규칙 (Правила плавания по трассам Северного морского пути)'[32]이 제정된 1991년, 바로 그해 있었던 소연방 해체는 국제정치를 복잡하게 만들었을 뿐 아니라, 북극권 관할권에 대한 논쟁을 재점화 시켰으며, 이에 더해 북극해 활용을 위해 북극 연안국들은 환경문제 이외에 외교안보, 사회문화등 다양한 분야 협력이 필요한 상황이 됐다.

이러한 국제정세와 관련된 국제행위는 북극권에 인접한 8개 국가로부터 시작됐다. 1996년 9월 19일 캐나다 오타와에서 북극권 8개국은 9개 조항을 담

30) Ю. Е. Фокин, А. И. Смирнов(2012), "Киркенесская Декларация о сотрудничестве в Баренцевом/Евроарктическом регионе: взгляд из России 20 лет спустя, Национальный институт исследований глобальной безопасности," https://www. niiglob. ru/en/publications/materialy-k-20-letiyu-sber/272-yuefokin-aismirnov-kirkenesskaya-deklaracziya-o-sotrudnichestve-v-barenczevomevroarkticheskom-regione-vzglyad-iz-rossii-20-let-spustya. html (검색일: 2022. 10. 17).

31) 박찬호, 「해양 원유유출사고에 대한 법제적 대응방안 - 외국사례와 시사점을 중심으로」, 『국토』 통권 325호 (2008), 32-43쪽.

32) PANDIA, "Правила плавания по трассам северного морского пути," https://pandia. ru/text/80/156/32367. php (검색일: 2022. 10. 10).

은 '북극이사회 설립 선언문'(DECLARATION ON THE ESTABLISHMENT OF THE ARCTIC COUNCIL, 일명 '오타와 선언 Ottawa Declaration')[33]을 발표했다. 선언문의 주요 내용은 북극의 환경보호 논의, 북극권에서 벌어지는 회원국 간 협정 체결을 위한 협상 중재, 원주민 참여, 북극 거주민과 원주민들의 삶 보장, 북극 자원의 지속 가능한 이용과 남용을 방지하는 것 등이다. 이를 기반으로 1997년 설립한 AC는 북극의 지속 가능한 발전과 환경보호를 위해 창설된 정부 간 협의체로 북극예외주의인 군사안보 이슈는 배제하고 있다.[34]

AC는 캐나다, 러시아, 핀란드, 미국, 덴마크, 스웨덴, 핀란드, 아이슬란드 등 8개 회원국과 6개의 워킹그룹, 6개의 상임 참가그룹, 38개의 옵서버로 구성되어 있다.[35] AC 회원국 8개국이 2년 주기로 순환적으로 의장국을 수임한다. 장관회의에서 차기 의장국 외무장관은 2년 동안 의장국으로서 업무 방향성을 제시한다.[36] 2021~2023년 임기는 러시아, 2023~2025년은 노르웨이가 의장국을 맡는다.

북극권의 접근성 향상으로 북극해에 매장된 자원과 항로개발을 통해 얻을 수 있는 경제적 이익 발생에 기대감이 증폭되고 있으며, 이로 인해 북극권의 영유권을 둘러싼 국제사회 분쟁도 심화되고 있다. 러시아·우크라이나 전쟁 이전까지 분쟁을 해결하기 위해 북극권에서 가장 큰 영향력을 행사하고 있는

---

33) ARCTIC COUNCIL, "DECLARATION ON THE ESTABLISHMENT OF THE ARCTIC COUNCIL," https://oaarchIVe.arctic-council.org/handle/11374/85 (검색일: 2022.10.10).
34) 김민수, 「북극 거버넌스와 한국의 북극정책 방향」, 『해양정책연구』 제35권 1호 (2020), 181쪽.
35) 북극이사회(Arctic Council), https://www.arctic-council.org/ 참조 (검색일: 2022.8.29).
36) 진동민·서현교·최선웅 (2010), 87-88쪽.

AC의 역할은 매우 중요했으며, 전쟁 이후에도 그 역할은 결코 무시할 수 없을 것으로 예측된다. 하지만, 북극권을 둘러싼 갈등이 발생할 경우 균형적 역할을 수행해야 하는 AC의 한계점도 상존하고 있다는 점 역시 간과해서는 안 될 것이다. 대표적인 AC의 한계점으로는 다음과 같은 사안들이 있다.[37]

AC의 폐쇄적인 운영체제 및 배타적 운영구조의 강화는 사안 중 가장 핵심적인 문제라 할 수 있다. 현재의 기후 및 생태 환경 변화는 북극권 지역을 넘어 전세계에 영향을 미치고 있을 뿐 아니라, 동지역의 천연 자원을 비롯한 각종 개발과 경제 행위는 인류 전체의 이익과 직간접적으로 연계되어 있다. 즉 북극권 자체는 인류 공동의 공간이지만, AC 회원국들은 외부의 새로운 참여를 제한한 상태에서 내외부의 폐쇄적인 협력체제와 배타적 운영구조를 점차 강화함으로써 연안국들 사이 혹은 비연안국들과의 갈등을 심화시켜 왔다는 점이다. 2008년 '일루리사트(Ilulissat)'선언은 대표적 사례 중 하나이다.[38]

통일된 법적 질서를 확보한 남극조약과 달리 자국의 이익과 직결되는 북극해의 각종 자원 개발과 안보 및 경제 활동에 장애가 될 수 있다는 인식 하에 아직까지 AC 내의 북극해에 관련된 구체적이고 확고한 법적 규범이 부재 한다는 점 역시 큰 문제점이다. 북극권을 둘러싼 강력한 법 제도 부재는 장기적으로 풀어나가야 할 문제로 지적되고 있다.

분야별 포괄적 거버넌스 기능이 결여되어 있다는 점 역시 AC의 한계점 중 하나이다. 북극권의 개발 및 활용은 정치, 경제, 환경 및 원주민 공동체의 삶

---

37) 우양호 · 이원일 · 김상구 (2017), 98-99쪽.
38) 북극권 인접 5개국 외무장관들이 나머지 인접국인 스웨덴, 핀란드과 아이슬란드를 제외한 상태에서 북극권의 국제법 도입 반대, 배타적 경제수역(ExclusIVe Economic Zone) 및 UN 해양법 지지를 주장한 선언. Ilulissat declaration, https://arcticportal.org/images/stories/pdf/Ilulissat-declaration.pdf (검색일: 2022.10.10)

등 여러 분야에 걸쳐 연결되어 있다. 한 분야의 이익 추구는 다른 분야와의 갈등 사항을 초래할 수 있기에 이를 조정하고 통제할 수 있는 포괄적인 거버넌스가 구축되지 않는다면 현재 및 미래에 발생할 것이 확실한 갈등과 이권분쟁들을 해결하지 못할 수 있다.

AC는 정부 간 협의체이지만 공식적 국제기구가 아니므로 법적 효력이 없다는 점과 각국의 이해관계가 서로 상이해 AC 회원국 간의 의견 일치가 어렵다는 점, 그리고 다양한 이해관계 하에서 미국이 북극권에 대해 소극적 자세를 피력하고 있다는 점도 AC의 역할에 대해 긍정적으로만 바라볼 수 없는 사안들이다.

이러한 AC의 한계 상황 속에서도 북극권에서의 갈등 해결 노력은 양자 혹은 다자 간 협력에 의해 어느 정도 결실을 맺은 사안도 있다. 대표적인 예로 바렌츠 해 해양영토 분쟁의 타결이다. 네덜란드 탐험가 빌럼 바렌츠의 이름을 딴 바렌츠해는 북극해의 일부로 스발바르 제도, 제믈랴프란츠요세프 제도, 노바야제믈랴 제도에 둘러싸인 바다이다. 소련시절이던 1970년부터 40여 년간 영토 분쟁을 벌여 왔으나 2010년 4월 러시아와 노르웨이는 영토 분쟁의 종결을 선언했다.[39]

하지만 2000년부터 제3기 집권을 시작한 러시아 푸틴 대통령은 옛 소연방의 영광을 재현하기 위해 '강한 러시아(Strong Russia)'를 국가 슬로건으로 내걸고 빠르게 러시아 경제를 어느 정도 정상궤도에 올려놓는데 성공했으며, 이 과정에서 러시아 안보 및 경제 발전의 기반으로 북극권이 재조명 받기 시작했다. 북극해의 넓은 해안선을 보유하고 있는 러시아는 자원 개발의 이점과 북

---

39) 예병환, 「러시아·노르웨이 해양분쟁과 바렌츠해 조약」, 『독도연구』, 영남대학교 독도연구소, (2013), 145-183쪽.

극항로를 이용한 경제적 수익을 창출해 낼 수 있기 때문이다.[40] 러시아는 북극권 인접국의 영해에 대해 관할권을 주장하기 시작했다. 북극점을 지나는 로모노소프 해령에 대한 영유권 주장을 했으며[41], 2007년 8월 2일 심해 잠수정을 이용하여 수심 4,000m가 넘는 북극해 해저 심해 바닥에 티타늄으로 제작한 러시아 국기를 처음으로 꽂기도 했다.[42] 러시아는 2014년 크림반도 병합 이후 미국을 비롯한 서방의 강력한 경제 제재로 인해 어려움을 겪게 되자 돌파구로 북극과 시베리아 공간에 대한 관심을 집중하며 북극권 진출에 관심을 피력하는 중국과의 공조를 모색하기 시작했다.

중국은 2013년 AC의 정식 옵서버국가로 가입했고 2018년 1월 26일 중국은 첫 북극정책 백서를 발표했다. 스발바르 조약(Svalbard Treaty)을 근거로 자국을 근(近)북극권 국가로 지정하고 북극권에 이해관계가 있는 국가로 규정하며, 북극권 연안국과 동등하게 북극권 개발에 참여해 국익을 추구할 권리가 있음을 강조하고 있다. 이는 북극 자원과 항로 이용 선점을 위한 직접 참여로 전략이 변화된 것이라 할 수 있다.[43] 2021년 중국은 '2021-2025 극지 실크 로드(Polar Silk Road)'[44] 건설 계획을 발표하면서, 북극에서 러시아와의 실질적

---

40) 이영형 · 박상신, 「러시아 북극지역의 안보환경과 북극군사력의 성격」, 『한국 시베리아연구』 제24권 1호 (2020), 1-13쪽.

41) 한거레, "천연자원 보고 북극해 쟁탈전 치열," https://www.hani.co.kr/arti/international/international_general/228707.html (검색일: 2022.8.16).

42) 중앙일보, "북극해 선점 경쟁 불붙었다," https://www.joongang.co.kr/article/2817215 (검색일: 2022.8.16).

43) 서현교, 「중국과 일본의 북극정책 비교 연구」, 『한국 시베리아연구』 제22권 1호 (2018), 129쪽.

44) REUTERS, "China pledges to build 'Polar Silk Road' over 2021-2025," https://www.reuters.com/article/us-china-parliament-polar-idUSKBN2AX09F (검색일: 2022.10.14).

협력에 참여하여 '일대일로'의 연장선 상에서 '빙상 실크로드(Ice Silk Road)'를 구축하고자 하는 야심을 내세우며 항로 추적과 북극 해빙 현상을 모니터링하기 위한 위성 발사 계획을 발표했다.

이러한 러시아와 중국의 움직임은 북극권에 관련된 국제관계 변화에 적지 않은 파급 효과를 야기했으며, 미국도 대응하기 시작했다. 미국은 강대국의 위상을 되찾고자 하는 러시아와 자국의 패권국 지위까지 위협하는 중국을 견제해야 하는 국가로 인지하고 있기에, 러·중의 북극권 전략적 관계 발전은 경계의 대상이 될 수밖에 없다. 이에 따라 미국은 소극적인 북극 정책의 방향 전환을 시도하며, 북극권 내 영향력을 확장하기 위해 북극권 환경보호, AC 협력체제 강화 등을 포함한 다양한 북극 전략을 수립해 왔다.[45] 즉, 북극권 내에서 미국은 AC와 NATO 회원국을 중심으로 동맹을 강조하며 러시아, 중국의 협력을 견제하고 있으며, 이에 중국은 막대한 자본을 앞세워 러시아와 협력을 통해 북극권 진출을 모색하는 등 강대국을 중심으로 북극권의 변화가 일어나고 있다. 이에 해당 지역에서 전개되는 군사훈련의 증가는 북극권 안보의 위기로 이어지고 있다.

이상에서 살펴본 바와 같이, 북극권은 주로 강대국을 중심으로 변화해 왔다. 북극 인접국들은 한편으로는 주변국과의 협력을 취하기도 하고, 사안에 따라서는 경쟁구도를 형성하여 갈등을 빚기도 했다. 러시아와 중국의 경우와 같이 비인접국과의 공조체제를 형성하여 북극권 내의 영향력을 강화하려는 움직임도 있었다. 러시아·우크라이나 전쟁 이전의 북극권은 AC를 중심으로 협력체제를 구축하려는 노력들이 강하게 나타났다. 그러나 AC는 공식적인 국

---

45) 한국일보, "북극 냉전… 미국 러시아 대치 속 뒤늦게 뛰어드는 중국," https://www.hankookilbo.com/News/Read/201801281757516523 (검색일: 2022.8.8).

제기구가 아니기에 법적 효력 및 구속력을 가지고 있지 못할 뿐 아니라, 북극 인접국을 중심으로 운영되는 배타적이고 폐쇄적인 특성 때문에 기후문제, 생태환경 보호 및 원주민 고유의 문화 보존 등과 같은 인류 공동이 해결해야 하는 문제에 있어 취약할 수밖에 없다.

이러한 상황 속에서 북극권에 매장된 자원과 항로 상용화에 따른 경제적 가치 상승, 중국과 러시아의 북극권 협력과 이에 대응하는 미국의 북극권 전략의 상충되는 점 역시 북극이 협력의 공간이라기보다는 미국, 러시아, 중국을 중심으로 펼쳐지는 국제사회 새로운 갈등의 중심이 되어 왔다는 점 역시 간과할 수 없는 점이다.[46]

B. 러시아 · 우크라이나 전쟁 후 북극권의 변화양상

2022년 2월 발발한 러시아 · 우크라이나 전쟁은 북극권의 정세를 크게 흔들어 놓고 있다. 전쟁 발발 직후인 3월 AC 회원국 7개국은 러시아의 우크라이나 무력 침공을 비난하며 러시아에 대한 보이콧을 선언했다. 이로 인해 북극권의 안보 문제는 위기 상황으로 흘러갈 가능성이 매우 높다. AC는 보이콧 선언의 이유로 북극해에 대한 협력적 장애와 군사적 행동이 높아질 수 있다는 점을 거론했다.[47] 이에 러시아는 AC 7개국의 결정 사항에 즉시 반발하며, AC의 이러한 행동은 북극권의 지속적인 발전 약화를 초래할 수 있다고 비판했다.[48]

---

46) 매거진 한경, "新 북극해 시대 영유권 확보 '사활'…최후 승자는," https://magazine. hankyung.com/business/article/202102238213b (검색일: 2022.8.8).

47) РИА Новости, "Западные страны приостановили участие в мероприятиях Арктического совета," https://ria.ru/20220303/priostanovka-1776331794.html (검색일: 2022.9.26).

48) 한경, "북극이사회 제한적 활동 재개 … 러시아 빠진 프로젝트만 재개,"

동시에 러시아는 NATO 군이 흑해와 발트해에서 전개하고 있는 군사훈련을 안보 위협으로 규정했다. NATO 군은 2022년 5월부터 러시아 군사기지로부터 64km 거리에 위치한 해상에서 군사훈련을 펼치고 있고, 이러한 군사훈련은 동년 12월까지 예정되었다. [49)]

이에 맞서, 2022년 9월 러시아는 '보스토크 2022(Vostok 2022)' 훈련을 러시아 극동 지역에서 전개했다. 비록 동 훈련이 북극권 내에서 전개된 것은 아니지만, 극동 지역은 아시아로부터 북극권으로 진입하는 길목에 해당하는 북극권과 직간접적으로 연결된 지역이다. 훈련에는 러시아군 외에도 아제르바이잔, 알제리, 아르메니아, 벨로루시, 인도, 카자흐스탄, 키르기스스탄, 중국, 라오스, 몽골, 미얀마, 니카라과, 시리아, 타지키스탄 등 여러 나라의 군대가 참가했다. [50)] 러시아와의 합동 훈련에 참여한 중국은 동해와 캄차카 해역에 중국이 사상 처음으로 육·해·공군 병력을 동시에 파견하여 국제사회로부터 주목을 받았다. 이는 양국이 밀접한 관계를 형성하고 있다는 점을 전 세계에 과시하는 계기가 됐다.

---

https://www.hankyung.com/international/article/202206098019Y; 한경, "러, 자국 배제 '북극이사회' 활동 재개에 반발,비합법적 결정" https://www.hankyung.com/international/article/202206090239Y (검색일: 2022.8.13).

49) 조선일보, "핀란드서 지중해까지 펼쳤다 … NATO, 러 軍기지 64㎞ 앞 군사연습," https://www.chosun.com/international/europe/2022/05/19/QQGOBQFUSVCQRFAJEA56UFEQAY/ (검색일: 2022.9.21).

50) AA, "Putin attends Vostok-2022 military drill in Russia's Far East,"https://www.aa.com.tr/en/world/putin-attends-vostok-2022-military-drill-in-russias-far-east/2678205 (검색일: 2022.10.15).

[그림 1] '보스토크 2022(Vostok 2022)' 참여 국가와 군인 수

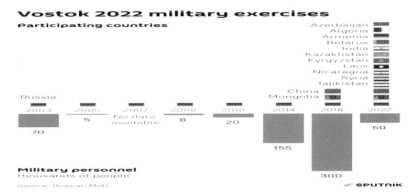

출처: SPUTNIK, "A Look Into the Vostok 2022 Military Drills,"
https://sputniknews.com/20220831/a-look-into-the-vostok-2022-military-drills-1100226508. html (검색일: 2022.10.13).

전쟁 이후 러시아는 대러제재의 탈출구로 아시아 등 동쪽으로 천연가스 수출을 확대하기 위해 북극항로를 선택했다. 이에 따라 러시아는 항로 전반을 관리할 '북극 항공대' 창설을 추진 중이다. 2023년 4월 야말로 네네츠 자치구에서 진행된 '안전한 북극-2023 (Безопасная Арктика)' 회의에서 북극 항공대는 Mi-8 헬기와 Mi-38 헬기를 배치할 것과 추코트가 자치구 최북단 페베크 시에 새 '북극긴급구조센터'도 운영할 방침을 세웠다.[51]

러시아·우크라이나 전쟁 이전 북유럽의 덴마크, 아이슬란드, 노르웨이, 스웨덴과 핀란드 5개국 간 복잡한 안보적 상황에도 '노르딕 균형'이라는 명목 하에 긴밀한 상호작용과 평화를 유지할 수 있었다.[52] 5개국 중 덴마크, 아이슬

---

51) Нарьяна вындер, https://nVInder.ru/article/vypusk-no-32-21374-ot-30-marta-2023-g/101090-arktika-territoriya-ekonomicheskogo-rosta (검색일: 2023.4.18.)

52) 오창룡·이재승, 「북유럽의 소다자주의 안보협력: 노르딕방위협력기구(NORDEFECO)의 역할을 중심으로」, 『EU연구』 57호 (2021), 103쪽.

란드, 노르웨이는 NATO 회원국이며, 스웨덴은 중립적 외교 노선을 표방했고, 핀란드는 소련과 우호조약에 서명하며 중립국으로 존재해 왔다. 냉전 이후 군사 중립을 표방한 스웨덴과 러시아로부터 불침 보장을 받는 대가로 서방의 안보협력에 관여하지 않기로 합의함에 따라 핀란드는 NATO에 가입하지 않았다. 그러나 러시아·우크라이나 전쟁 발발로 인해 스웨덴과 핀란드에서는 러시아가 자국 안보에 위협이 된다는 여론이 확산됨에 따라 양국은 NATO 가입 선언을 했다.[53] 스웨덴의 경우 NATO가입이 지체되고 있으나 2023년 4월 4일 핀란드는 NATO 정식 회원국이 됐다.

　중립노선의 대표적인 국가였던 핀란드의 나토가입은 북극권 내에 여러 가지 의미를 내포하고 있다. 러시아와 1,340km 국경을 맞대고 있는 핀란드는 러시아·우크라이나 전쟁 이전까지 중립노선을 택했고, 방위비 삭감 없이 군사력 증강에 힘써왔다. 이에 따라 핀란드는 유럽권 어느 국가보다 우수한 군사 준비 태세를 갖췄다는 평가를 받는다. NATO의 입장에서 러시아와 중국의 북극권 세력 확장을 견제하고 항해의 자유, 북극의 풍부한 천연자원을 보호할 수 있는 공간을 확보할 수 있다. 핀란드는 러시아의 콜라반도와 국경을 접하고 있는데 동 지역은 북극해와 북대서양 사이의 관문이고 러시아의 북극권 내 활동 감시에 도움이 될 것이다. 아울러 북극권 자원 개발 경쟁이 북극해에서 본격적으로 시작되면, 북극권 NATO 회원국의 영향력 확대뿐 아니라 북극해 내 군사적 대립이 야기될 수도 있다.

---

53) NATO PARLIAMENTARY ASSEMBLY, "RATIFICATION OF FINLAND AND SWEDEN'S ACCESSION TO NATO," https://www.nato-pa.int/content/finland-sweden-accession (검색일: 2022.10.15).; 극지해 소식지, (4월호) https://www.koreapolarportal.or.kr/news/detail/antarcticaNews.do?PST_NUM=8921&BRD_ID=NN02

러시아 푸틴 대통령은 이러한 NATO의 동진에 민감하게 반응하고 있다. 러시아 외무부 대변인 마리아 자하로바는 스웨덴과 핀란드가 NATO 가입 신청에 대해 "군사적, 정치적 결과"를 경고하며, 이에 따르는 보복을 할 것이라 공언했다.[54] 드미트리 메드베데프 러시아 국가안보회의 이사장은 "두 나라가 미국 주도의 동맹에 합류할 경우 이 지역의 모든 병력이 강화될 것"이라며 발트해에서의 핵무기 사용을 암시하는 경고를 했으며, 이에 대해 리투아니아 국방장관은 "리투아니아와 폴란드 국경을 접하고 있는 발트해 연안 지역인 칼리닌그라드에 이미 핵무기를 보관하고 있다고 주장"했다.[55]

다른 한편으로 현재 AC 의장국이자 북극권의 약 60%를 차지하는 러시아는 2014년 크림반도 병합으로 인한 서방의 경제 제재 문제를 러시아의 시베리아와 북극개발을 통해 극복해 내고자 하는 의지가 매우 강하다. 그 중 러시아의 북극항로 활용은 지구 온난화 현상으로 인한 북극권 접근 가능성의 상승, 2021년 에버기븐호의 수에즈 운하 좌초 사건[56]으로 인한 물류 유통 채널의 다각화 필요성, 유통 기한 단축과 경비 감소 등이 핵심 사항으로 거론되고 있다. 여기에 2022년 러시아·우크라이나 전쟁의 발발은 러시아로 하여금 북극항로 개발의 필요성을 더욱 가중시키는 계기가 됐다. 미국과 서방을 포함하여 세계 여러 국가들은 러시아 선박 입항을 금지하고, 수출 통제, 러시

54) BBC, "Ukraine War: Russia warns Sweden and Finland against Nato membership," https://www.bbc.com/news/world-europe-61066503 (검색일: 2022. 10. 15).

55) The Guardian, "Russia warns of nuclear weapons in Baltic if Sweden and join Nato," https://www.theguardian.com/world/2022/apr/14/russia-says-it-will-reinforce-borders-if-sweden-and-finland-join-nato (검색일: 2022. 10. 15).

56) The Guardian, "Giant ship blocking Suez canal partially refloated," https://www.theguardian.com/world/2021/mar/24/huge-container-ship-blocks-suez-canal-evergreen (검색일: 2022. 10. 15).

아산 원자재 수입 제한, SWIFT(Society for Worldwide Interbank Financial Telecommunication) 배제 등 크림반도 병합 이후 미국과 서방이 더욱 강력한 제재를 가하고 있는 상황에서 러시아로서는 북극권 개발을 통해 무역국 다변화를 실현할 수 있는 협력국 확보가 그 어느 때보다 중요하게 됐다. 그 중심에는 '일대일로'를 표방하며 '빙상 실크로드'를 구축하고자 하는 중국이 있다. 중국이 주장하는 빙상 실크로드 계획 중 북극항로는 양국의 주요 협력 분야가 될 것이다. 북극권 중심국가인 러시아는 북극 탐사에 관한 풍부하고 다양한 경험과 축적된 기술력을 갖추고 있으며, 중국은 막대한 자본을 바탕으로 한 양국의 북극협력은 다각화로 진행될 것이다.[57] 이러한 이유로 중국과 러시아의 관계는 북극권에서도 긴밀해지고 있으며 포괄적 전략적 협력 동반자로서 긴밀한 북극 협력을 추구하고 있는 중이다.

러시아와 AC 7개국이 의견 불일치 상황 속에서 중국과 러시아의 협력은 미국을 비롯한 AC 회원국들의 견제를 불러오고 있다. 미국은 새로운 북극 전략을 발표했으며, 이를 통해 2022~2032년까지 앞으로 10년간 안보, 기후변화와 환경보호, 지속가능한 경제발전, 거버넌스와 국제협력을 통해 북극의 새로운 도전과 기회에 대처하기 위한 북극권 접근 방식을 제시하고 있다.[58] 미국의 북극 개발 전략이 발표됨에 따라 러시아 역시 이에 대응하는 전략을 펼칠 것으로 예상된다. 미국의 북극 개발 전략에 대한 공식 입장은 아직 없는 상황이기는 하지만, 미슈스틴 러시아 총리는 2022년 3월 11일 정부 위원회 회의에서

57) 극지해 소식(7월호), https://www.koreapolarportal.or.kr/news/detail/antarcticaNews.do?PST_NUM=9390&BRD_ID=NN02 (검색일: 2022.9.29).
58) DefenseNews, "White House Arctic strategy calls for enhanced military presence," https://www.defensenews.com/pentagon/2022/10/07/white-house-arctic-strategy-calls-for-enhanced-military-presence/ (검색일: 2022.10.15).

제재 상황 탈피 방안으로 북극항로 개발 지속을 언급하며, 이는 러시아의 군사적, 경제적 안보에 매우 중요하다고 밝힌 바 있다.[59]

군사적 안보 측면과 관련해 2022년 7월 31일 러시아 '해군의 날' 기념식에서 푸틴 러시아 대통령은 해양 독트린 개정안에 서명했다. 앞서 언급한 바와 같이, 이날 서명한 러시아 해양 독트린은 소연방 해체 후 2001년 처음 발효되었으며, 2014년 크림반도 강제 병합 후 이듬해인 2015년 한차례 개정안을 거쳐 7년 만에 다시 개정된 것이다. 해양 독트린의 주요 내용은 북극 개발용과 해군용 대형 선박 건조를 위한 극동 지역 첨단 조선단지 개발과 북극항로 개발을 위한 여건 조성, 열악한 기후환경과 접근성 문제 해결을 위한 디지털, IT 분야 등을 담고 있다. 러시아의 주권 보호, 영토 보전은 안보와 직접적인 연관이 있으며, 사회·경제 발전에 결정적인 지역으로 북극항로가 포함되어 있다.[60]

경제적 측면에서, 러시아는 2022년 9월 5일부터 3일간 블라디보스토크 극동연방대학교에서 진행된 제7차 동방경제포럼을 통해 다시 한 번 북극권 개발 의지를 표출했다. 푸틴 대통령은 대러 경제 제재 체제 속에서 계획대로 개발을 추진하기 위해서는 우호 국가를 중심으로 한 협력이 중요하다고 밝혔다.[61] 우호국가로 지명한 국가는 중국, 튀르키예 등이지만, 중국 시진핑 주석과 러시아 푸틴 대통령은 2022년 2월 베이징 동계 올림픽, 2022년 9월 우즈베키스탄 사마르칸트에서 열렸던 상하이 협력기구 정상회의, 2023년 3월 러시아 모스크바에서 만나 양국의 무역 활성화와 경제, 에너지 협력에 큰 관심을

---

59) Правительство России, "Заседание Правительственной комиссии по повышению устойчивости российской экономики в условиях санкций," http://government.ru/news/44781/ (검색일: 2022.9.26).

60) Президент России, "Об утверждении Морской доктрины Российской Федерации," http://www.kremlin.ru/acts/bank/48215 (검색일: 2022.9.21).

61) "Eastern Economic Forum," https://forumvostok.ru/en/ (검색일: 2022.10.15).

나타냈다. 러시아는 미국과 서방 중심의 경제제재로 인해 동북아시아로 눈길을 돌리고 있고 러시아·중국의 협력 증대와 북극항로 관심을 고려해 볼 때 우호국가 협력은 중국을 중심으로 경제협력과 북극항로를 이용한 경제제재 탈출구 모색이 이뤄질 것으로 보인다. 이는 러시아·중국의 북극권 내 협력과 이에 대응하는 미국의 북극전략으로 새로운 북극권의 갈등 양상으로 전개될 가능성이 높다. 북극권의 갈등 조정은 AC가 전담해 왔으나 점차 강대국 3개국 중심으로 북극해 선점 경쟁이 일어날 것이다. 이는 지구온난화로 인한 북극권 접근이 용이해졌고, 항로이용 일수 증가로 경제적 이익을 취할 수 있는 전략적 요충지로 변모하고 있기 때문이다.

러시아·우크라이나 전쟁이 장기화되면서 전세 역전을 위한 러시아 핵무기 사용 가능성도 거론되고 있다. 북극해 인근에서 러시아가 핵실험과 우크라이나 일부 지역에 핵무기 사용이 거론되면서 국제사회 안보 위기가 첨예화되고 있다. 로이터 등 외신 보도에 따르면 핵 어뢰 '포세이돈(Poseidon)' 실험을 위해 러시아의 핵추진 잠수함 벨고로드(Belgorod K-329)가 북극해로 향하고 있다고 보도했다.[62] 2021년 건조되어 2022년 7월 러시아 해군에 취역한 벨고로드는 원래는 태평양에 배치될 예정이었으나 NATO의 동진 현상과 미국의 유럽 미사일 방어 시스템 배치에 대응하기 위한 목적 하에 북극에 배치되었으며, 6개의 포세이돈 핵무장 수중 무인 드론과 소형 잠수함 운반을 할 수 있다. 포세이돈은 10,000km 거리 내에서 원격 조종이 가능한 수중 드론으로 2 메가톤 탄두의 폭발로 쓰나미를 일으켜 해안 기반 시설을 파괴할 수 있는 최첨단

---

62) EurAsian Times, "Russia's Poseidon 'Nuke Drone' Test: Is US-Led NATO Making Mushroom Clouds Out Of A Molehill?," https://eurasiantimes.com/russias-nuclear-drone-test-rattled-us-led-nato-is-mushroom/(검색일: 2022. 10. 12).

핵무기이다. 이에 대한 미국과 유럽의 대응이 어떻게 진행될지 관심이 집중되고 있다. 이외에도 러시아가 보유한 1,000여개를 상회하는 해상 전략 핵탄두 중 약 60%에 해당하는 700여기 정도가 콜라반도에 집중(나머지 40%는 태평양 함대에 기반)되어 있어 북극권 내의 안보 위기를 조성하고 있다.[63]

이외에도 북극권 내의 갈등 부분은 다양하게 전개되고 있다. 2022년 9월 말 발생한 러시아로부터 독일로 운송되는 발트해의 가스 파이프라인 노르드 스트림(Nord Stream 1, 2) 폭발 사건도 그 중 하나이다. 러시아 · 우크라이나 전쟁 이후인 7월 러시아는 유지 보수의 필요성을 이유로 약 10일간 노르드 스트림 1의 가스 공급을 중단했으며, 이어 8월말에는 장비 문제를 이유로 노르드 스트림 1을 완전히 폐쇄했다. 이런 상황 하에서 9월말 발트해의 보른홀름 섬 인근에서 원인 모를 4건의 노르드 스트림 1과 2 파이프라인의 누출 사고가 발생했다.[64] 러시아 · 우크라이나 전쟁 이후 러시아는 에너지를 국제관계에 있어 주요 무기로 활용하고 있으며, 이로 인해 유럽뿐 아니라 국제사회 전체가 어려움을 겪고 있는 상황이다.

지금까지 러시아 · 우크라이나 전쟁 발발 이후의 북극권 상황을 살펴보았다. 전쟁 이전에도 갈등이 존재하기는 했지만, 이해관계가 있는 국가들 간의 국지적 현상이 대부분이었다. 이러한 갈등들의 존재 하에서도 북극 인접국들은 AC를 통해 서로 협력 차원의 지속가능한 개발 가능성을 찾고자 노력했다. 그러나 전쟁 발발 이후 이러한 노력들은 AC를 시작으로 그 의미를 상실해 가

---

63) The Batents observer, "Russia rearms strategic forces: Satellite images show expansion of nuclear weapons sites on Kola,"
https://thebarentsobserver.com/en/content/satellite-images-show-expansion-nuclear-weapons-sites-kola (검색일: 2022.10.15).

64) BBC, "Nord Stream 1: How Russia is cutting gas supplies to Europe,"
https://www.bbc.com/news/world-europe-60131520 (검색일: 2022.10.15).

[그림 2] 발트해 노르트 스트림 1, 2

출처: BBC, "Nord Stream 1: How Russia is cutting gas supplies to Europe,"
https://www.bbc.com/news/world-europe-60131520 (검색일: 2022.10.15).

고 있다. AC 내에서 러시아 vs 나머지 7개국의 구도가 형성되었으며, 핀란드
의 NATO 가입으로 러시아와의 군사적 긴장이 고조되고 있을 뿐 아니라, 에너
지 문제로 인한 갈등의 증폭 등 여러 분야에 있어 북극권 내 안보 위기 상황이
전개되고 있다. 이외에 경제적 가치와 안보의 중요성이 심화되고 있는 상황
하에 비 북극인접국인 중국이 러시아와의 공조를 강화하면서 이미 북극권 내
미·중·러 3국을 중심으로 한 패권 싸움인 '아이스 콜드 워(Ice Cold War)'[65]
가 전개되고 있다고 볼 수 있으며, 향후 당분간은 이러한 현상이 더욱 심화될

---

65) REAL INSTITUTO elcano ROYAL INSTITUTE, "Arctic: from Cold to Ice-cold War,"
 https://www.realinstitutoelcano.org/en/arctic-from-cold-to-ice-cold-war/ (검색일:
 2022.10.15).

것으로 예상된다. 북극과 발트해 지역에서 NATO의 작전이 증가하고 러시아의 흑해 및 북부 함대와 칼리닌그라드 및 벨라루스 기지의 군사 능력 강화 등의 신속한 대응을 감안해 볼 때, 북극권에서 녹고 있는 것은 바다 표면의 실질적 얼음뿐이며 과학, 경제적 협력과 안보, 방위 분야는 과거의 냉전체제보다 더욱 악화되어 얼어붙을 위기에 처해 있다.

C. 한국의 북극 전략 모색

21세기 미·중·러 갈등은 국제사회에서 진영대결 양상의 모습을 보이고 있다. 이는 러시아·우크라이나 전쟁 후 북극권에서도 같은 양상으로 전개될 가능성이 높다. 북극권은 오랜 기간 인류 공동의 공간으로 협력의 장이었지만 지구온난화 현상으로 북극해 해빙이 발생하자 북극권의 접근이 용이해지면서 강대국 간 북극권을 놓고 벌이는 패권전쟁의 공간으로 변모하고 있다.

러시아의 북극권은 2014년 크림반도 강제병합 이후 미국과 서방의 경제제재에서 벗어나 옛 소연방의 영광을 되찾기 위한 전략적 공간으로 발전시키고 있다. 2022년 2월 러시아·우크라이나 전쟁 이후에도 러시아는 북극항로 개발과 북극권 자원 수출국 다변화를 통해 경제 위기 탈출구를 모색하고 있다. 미국은 북극권에서 행해진 광범위한 러시아의 군사훈련, 중국의 막대한 자본과 함께 러시아와 중국의 북극권 개발 협력을 경계하고 있다. 중국의 북극권 내 자본진출을 억제하기 위한 미국의 움직임은 북극권에 펼쳐진 미국과 중국 대립 속에 북극권도 자유로울 수 없다는 점을 의미한다.

미국, 중국 그리고 러시아를 중심으로 패권 경쟁 속에서 대표적 중견 국가인 한국의 대처는 매우 중요하며 국가 간 외교 부문에 있어 섬세하면서도 유연한 외교, 다자외교가 필요하다. 한국만이 가질 수 있는 외교 전략을 통해

미·중·러 중심의 프레임에서 벗어나는 것이 중요하다. 특히 북극권의 틈새 시장을 통해 국가 이익을 얻을 수 있는 방안을 마련해야 한다. 북극권은 안보 예외주의가 적용되는 만큼 한국은 군사적 소용돌이에 휘말리지 않고, 한국만이 가질 수 있는 전략으로 북극권에서 선도할 수 있는 방안을 모색해야 한다. 이는 북극권 원주민의 건강과 생활을 책임지는 보건·의료, 북극권 환경 변화를 파악할 수 있는 IT산업이 바탕이 되어야 하며, 북극권 국가뿐 아니라 AC 옵서버 국가와 협력을 통해서도 이뤄져야 한다.

한국은 북극정책에 있어 러시아와 돈독한 협력관계를 유지했다. 2017년 블라디보스토크에서 개최된 동방경제포럼(EEF: Eastern Economic Forum)에 참석한 문재인 대통령은 2017년 9월 6일 러시아 푸틴 대통령과 단독 정상회담이 진행됐다. 이 자리에서 양국 정상은 한국의 신북방정책과 러시아의 동방정책의 교점이 될 수 있는 극동지역과 북극권 개발 협력의 중요성을 강조했다. 당시 한국과 러시아의 북극항로 이용을 위한 전반적인 이해관계 확립은 큰 성과로 평가됐다. 이를 기반으로 문재인 정부는 한러 양국의 협력 강화를 위해 대통령 직속 기관인 북방경제협력 위원회를 출범했다.

그러나 2019년 시작된 COVID-19의 확산으로 러시아와 협력 사업은 취소되거나 간소화 됐다. 상기한 바와 같이 문재인 정부 출범 이후부터 한국은 러시아와 북극 개발과 항로에 관련된 협력을 강화하려 했지만, 이후 발생한 러시아·우크라이나 전쟁 및 신정부 출범 등의 이유로 한·러 관계는 소원해지고 있다. 특히 러시아·우크라이나 전쟁 이후 미국과 서방 중심의 경제제재에 동참하고 있는 한국을 러시아는 비우호국가로 지정했다. 러시아 푸틴 대통령은 2022년 10월 27일 모스크바에서 열린 국제 러시아 전문가 모임 '발다이 클럽 (Valdai Discussion Club)' 총회에서 한국이 우크라이나에 무기 제공을 한다면 한국과 러시아의 관계가 악화 될 것이라고 발언했다. 한국은 우크라이나

에 인도적 차원에서 지원을 하고 있고, 폴란드에 무기 수출이 활발한 상황을 견제하기 위한 메시지로 인식했지만, 국방부는 미국과 한국 업체 간 탄약 수출 협의가 진행 중이라고 밝히며, 최종 사용자는 미국으로 명시했다. 그러나 러시아 입장에서는 달갑지 않은 상황이다.[66] 2023년 4월 한국 정부가 우크라이나에 대한 무기지원 가능성을 시사하자 러시아는 전쟁 개입을 의미한다고 밝히기도 했다. 이에 따라 동 전쟁 장기화로 한국과 러시아의 협력은 당분간 어려울 것으로 전망된다. 그러나 러시아가 여전히 국제사회 내 강대국으로 한 축을 담당하고 있고 북극권 내 미치는 영향력을 고려할 때 한·러 협력 관계를 등한시해서는 안 될 것이다.

러시아·우크라이나 전쟁으로 인한 미국과 서방 중심의 강력한 경제제재 조치에 러시아는 수출입 시장과 물류 수송 루트 구축, 수입국 다변화를 중요 과제로 삼고 있다. 당분간 유럽으로 수출이 불가능한 만큼 러시아는 동북아시아로 눈을 돌리고 있으며, 자원 수출의 중요한 루트는 북극항로가 될 전망이다. 미슈스틴 러시아 총리는 러시아·우크라이나 전쟁 발발 한 달 후인 2022년 3월 대러 제재가 강화되자 북극항로 전략을 지속해 나가는 것이 중요하며, 북극항로가 가장 신뢰할 수 있는 항로임을 밝혔다.[67] 이미 언급한 바 있듯이 푸틴이 발표한 새로운 해양 독트린의 내용에도 북극항로의 열악한 환경개발, 인프라 구축과 IT분야 발전 계획 등이 포함되어 있다. 이는 한국의 IT 기술력, 쇄빙선 기술을 고려할 때 전쟁이 긍정적으로 마무리되면 러시아와의 협력을

---

66) 한국일보, 푸틴은 어떻게 알았나?… 무기 수출로 꼬투리 잡힌 한국 https://www.hankookilbo.com/News/Read/A2022111113040004297?did=NA (검색일: 2022. 11. 16.)

67) Правительство России, "Правительство запускает механизм субсидирования регулярных грузовых перевозок по Северному морскому пути," http://government.ru/docs/44877/ (검색일: 2022. 10. 6.)

재건할 수 있는 주요 동인이 될 것으로 기대된다.

2013년 한국과 함께 AC 옵서버 국가로 가입한 중국, 일본 역시 국가적 차원에서 북극전략을 펼치고 있다. 특히 비 북극권 국가인 중국의 북극 전략은 반드시 살펴봐야 한다. 중국과 러시아의 관계가 긴밀해 질수록 북극항로를 통한 물류 수송이 확대될 것으로 전망된다. 대러 제재 장기화 속에 러시아와 중국의 북극권 협력 관계는 더욱 긴밀해 질 것이다. 이에 따라 한국은 중·러 관계를 면밀히 파악하고 미국의 방해를 받지 않는 인도적 차원의 지원과 협력을 할 필요가 있다. 중건국인 한국은 진영대결 소용돌이 속에서 어느 한 진영을 선택하지 않는 균형외교, 줄타기 외교가 필요하며 이는 북극권에서도 유효하다.

한국은 그동안 북극 활동에 있어 적지 않은 성과를 달성했다. 2002년 4월 노르웨이령 스발바르 제도에 다산과학기지를 건설했다. 2004년 극지연구소 설립, 2008년 11월에는 AC의 임시 옵서버 국가 자격을 확보했고, 2012년 10월에는 스발바르 제도 조약에 참여했다. 2013년 5월에는 AC 정식 옵서버 자격을 획득하여 올해로 벌써 10주년을 맞이하고 있다.

2018년에는 북극권 기후변화에 대응하는 기후 관측 시스템을 구축하고, 북극해에 매장된 자원 확보를 위한 북극권 국가들과 자원협력, 관광산업, 한국의 우수한 IT, 의료 기술을 바탕으로 한 과학기술 북극권 도입, 국제사회의 환경보호 움직임 동참, 북극권 내 거주민과 원주민의 삶 보전을 위한 인프라 협력, 극지 지역의 연구인력 확충을 포함한 주요 추진 계획을 담고 있는 '2050 극지 비전'이 제정됐다.[68]

2021년에는 북극 활동역량 강화를 통한 '2050 북극시대 선도'를 목표로 한

---

68) 이투데이, "2050년까지 극지활동 7대 선도국 도약…정부 '2050 극지비전' 선포," https://www.etoday.co.kr/news/VIew/1697219 (검색일: 2022.10.6).

'극지활동진흥법'이 제정됐다. 16개 조항으로 구성된 '극지활동진흥법'은 한국의 차세대 쇄빙연구선 건조를 확정하는 등 북극 활동 선도국가로 도약할 수 있는 기틀을 마련했다.

한국이 발표한 가장 최근의 북극 전략으로 '제1차 극지활동 진흥 기본계획(2023-2027)'이 있다. 국민을 위한 극지선도 국가라는 비전 아래 중장기적 북극 전략 목표를 제시하고 있다. 북극을 한정해서 살펴보면 북극발 한반도 기상변화 예측 정확도를 최고 선진국 대비 90%까지 끌어올리고 쇄빙컨테이너선 개발 계획과 더 나아가 친환경 쇄빙컨테이너선 건조를 통한 북극항로 운항을 목표로 제시하고 있다. 5대 추진 전략으로 극지 영역 탐사 확대, 기후·환경 문제 해결 주도, 국가 경제에 기여하는 극지 신기술 개발, 다원적 국내외 협력생태계 조성 그리고 참여하고 소통하는 극지활동 강화를 강조하고 있다. '제1차 극지활동 진흥 기본계획'의 추진전략과 세부 전략은 다음과 같다.

'제1차 극지활동 진흥 기본계획'에는 북극권 이해 당사국들은 북극에 대한 영향력 확대를 위해 북극 전략을 수립하고 투자를 확대하고 있다고 밝혔다. 북극권 환경 보호를 위한 거버넌스도 활성화 되는 추세에 따라 한국은 북극외교 활동의 미래 비전을 설정하고 향후 5년간(2023-2027) 세부 북극 외교 실천 방안을 담은 중장기적 플랜을 제시했다. 한국이 그동안 발표한 북극 전략을 종합하고, 2022년 러시아·우크라이나 전쟁 이후 변화된 국외적 사항을 고려하여 한국의 북극 전략 목표와 과제를 구체적으로 제시하는 한편, 새로운 북극 과제를 발굴하기 위한 전략을 제시했다. 북극권은 지구온난화 영향을 가장 많이 받는 지역으로 북극해 해빙으로 인한 북극항로 상용화에 대비하고 북극권 인프라 구축과 지속 가능한 개발을 위한 한국의 북극 전략이다. 한국의 극지활동에 대한 인식과 정책수요 조사를 22년 7월부터 한달 간 진행했는데 답변한 국민들의 97% 이상이 극지의 중요성을 인지하고 있었지만 미래세대는

〈그림 3〉 제1차 극지활동 진흥 기본계획의 비전 및 세부 전략

출처: 극지 e야기, "제1차 극지활동 진흥 기본계획," https://www.koreapolarportal.or.kr/poli/basicPlan.do ;jsessionid=B3A9EE695E418B6220F7C0D57EDDDF3A (검색일: 2023.4.18).

상대적으로 낮은 관심도를 보이고 있다는 결과가 나왔다.[69]

2022년 새로운 정부 수립으로 '북방경제협력위원회' 폐지 등 아직까지는 명확하고 확실한 북극 외교 방안이 보이지 않지만, 2022년 11월 발표된 '제1차 극지활동 진흥 기본계획'을 통해 한국의 중장기적 북극 전략이 실행될 것으로

69) 극지 e야기, 제1차 극지활동 진흥 기본계획(2023-2027) https://www.koreapolarportal. or.kr/poli/basicPlan.do;jsessionid=B3A9EE695E418B6220F7C0D57EDDDF3A (검색일: 2023.4.18.)

예상된다. 2023년 5월에는 북극이사회 의장국이 러시아에서 노르웨이로 전환되는 과정 속에서 북극정세 예측은 불가능하다. 그러나 AC 의장국인 노르웨이가 발표한 북극전략을 면밀히 분석하고 노르웨이와 협력방안 모색은 필요하다. 한국의 북극외교에서 가장 중요한 사항은 북극권에 벌어지는 이슈에 깊이 개입하기보다는 한국이 가지고 있는 이점을 살려 북극 이해 당사자 모두에게 합의를 이끌어 낼 수 있는 한국의 북극전략을 중장기적 관점에서 수립하고 실행해 나가는 것이 중요하다는 점은 변함없다.

2022년 러시아 · 우크라이나 전쟁 후 북극권에서도 자원개발과 항로 개발을 두고 이해 당사국의 정치적 이해관계가 급속도로 변화하고 있다. 북극권의 자원과 항로 개발 관심이 증가할수록 환경문제가 크게 떠오를 것이며, 한국은 북극 환경보호 협력 전략을 세우고, 북극권 환경문제에 큰 관심을 갖고 있는 EU와 환경 개선 협력을 강화할 필요가 있다.

한국의 수준 높은 IT 기술력과 조선 기술, 쇄빙선 수주 등을 바탕으로 북극 협력의 중장기적 플랜을 마련해야 한다. AC 옵서버 국가로서 러시아뿐만 아니라 AC 회원국, 옵서버국가들과 다자간 협력방안을 장기적 관점에서 전략을 준비하고 수립해야 한다. 서방의 경제제재 속에서도 러시아는 북극항로를 이용해 동북아시아와 협력 강화를 희망하고 있다. 유럽으로 수출하려던 다량의 물류 수송을 동북아시아에 정기적 운송을 꾀하고 있다. 이러한 러시아의 방안을 분석하고 장기적 플랜을 수립하는 것이 필요하다.

러시아 · 우크라이나 전쟁 후 북극권에서 벌어지고 있는 진영대립이 본격화되면 한국의 입장은 곤란한 상황에 놓일 것이다. 미국, 러시아, 중국과의 관계에 한국은 어느 한쪽으로 치우친 대외정책을 전개할 수는 없을 것이다. 러시아 · 우크라이나 전쟁으로 인해 러시아와 미국을 포함한 AC 7개국 간의 갈등이 더욱 심화 될 것이다. 군사 및 지정학적 안보 등과 같은 민감한 문제에 있어 우리가 개입할 수 있는 부분은 극히 제한되어 있을 뿐 아니라, 만약 가능한 부분이 있더라도 적극적인 참여는 배제해야 할 것이다. 힘의 논리에 의해 결정되는 현실주의 측면의 국제질서 속에서 한순간의 잘못된 선택은 국가 운명에 있어 큰 부분을 책임져야 할 수 밖에 없기 때문이다.

러시아와 AC 7개국 어느 한쪽에 치우친 양자택일 전략보다는 중립적이고 북극권 전체의 평화와 인류 공공의 관심사가 집중되어 있는 부분에 대한 고민과 정책 수립 모색을 시도해야 할 것이다. 기후변화, 생태환경 보존 및 북극 원주민의 삶과 관련된 사안 등이 주요 아이템이 될 수 있다. 한국의 우수한 IT 기술과 드론 등 과학 분야에서 협력을 추진할 수 있는 사업 아이템의 적극적인 발굴 노력과 협력 국가들의 확장 의지도 필요할 것이다. 비북극인접국인 중국, 일본 등 동북아시아국가들과의 경쟁에서 벗어나 서로 협력이 필요한 시점이 도래했다.[70] 한국이 개발하고 주도하는 사업과 프로젝트에 이들 국가를 비롯한 중견국가들을 포함시켜 북극권 특정 사업 부분에서 한국이 리더 역할을 수행할 수 있다면 북극권 개발 경쟁 부분에서 우위를 선점할 수 있을 뿐 아니라 국가 브랜드 선양에도 큰 효과를 도출해 낼 수 있을 것이다.

러시아는 미국과 서방 중심의 대러 제재에도 불구하고 북극개발 정책을 내놓고 있으며, 낙후된 항만 인프라 개선을 포함한 북극권 개발의 중요성을 인지하고 있다.[71] 러시아가 수정 발표한 '북극전략 2035'[72]는 에너지 자원개발,

---

70) 이상준 (2021), 274-277쪽.

71) ТАСС, "Российские владения в Арктике. История и проблемы международно-правового статуса," https://tass.ru/info/6312329?utm_source=yandex.ru&utm_medium=organic&utm_campaign=yandex.ru&utm_referrer=yandex.ru (검색일: 2022.8.27).

72) Президент России, "О Стратегии развития Арктической зоны Российской Федерации и обеспечения национальной безопасности на период до 2035 года," http://www.

북극항로 뿐만 아니라 항만 인프라 구축도 포함되어 있다. 러시아·우크라이나 전쟁 이후를 대비하여 한국은 변화된 러시아의 북극전략을 파악하고 러시아와 협력 강화를 모색하는 노력이 필요하다. 러시아는 협력국과 관계를 다변화하고 북극 개발을 다각화 전략을 펼칠 것이다. 특히 러시아와 중국의 관계를 고려할 때[73) 우선순위로 러시아는 중국과 북극 협력을 강화할 것이다.

위의 내용을 간략하게 재정리해 보면, 러시아·우크라이나 전쟁 발발 후 한국은 미국과 서방 중심의 대러 제재에 동참하고 러시아는 한국을 비우호국으로 지정하고 있어 현재는 러시아와 협력은 불가능하지만, 향후 러시아와 정치, 외교 협력은 반드시 필요한 상황으로 지금부터 협력방안을 미리 준비하고 대비하는 것이 바람직할 것이다.

아울러 북극권을 둘러싼 강대국들 속에서 가장 중요한 것은 어느 한 국가에 치우친 북극 전략을 세우는 것은 곤란하다. 북극권에서 가장 큰 영향력을 행사하는 러시아를 자극하는 전략, 미국, NATO 중심(AC 7개국)의 편향적 전략은 위험하다. 한국은 철저히 장기적 관점에서 북극 전략을 세우고 북극권의 평화유지, 북극 원주민의 삶 보장을 위한 보건, 의료, 인프라 개선, 관광 산업과 기후변화 분야에 초점을 맞추는 것도 하나의 중요한 방안일 것이다. 이를 위해 다양한 국가의 북극 전문가와 학술적 교류를 지속적으로 유지해 나가는 것도 필요하다.

---

kremlin.ru/acts/bank/45972 (검색일: 2022.9.22).
73) РИА НОВОСТИ, Путин посетит учения "Восток-2022" и проведет заседание Госсовета
https://ria.ru/20220906/putin-1814694531.html (검색일: 2022.9.6).

Ⅳ. 결론

지금까지 2022년 2월 발생한 러시아 · 우크라이나 전쟁 전후를 중심으로 북극권의 변화양상과 한국의 북극전략에 대해 살펴봤다. 본고에서는 지구온난화로 인해 북극해의 관심이 증가하고 있는 부분에 주목하여 동 전쟁 전후의 북극권 변화과정에 주목했다. 특히 2022년 발생한 러시아 · 우크라이나 전쟁, 스웨덴의 NATO가입 선언과 핀란드의 나토가입으로 인해 변화하는 북극권에 대해 서술했다. 그리고 러시아 · 우크라이나 전쟁 이전 북극권의 갈등 조정에 있어 AC의 역할과 한계점에 대한 분석도 시도했다. 동 전쟁 이후 AC는 러시아와 나머지 국가들 간의 대립구도를 형성하고 있는 상황이다. 이러한 현상은 당분간 지속될 것으로 예상된다. 러시아 · 우크라이나 전쟁의 결말에 따라 AC의 역할과 임무는 변화가 있을 것이다. 하지만 전쟁 이전으로 복구하기에는 여러 문제점이 존재하기에 이에 대한 면밀한 관찰이 필요하다고 생각된다.

전문가들의 연구방법과 이해관계에 따라 북극권의 범위가 상이하지만 한국의 '극지활동진흥법'에 따르면 북극은 북위 66°30' 이북의 수역과 상공으로 규정하고 있다.[74] 동 지역의 해빙으로 접근이 용이해지면서 국제사회에 주목받고 있고, 자원과 항로개발을 둘러싼 강대국의 갈등 공간으로 변모하고 있다. 냉전시기 미 · 소 대결의 최전선이었고, 척박한 자연환경으로 북극은 오랜 시간 닫힌 공간으로 인식되었다. 그러나 소련의 서기장 고르바초프의 무르만스크 선언은 북극이 열린 공간으로 인식하는 계기가 되었다.

상기 서술한 바와 같이 지구온난화로 인한 북극권의 해빙현상은 북극권 내

---

74) 극지 e야기, "극지활동 진흥법," https://www.koreapolarportal.or.kr/poli/promotionOfArcticActIVities.do (검색일: 2022. 10. 6).

풍부한 석유, 가스 자원 개발과 항로 개발 등의 가능성이 높아지게 되면서 북극권은 국제사회의 관심이 집중되고 있다. 다른 한편으로는 AC 회원국이자 NATO의 중심축인 미국과 비 북극권 국가인 중국, 러시아의 북극권 갈등 관계는 러시아·우크라이나 전쟁 후 신냉전이 시작되는 상황에 있다. 인류 공동유산의 가치를 강조해온 북극에서 미국, 러시아, 중국 중심의 진영대결 양상이 점점 더 가열되고 있다.

2022년 2월 발생한 러시아·우크라이나 전쟁으로 인한 스웨덴과 핀란드의 NATO 가입 문제, 중국의 북극권 영향력 확대 등의 문제 역시 북극권을 갈등과 분쟁의 공간으로 변화하는 촉매제 역할을 하고 있다. 이어 더불어 AC의 폐쇄적이며 배타적인 운영방식은 회원국과 옵서버 국가 간 갈등으로 나타나고 있다. 이러한 현상은 북극 접근이 용이해지면서 옵서버 국가들의 목소리가 점점 더 커지고 있기 때문이기도 하다. 또한 북극에서 벌어지는 갈등 해결을 위한 국제법이 존재하지 않은 점 역시 북극권 갈등의 요소이자 한계라고 할 수 있다.

이러한 여러 가지 복잡한 상황 때문에 북극권에서 한국이 특정 분야에 참여하는 것은 쉬운 일이 아니다. 한국만이 지닌 조선, IT산업 기술을 바탕으로 기존의 북극 전략을 보완하고 장기적 관점에서 전략을 펼치는 것이 중요하다. 북극을 지나가는 쇄빙선등이 증가함에 따라 북극의 환경오염이 증가할 것이다. 이에 따른 환경오염 해결방안 모색을 통해 환경 분야의 선두주자 역할을 할 수 있기를 기대해 본다. 환경 분야에 있어 주도적 역할을 수행할 수 있는 방법 모색이 필요하다.

또한 우수한 한국의 IT 기술로 북극 원주민들이 외부와 상호 소통하고, 의료 기술을 바탕으로 북극 거주민과 원주민들의 건강을 책임질 수 있는 역할을 한국 정부 차원에서 실행한다면 인류 공동유산 가치를 강조하는 국가로서 새로운 장을 마련할 수 있을 것이다.

북극권에서 벌어지는 갈등과 분쟁이 가속화 된다면 AC 7개국과 러시아의 협력은 당분간 불가능할 것이다. 그러나 북극권에서 가장 개발 가능성이 높고 큰 영향력을 행사하는 러시아와의 관계를 절대 소홀히 해서는 안된다. 러시아 북극 개발은 자국의 지정학적 과제로 인식하고 접근하고 있다. 러시아는 북극 항로를 이용하여 경제제재 해결책을 모색하고 있으며 북극은 경제제재 속에서 경제적 이익을 가져다 줄 수 있는 공간으로 인식하고 있다. 이를 실현시키기 위해 여러 차례 북극 전략을 수정한 '북극개발전략 2035'를 발표했으며, 동북아시아로 석유, 가스 등 자원 수출을 꾀하고 있다.

북극에서 벌어지고 있는 진영대결 속에서 어느 한곳에 치우친 북극 전략을 지양하고 항로, 자원개발, 환경, 원주민의 삶 보장에 관심을 갖고 지원하는 것이 필요하다.

중국은 국가적 차원에서 2012년 북극권 국가인 아이슬란드와 북극 협력에 관한 협정을 맺었는데 이것은 중국이 북극권 국가와 처음으로 맺은 정부 간 협정이다. 2018년 1월 중국은 북극 정책 관련 백서를 발표하며 국제사회에 주목받았다. 중국은 북극에 가까운 국가이며, 사실상 근 북극권 국가로 규정하고 있다. 미국과 함께 세계 경제를 이끌어가는 중국의 북극 전략도 한국의 입장에서 면밀히 살펴봐야 한다. 북극권 정세 변화에는 많은 주체들이 포함되어 있다. 그리고 그 중 한 축을 이루는 러시아의 북극 전략 분석은 반드시 필요하다. 현재 러시아는 가장 적극적이고 능동적으로 북극권을 개발하고 있을 뿐 아니라, 해당 공간을 러시아 · 우크라이나 전쟁으로 인한 서방측의 경제 제재를 극복하기 위한 절대적 장소로 인지하고 있기 때문이다. 러시아의 강한 의지는 미국을 중심으로 한 북극 인접국 등의 반발을 불러오게 될 것이기 때문에 이로 인한 북극권의 정세 변화와 갈등이 첨예화될 개연성이 매우 높은 상황이다.

　미국, 중국, 러시아, AC 회원국의 북극 전략을 면밀히 검토하고 한국이 추진할 수 있는 북극권 전략 방안을 마련할 필요가 있으며 북극 포럼, 국제회의에 적극적으로 참여해야 한다. 북극 자원 확보를 위한 다자간 협력 관계를 지속, 유지할 수 있는 전략을 세울 필요가 있으며, 무엇보다 정부기관, 연구자, 한국인 모두가 북극에 관심을 갖는 것이 중요하다.

　한국은 2016년부터 외교부와 해양수산부 공동 주관으로 매년 북극협력주간을 12월초 부산에서 개최하고 있다. 북극권 국가 연구진들을 초청하여 북극권 협력 방안을 모색하고 북극의 종합적 논의와 한국의 북극권 성과를 보고하고 있다. 그러나 북극협력주간은 대학 및 연구기관이 참여할 뿐 기업들의 참가는 저조하다. '제1차 극지활동 진흥 기본계획'에 의하면 북극협력 주간 확대 개편을 꾀하고 있다. 북극권 산업·경제 분야까지 확대 편성하여 관련 기업들을 유치하기 위한 지원 방안을 모색 중이다. 북극권 국가뿐 아니라 북극이사회 옵서버 국가의 북극 연구진 참여를 독려하고 '북극써클', '북극 프런티어'와 함께 북극관련 인문·사회 및 환경분야 논의 진행도 필요하다. 무엇보다 중요한 사안은 국민들의 인식제고와 북극권 투자 자금 마련이다. 한국 국민들이 북극권 인식이 제고되었다고 하나 북극 선진국에 비해 아직까지는 충분하지 않다. 이를 위해 북극권 개발을 위한 정부 차원의 자금 확보도 수반되어야 한다. 또한 북극권을 관할하는 컨트롤 타워를 세워 한국의 중장기적 북극전략을 세우고 북극외교 전략을 펼쳐야 한다.

〈참고문헌〉

김민수. 「북극 거버넌스와 한국의 북극정책 방향」. 『해양정책연구』 제35권 1호 (2020), 179-200쪽.

김봉철·고승화. 「유럽의 북극지역 관련 갈등 해결을 위한 법과 정책」. 『EU연구』 제57호 (2021), 33-62쪽.

라미경. 「스발바르조약 100주년의 함의와 북극권 안보협력의 과제」. 『한국 시베리아연구』 제24권 4호 (2020), 1-29쪽.

박영민. 「북극해 영유권 갈등의 정치학: 동아시아 지역에 주는 시사점」. 『대한정치학회보』 제27권 3호 (2019), 19-42쪽.

박찬호. 「해양 원유유출사고에 대한 법제적 대응방안 - 외국사례와 시사점을 중심으로」. 『국토』 통권325호, 국토연구원 (2008), 32-43쪽.

백영준. 「한국의 러시아 북극개발 협력 가능성 모색: 일본과 한국의 대러시아 정책 비교분석을 중심으로」. 『한국 시베리아연구』 제25권 3호, (2021), 79-110쪽.

서현교. 「중국과 일본의 북극정책 비교 연구」. 『한국 시베리아연구』 제22권 1호, (2018), 119-152쪽.

성지승·김정훈. 「북극권 미중 경쟁 속 한국의 중견국 외교전략 모색: 북극 5G 거버넌스」. 『한국 시베리아연구』 제26권 1호 (2022), 34-72쪽.

예병환. 「러시아·노르웨이 해양분쟁과 바렌츠해 조약」. 『독도연구』 영남대학교 독도연구소 (2013), 145-183쪽.

오창룡, 이재승. 「북유럽의 소다자주의 안보협력: 노르딕방위협력기구(NORDEFECO)의 역할을 중심으로」. 『EU연구』 57호 (2021), 99-130쪽.

우양호·이원일·김상구. 「'북극해(北極海)'를 둘러싼 초국경 경쟁과 지역협력의 거버넌스: 최근의 경과와 시사점"」. 『지방정부연구』 제21권 1호 (2017), 85-113쪽.

윤민우. 「미국-서방과 러시아-중국의 글로벌 전략게임:글로벌 패권충돌의 전쟁과 평화」. 『평화학연구』 제23권 2호 (2022), 7-41쪽.

이대식. 「미국 패권의 진화와 우크라이나 전쟁」. 『국제지역연구』 제26권 4호 (2022), 83-120쪽.

이상준. 「러시아의 북극개발과 한국의 참여전략」. 『러시아연구』 제31권 1호 (2021), 247-284쪽.

이영형·박상신. 「러시아 북극지역의 안보환경과 북극군사력의 성격」. 『한국 시베리아연구』

제24권 1호 (2020), 1-34쪽.

이영형.「러시아의 북극해 확보전략: 정책방향과 내재적 의미」.『중소연구』제33권 4호
  (2010), 103-129쪽.

이용희.「북극 스발바르조약에 관한 연구」.『해사법연구』제25권 2호 (2013), 107-136쪽.

진동민 · 서현교 · 최선웅.「북극의 관리체제와 국제기구 : 북극이사회(Arctic Council)를 중
  심으로」.『Ocean and Polar Research』제32권 1호 (2010), 85-95쪽.

한종만.「노르딕 북극권의 지정, 지경, 지문화적 역동성에 관한 연구」.『한국 시베리아연구』
  제21권 2호 (2017), 1-50쪽.

극지 e야기. "제1차 극지활동 진흥 기본계획(2023-2027)."

https://www.koreapolarportal.or.kr/poli/basicPlan.do;jsessionid=B3A9EE695E418B6220
  F7C0D57EDDDF3A (검색일: 2023.4.18).

극지e야기. "극지활동 진흥법."

https://www.koreapolarportal.or.kr/poli/promotionOfArcticActIVities.do(검색일:
  2022.10.6).

극지해 소식(7월호),

https://www.koreapolarportal.or.kr/news/detail/antarcticaNews.do?PST_
  NUM=9390&BRD_ID=NN02 (검색일: 2022.9.29.).

매거진 한경. "新 북극해 시대 영유권 확보 '사활'…최후 승자는."

https://magazine.hankyung.com/business/article/202102238213b (검색일: 2022.8.8).

북극이사회(Arctic Council).

https://www.arctic-council.org/ 참조 (검색일: 2022.8.29).

이투데이. "2050년까지 극지활동 7대 선도국 도약…정부 '2050 극지비전' 선포."

https://www.etoday.co.kr/news/VIew/1697219 (검색일: 2022.10.6).

조선일보. "핀란드서 지중해까지 펼쳤다… NATO, 러 軍기지 64㎞ 앞 군사연습."

https://www.chosun.com/international/europe/2022/05/19/QQGOBQFUSVCQRFAJEA
  56UFEQAY/ (검색일: 2022.9.21).

중앙일보. "북극해 선점 경쟁 불붙었다."

https://www.joongang.co.kr/article/2817215 (검색일: 2022.8.16).

중앙일보. "얼음이 녹자 싸움이 벌어졌다…푸틴 vs NATO '북극해 혈투'."

https://www.joongang.co.kr/article/25085033#home (검색일: 2022.7.23).

한겨레. "푸틴 미 · NATO는 안보위협 새 해양독트린에 명시."

https://www.hani.co.kr/arti/international/europe/1053149.html (검색일: 2022.9.28).

한겨레. "천연자원 보고 북극해 쟁탈전 치열."

https://www.hani.co.kr/arti/international/international_general/228707.html (검색일: 2022.8.16).

한경. "북극이사회 제한적 활동 재개… 러시아 빠진 프로젝트만 재개."

https://www.hankyung.com/international/article/202206090239Y (검색일: 2022.8.13).

한국일보, 푸틴은 어떻게 알았나?… 무기 수출로 꼬투리 잡힌 한국

https://www.hankookilbo.com/News/Read/A2022111113040004297?did=NA (검색일: 2022.11.16).

한국일보. "북극 냉전… 미국 러시아 대치 속 뒤늦게 뛰어드는 중국."

https://www.hankookilbo.com/News/Read/201801281757516523 (검색일: 2022.8.8).

AA. "Putin attends Vostok-2022 military drill in Russia's Far East."https://www.aa.com.tr/en/world/putin-attends-vostok-2022-military-drill-in-russias-far-east/2678205 (검색일: 2022.10.15).

ARCTIC COUNCIL. "DECLARATION ON THE ESTABLISHMENT OF THE ARCTIC COUNCIL." https://oaarchIVe.arctic-council.org/handle/11374/85 (검색일: 2022.10.10).

BBC. "Nord Stream 1: How Russia is cutting gas supplies to Europe." https://www.bbc.com/news/world-europe-60131520 (검색일: 2022.10.15).

BBC. "Ukraine War: Russia warns Sweden and Finland against Nato membership." https://www.bbc.com/news/world-europe-61066503 (검색일: 2022.10.15).

Declaration on the Establishment of the Arctic Council, https://1997-2001.state.gov/global/oes/oceans/declaration.html (검색일: 2022.9.28).

DefenseNews. "White House Arctic strategy calls for enhanced military presence." https://www.defensenews.com/pentagon/2022/10/07/white-house-arctic-strategy-calls-for-enhanced-military-presence/ (검색일: 2022.10.15).

Eastern Economic Forum. https://forumvostok.ru/en/ (검색일: 2022.10.15).

EurAsian Times. "Russia's Poseidon 'Nuke Drone' Test: Is US-Led NATO Making Mushroom Clouds Out Of A Molehill?." https://eurasiantimes.com/russias-nuclear-drone-test-rattled-us-led-nato-is-mushroom/(검색일: 2022.10.12).

European Union Institute for Security Studies (EUISS). http://www.jstor.com/stable/

resrep07064.7 (검색일: 2022.10.5).

Ilulissat declaration. https://arcticportal.org/images/stories/ pdf/Ilulissat-declaration.pdf (검색일: 2022.10.10).

NATO PARLIAMENTARY ASSEMBLY. "RATIFICATION OF FINLAND AND SWEDEN'S ACCESSION TO NATO." https://www.nato-pa.int/content/finland-sweden-accession (검색일: 2022.10.15).

NATO. "NATO MEMBER COUNTRIES." https://www.nato.int/cps/en/natohq/nato_countries.htm (검색일: 2023.4.18).

New Series. Vol. 324, No. 5925 (Apr. 17, 2009)https://www.science.org/doi/10.1126/science.1173200 (검색일: 2022.10.5).

REAL INSTITUTO elcano ROYAL INSTITUTE. "Arctic: from Cold to Ice-cold War." https://www.realinstitutoelcano.org/en/arctic-from-cold-to-ice-cold-war/ (검색일: 2022.10.15).

REUTERS. "China pledges to build 'Polar Silk Road' over 2021-2025." https://www.reuters.com/article/us-china-parliament-polar-idUSKBN2AX09F (검색일: 2022.10.14.).

SPUTNIK. "A Look Into the Vostok 2022 Military Drills", https://sputniknews.com/20220831/a-look-into-the-vostok-2022-military-drills-1100226508.html (검색일: 2022.10.13).

The Barents Observer. "Russia rearms strategic forces: Satellite images show expansion of nuclear weapons sites on Kola." https://thebarentsobserver.com/en/content/satellite-images-show-expansion-nuclear-weapons-sites-kola (검색일: 2022.10.15).

The Guardian. "Giant ship blocking Suez canal partially refloated." https://www.theguardian.com/world/2021/mar/24/huge-container-ship-blocks-suez-canal-evergreen (검색일: 2022.10.15).

The Guardian. "Russia warns of nuclear weapons in Baltic if Sweden and join Nato." https://www.theguardian.com/world/2022/apr/14/russia-says-it-will-reinforce-borders-if-sweden-and-finland-join-nato (검색일: 2022.10.15).

The State Council Information Office of the People's of China. "China's Arctic Policy (Beijing 2018)." https://english.www.gov.cn/archIVe/white_paper/2018/01/26/content_281476026660336.htm (검색일: 2022.9.28).

U.S Department of State. "Establishing an Ambassador-at-Large for the Arctic Region" https://www.state.gov/establishing-an-ambassador-at-large-for-the-arctic-region/ (검색일: 2022. 9. 26).

White House. "NATIONAL STRATEGY FOR THE ARCTIC REGION." https://obamawhitehouse.archIVes.gov/sites/default/files/docs/nat_arctic_strategy.pdf (검색일: 2022. 9. 26).

PANDIA. "Правила плавания по трассам северного морского пути." https://pandia.ru/text/80/156/32367.php (검색일: 2022. 10. 10).

Вороненко Александр Леонидович · Грейзик Сергей Владимирович. "Перспективы сотрудничества России со странами Северо-Восточной Азии в Арктическом регионе." // АиС. 2019. №35. https://cyberleninka.ru/article/n/perspektIVy-sotrudnichestva-rossii-so-stranami-severo-vostochnoy-azii-v-arkticheskom-regione (검색일: 2022. 9. 28).

Журавель Валерий Петрович. "НАТО И ВОПРОСЫ НАЦИОНАЛЬНОЙ БЕЗОПАСНОСТИ РОССИИ В АРКТИКЕ." // Научно-аналитический вестник Института Европы РАН. 2021. №2. https://cyberleninka.ru/article/n/nato-i-voprosy-natsionalnoy-bezopasnosti-rossii-v-arktike (검색일: 2022. 9. 28).

КонсультантПлюс надежная правовая поддержка. "Основы государственной политики Российской Федерации в Арктике на период до 2020 года и дальнейшую перспективу." (утв. Президентом РФ 18. 09. 2008 N Пр-1969) http://www.consultant.ru/document/cons_doc_LAW_119442/ 참조 (검색일: 2022. 8. 28).

Морозов Ю.В., and Клименко А.Ф. "Арктика в стратегии НАТО и направления взаимодействия России с государствами Северо-Восточной Азии в этом регионе." Национальные интересы: приоритеты и безопасность, no. 17 (302), 2015, pp. 39-51. https://cyberleninka.ru/article/n/arktika-v-strategii-nato-i-napravleniya-vzaimodeystVIya-rossii-s-gosudarstvami-severo-vostochnoy-azii-v-etom-regione (검색일: 2022. 9. 28).

Наръяна вындер, https://nVInder.ru/article/vypusk-no-32-21374-ot-30-marta-2023-g/101090-arktika-territoriya-ekonomicheskogo-rosta (검색일: 2023. 4. 18).

Правительство России. "Заседание Правительственной комиссии по повышению устойчивости российской экономики в условиях санкций." http://government.ru/

news/44781/ (검색일: 2022. 9. 26).

Правительство России. "О Стратегии развития Арктической зоны Российской Федерации и обеспечения национальной безопасности на период до 2020 года." http://government.ru/info/18360/ (검색일: 2022. 8. 28).

Правительство России. "Правительство запускает механизм субсидирования регулярных грузовых перевозок по Северному морскому пути." http://government.ru/docs/44877/ (검색일:2022. 10. 6).

Президент России, "О Стратегии развития Арктической зоны Российской Федерации и обеспечения национальной безопасности на период до 2035 года." http://www.kremlin.ru/acts/bank/45972(검색일: 2022. 9. 22).

Президент России. "Об утверждении Морской доктрины Российской Федерации." http://www.kremlin.ru/acts/bank/48215 (검색일: 2022. 9. 21).

Президент России. "Указ Президента Российской Федерации от 05.03.2020 г. № 164." http://www.kremlin.ru/acts/bank/45255 (검색일: 2022. 8. 28).

РИА Новости, "Западные страны приостановили участие в мероприятиях Арктического совета." https://ria.ru/20220303/priostanovka-1776331794.html (검색일: 2022. 9. 26).

РИА НОВОСТИ. "Путин посетит учения "Восток-2022" и проведет заседание Госсовета." https://ria.ru/20220906/putin-1814694531.html (검색일: 2022. 9. 6).

ТАСС. "Российские владения в Арктике. История и проблемы международно-правового статуса." https://tass.ru/info/6312329?utm_source=yandex.ru&utm_medium=organic&utm_campaign=yandex.ru&utm_referrer=yandex.ru (검색일: 2022. 8. 27).

Ю. Е. Фокин · А. И. Смирнов. "Киркенесская Декларация о сотрудничестве в Баренцевом/Евроарктическом регионе: взгляд из России 20 лет спустя, Национальный институт исследований глобальной безопасности." https://www.niiglob.ru/en/publications/materialy-k-20-letiyu-sber/272-yuefokin-aismirnov-kirkenesskaya-deklaracziya-o-sotrudnichestve-v-barenczevomevroarkticheskom-regione-vzglyad-iz-rossii-20-let-spustya.html (검색일: 2022. 10. 17).

북극권의 지속가능개발을 위한 북극이사회의 역할

라미경*

I. 서론

북극권의 느슨한 거버넌스 기재로 작동하고 있는 북극이사회(The Arctic Council)가 올해로 창립 25주년을 맞이했다. 지난 25년간 북극이사회는 북극의 지속가능개발(sustainable development)[1]과 환경보호를 논의 하면서 대표적인 북극 거버넌스로 성장했다. 또한 북극이사회는 기후환경변화, 생물종 다양성 보호문제, 해양동식물 먹이사슬체계의 위험 등 공통의 북극 문제들에 대해 북극해 연안국가들(미국, 캐나다, 러시아, 노르웨이, 덴마크), 북극지역 원주민 공동체[2], 기타 북극지역주민들 간의 협력, 조정 및 상호 교류의 역할을

※ 이 글은 한국정치사회연구소가 발간하는 『한국과 국제사회』(5권6호)에 게재된 글을 수정 보완한 것임

 * 서원대학교 휴머니티교양대학 교수

1) 본고에서는 지속가능성(sustainability), 지속가능개발(Sustainable Development: SD), 지속가능개발목표(Sustainable Development Goals: SDGs)의 개념을 다음과 같이 사용하고자 한다. 지속가능성은 우리의 모든 생활에서 지구를 미래세대까지 온전히 활용할 수 있도록 넘겨주기 위해 지향해야 할 목표, SD는 우리 사회의 "발전"이라는 분야에서 지속가능성을 확보하기 위한 개념, SDGs는 SD를 이루기 위한 현실적이고 단계적인 "계획"으로 본다.

2) 현재(2021. 9. 30.) 북극이사회에 상시 참여하는 원주민 단체로는 다음 6개의 단체가 있다. 알류트국제협회(Aleut International Association, AIA), 북극 아타바스칸 이사회(Arctic Athabaskan Council, AAC), 그위친 국제이사회(Gwich'in Council

담당해 왔다.

하지만 북극지역은 여전히 기후변화에 대해 가장 민감하게 반응하고 환경 파괴에 따른 영향이 가장 심각하게 나타나는 지역이다. 산업혁명 이후 북극권의 온도는 2.5℃ 이상 상승하고 증가폭은 지구 평균의 2배 이상이고 향후 100년간 연간 평균기온이 육상의 경우 3~5℃, 해상의 경우 최대 7℃까지 상승할 전망이다.[3] IPCC 보고서에 의하면, 이런 추세로 지속되면 지구온난화로 인해 바다와 빙하지역에서 일어나는 환경변화는 멈출 수가 없으며 해양, 산악, 그리고 극지방에 거주하는 10억 명의 생존이 위협받게 될 것이라고 한다.

기후변화로 인한 해빙은 천연자원 개발이 쉬워지고 북극해를 지나는 물류 운송로가 활성화 되면서 북극 국가(Arctic States) 이외 '비북극 국가(Non Arctic States)' 특히 중국, 인도, 일본의 북극 진출 전략이 국익 차원에서 다양화 되고 있다. 북극해의 지리적 공간은 환경적, 사회적, 경제적 차원을 넘어서 군사·안보적 차원까지 확장되고 있는 것이 현실이다. 이와 같이 북극은 급격한 변화를 겪고 있는 지역으로 경제적 기회와 증가하는 국제적 관심과 함께 심각한 환경적, 사회적 혼란에 직면해 있다. 더 이상 북극은 북극 원주민과 거주민만의 공간이 아니라 전 세계 인류의 공간으로 전환되어 가고 있다.

지속가능개발은 북극의 환경 보호를 보장하고 북극지역 사회의 회복력을 강화하면서 이러한 기회를 활용할 수 있는 능력을 구축할 것을 요구하고 있다. 최근 북극은 극적인 환경적, 경제적, 사회적 변화를 경험함에 따라 지속가

International, GCI), 이누이트 환극지이사회(Inuit Circumpolar Council, ICC), 러시아 북극토착민족협회(Russian Association of Indigenous Peoples of the North, RAIPON), 사미 이사회(Saami Council)

3) 라미경, "기후변화 거버넌스와 북극권의 국제협력," 『한국 시베리아연구』 제24권 1호 (대전: 배재대학교 한국-시베리아센터, 2020), p. 44.

능개발을 위한 로드맵이 필수적이다. 2015년에 UN 2030 의제는 17개의 지속 가능개발목표(UN Sustainable Development Goals)를 도입했으며, 각각은 세부적이고 측정 가능한 목표를 간략하게 설명했다. 북극의 현재와 미래는 기후 환경 변화와 세계화의 힘, 즉 전통적인 생계를 방해하는 압력에 의해 적극적으로 형성되고 있다. SDGs를 향한 진전은 북극 원주민과 거주민, 지역사회의 건강과 번영에 매우 중요한 것으로 보인다. 북극의 고유한 도전과제를 해결하기 위해 유엔의 지속가능개발목표를 맥락화 할 필요성과 북극이사회가 그것을 촉진하는 역할을 해야 할 것이다.

선행연구 검토 결과, 현재 국내에서 북극권의 SDGs, 북극이사회에 관한 연구는 정량적으로 활발하게 진행되고 있지는 않다. 연구경향에 있어 아직까지는 대부분 북극이사회의 조직에 대한 연구가 다수이다. 서원상(2013)은 UN SDGs가 나오기 전, 우리나라가 북극이사회 옵저버 지위를 얻었던 해에 북극의 지속가능개발에 대해 개발원칙에 대해 연구했고, 국내 몇 편의 연구[4]는 북극이사회, 북극거버넌스, 북극해 진출을 다루는 과정에서 '지속가능개발'이라는 단어를 사용했을 뿐 세부적인 이론과 목표를 다루고 있지는 않았다. 반면 국외연구는 국내연구에 비해 활발하게 이루어지고 있다.[5]

---

[4] 서원상, "지속가능개발 원칙: 북극의 지속가능개발 원칙을 중심으로," 『국제법평론』 통권 38, 2013; 제성훈, "북극이사회 창설 25주년의 의미와 향후 과제," 『한국 시베리아연구』 제25권 3호(대전: 배재대학교 한국-시베리아센터, 2021); 배규성, "북극이사회 내 국가 행위자와 비국가행위자 간의 정치적 역학관계," 『한국 시베리아연구』 제25권 1호(대전: 배재대학교 한국-시베리아센터, 2021); 배규성, 김주엽, "북극거버넌스와 비국가 행위자," 『국제지역연구』 제25권 1호(서울: 국제지역학회, 2021); 진동민, 서현교, 최선웅, "북극의 관리체제와 국제기구," 『Ocean and Polar Research』 Vol. 32(1), 2010.

[5] PurVIs B. et al., Three Pillars of Sustainability: In Search of Conceptual Origins, *Sustainability Science*, September 2018; Spencer Williams, "Sustainable Development in the Arctic: SDGs and the Role of the Arctic Council," *McGill*

따라서 본 연구의 목적은 느슨한 형태의 거버넌스를 형성하고 있는 북극이 사회를 조직화, 제도화, 실행 및 프로젝트 평가의 세 가지 지표로 평가하고 북극의 지속가능발전을 위한 북극이사회의 역할과 과제에 대해 조명해 보고자 한다. 또한 북극권의 SDGs에 관한 국내 연구가 부재한 상황에서 다음과 같은 질문에 대한 답을 찾아가고자 한다. 첫째, 지속가능개발은 어떤 것이고 무엇을 의미하는 것인가? 둘째, 현 북극상황에서 지속가능개발은 무엇이며 어떤 모습이어야 하는가? 북극권의 SDGs는 얼마나 유용하고 실행 가능한가? 셋째, 북극의 지속가능개발을 위한 북극이사회의 역할과 과제는 무엇인가

Ⅲ. 지속가능개발목표(SDGs)의 이론적 논의

1. 지속가능개발(SD)의 개념

지속가능개발은 1987년 유엔 세계환경개발위원회(WCED: World Commission on EnVIronment and Development)의 보고서『우리 공동의 미래(Our Common Future)』에서 처음 언급되었다. 개념은 개발과 환경보호를 통합함으로써 생태적인 붕괴나 절대 빈곤을 야기할 수 있는 과도한 개발을 막고 지속적인 성장과 번영을 꾀하는 것을 의미한다. 브룬트란트(Brundtland)

Journal of Sustainable Development Law, 6 May, 2021; Thatcher A., "Theoretical Definitions and Models of Sustainable Development that Apply to *Human Factors and Ergonomics*", *Human Factors in Organizational Design and Management & Nordic Ergonomics Society Annual Conference*, 2014; Waage et al. "Governing the UN Sustainable Development Goals: Interactions, Infrastructures and Institution," 2015.

보고서는 지속가능개발이 "미래의 요구와 열망을 손상시키지 않으면서 현재의 요구와 열망을 충족시키는" 능력으로 광범위하게 설명하고 있다. 즉, '필요의 개념'과 '한계의 개념'이라는 두 가지 핵심적인 개념을 포함하고 있는데, 전자는 전 세계 가난한 사람들의 기본적인 필요를 의미하며, 후자는 현재와 미래의 필요를 충족시키는 환경의 기술적 사회적 능력의 한계를 의미한다.

따라서 지속가능개발이라는 개념은 환경보호 없이는 지속적인 발전을 이룰 수 없고, 반대로 경제적 발전 없이는 환경을 온전히 유지하고 인류의 생활수준을 향상시킬 수 없다는 사실을 전제로 한다. 따라서 지속가능개발은 환경적, 경제적, 사회적 차원이 모두 포함된 통합적인 것을 의미하고 경제개발에 있어 환경문제를 고려해야 한다는 취지에서 민주주의, 인권, 평화, 안보 등을 망라한 사회 통합적 발전까지 고려해야 한다는 의미로 확장되었다.[6]

2. SDGs 형성과정과 모델

SDGs를 설명하는 대표적 모델로는 [그림 1]처럼 3개의 원 모델(Three Pillars Model)과 3개의 기둥 모델(Three Circles Model), [그림 2]에 나타나는 동심원 모델(Concentric Circles Model)이 있다.

3개의 원 모델과 3개의 기둥 모델 개념의 핵심은 환경보호, 경제발전, 사회라는 세 가지 기둥의 동시 발전을 추구한다.[7] 이들 각각은 북극 상황에서 중요한 영역이다.

---

6) 오선영, "지속가능한 개발 국제법적 발전과정 및 국내 법체계에 대한 시사점에 관한 소고," 『법학연구』 통권 52호(연세대학교 법학연구원, 2011), p. 171.
7) PurVIs B. et al., Three Pillars of Sustainability: In Search of Conceptual Origins, *Sustainability Science*, September 2018.

첫째, 환경부문은 국제사회에서 가장 주목받는 부분이다. 탄소배출, 폐기물, 물 사용량 줄이기 등의 운동을 포함하고 있으며, 환경적인 요소들의 순환적인 활용이 경제적으로도 이익이 된다는 논의들이 확산되고 있는 것이 대표적이다. 환경부문과 경제부분이 상충하지 않고 조화롭게 나아가기 위한 논의들과 환경의 보호가 가장 주된 요소이다.

3개의 원 모델과 3개의 기둥 모델 개념의 핵심은 환경보호, 경제발전, 사회라는 세 가지 기둥의 동시 발전을 추구한다.[8] 이들 각각은 북극 상황에서 중요한 영역이다.

첫째, 환경부문은 국제사회에서 가장 주목받는 부분이다. 탄소배출, 폐기물, 물 사용량 줄이기 등의 운동을 포함하고 있으며, 환경적인 요소들의 순환적인 활용이 경제적으로도 이익이 된다는 논의들이 확산되고 있는 것이 대표적이다. 환경부문과 경제부분이 상충하지 않고 조화롭게 나아가기 위한 논의들과 환경의 보호가 가장 주된 요소이다.

[그림 1] 대표적 모델(원, 기둥)

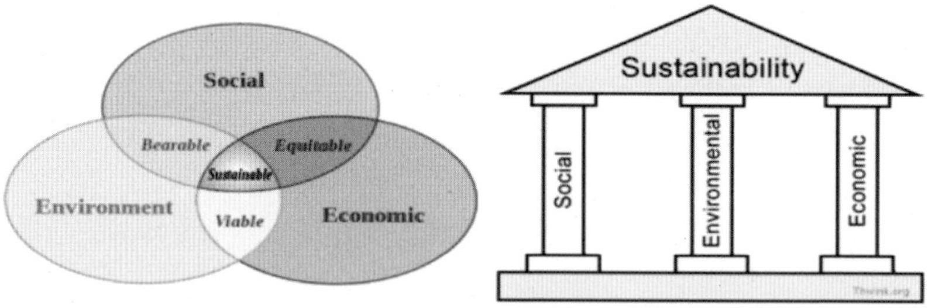

자료: Thwink.org, "Finding and ResolVIng the Root Causes of the Sustainability Problem," (검색일: 2021.10.2.)

---

8) PurVIs B. et al., Three Pillars of Sustainability: In Search of Conceptual Origins, *Sustainability Science*, September 2018.

둘째, 경제부문은 성장이 지속되어야 한다. 경제적인 이익이 발생하지 않으면 사회적으로 환경을 유지하려는 움직임이 제한될 수 있기 때문이다. 따라서 경제와 환경이 조화롭게 나아가 궁극적으로 인간의 삶의 질을 더 나은 방향으로 가져가기 위한 논의가 확산되고 있다. 이러한 맥락에서 경제부문에서는 위험관리와 적절한 거버넌스를 통한 경제적 이익 관리가 가장 중요한 부분이다.

셋째, 사회부문에서는 인간의 현재 삶이 지속적으로 유지될 수 있어야 한다. 경제적인 성장으로 일자리가 창출되어야 하며, 환경적으로도 인간이 살 수 있는 정도의 환경이 조성되어야 한다. 이를 위해 인간사회가 경제와 환경을 조화롭게 이끌어가야 할 뿐만 아니라 사회적으로도 순환자원의 활용 문화를 확산시켜 지속가능한 형태의 사회로 전환되어야 함을 의미한다.

[그림 2] 동심원 모델은 국제자연보전연맹동심원 모델은 국제자연보전연맹(IUCN: International Union for Conservation of Nature, 이하 IUCN)에서 1991년에 만든 '웰빙달걀모델(egg of wellbeing model)'을 기본으로 한다.[9] IUCN의 웰빙달걀모델은 노른자위를 사람 흰자위를 생태로 표현하여 생태계 안에 사람이 있고, 생태계와 사람이 서로 상호작용함을 표현한 모델이다. 인간의 삶이 결국 생태계 안에서 이루어지고 있기 때문에 생태계의 보전이 필요하다는 점을 강조했다고 볼 수 있다. 17개의 SDGs는 주요 의도된 결과를 반영하는 3개의 동심원으로 표현한 것이다. 가장 가운데 부분인 웰빙에는 빈곤퇴치(1), 건강한 삶(3), 양성평등(5) 등의 지속가능발전목표가 포함되며, 인프라 부분에는 사회기반시설(9), 깨끗한 에너지(7), 책임 있는 소비와 생산(12) 등

---

9) Andrew Thatcher, "Theoretical Definitions and Models of Sustainable Development that Apply to Human Factors and Ergonomics", *Human Factors in Organizational Design and Management & Nordic Ergonomics Society Annual Conference*, 2014, pp. 747-752.

[그림 2] 동심원 모델

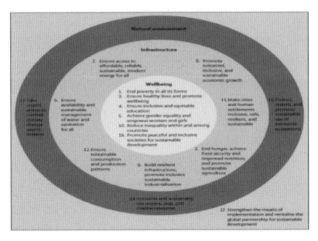

자료: Waage et al.(2015), "Governing the UN Sustainable Development Goals: Interactions, Infrastructures and Institution,"(검색일: 2021. 10. 2)

이 포함되며, 그보다 큰 개념으로 자연환경 부분에는 생태계보호(15)와 환경보호에 대한 움직임(13)이, 마지막으로 바탕 부분에는 국제협력(17)이 포함된다. 동심원 모델은 사회, 환경, 경제가 상호의존적이며 서로를 포괄하는 형태라고 파악하기 때문에 이를 구분하기 보다는 생태계라는 거대한 흐름 안에 인간을 두고 파악하고 있다. 동심원 모델도 시간적인 선후성을 파악하지 못한다는 단점은 있지만 생태계 속에서 인간의 활동을 파악함으로써 '지속가능발전' 개념을 보다 충실히 수행했다고 판단해볼 수 있다.

1972년 유엔인간환경회의(UNCHE: United Nations Conference on the Human EnVIronment)는 환경에 대한 국가체제 기틀이 마련하였고, 유엔환경계획(UNEP: United Nations EnVIronment Programme)이 창설되면서 환경에 대한 지속가능개발 논의가 정치적으로 확산되었다. 이후 1992년 리우에서 개최된 유엔환경개발회의(UNCED: UN Conference on the Human En

VIronment)에서 지속가능발전이 국제협력과 국가정책의 기본원칙이 되면서 "의제 21(Agenda 21)"과 "리우선언(The Rio Declaration on EnVIronment and Development)"이 채택되고, 유엔기후변화협약(UNFCCC: United Nations Framework Convention on Climate Change), 생물다양성협약(CBD: Convention on Biological DIVersity)이 출범하였다.

지속가능개발 개념을 바라보는 시각은 크게 2가지로 나누어볼 수 있다. 첫 번째는 환경을 강조하는 관점이고, 두 번째는 개발도상국에 대한 지원을 강조하는 관점이다. 전체적인 청사진이 완성된 것은 2014년 12월 4일 유엔 사무총장이 "2030년까지의 존엄성을 위한 여정: 빈곤퇴치, 모든 삶의 변혁, 지구 보호(The Road to Dignity by 2030: Ending Poverty, Transforming All LIVes and Protecting the Planet)" 종합보고서를 발간하고[10] 이를 바탕으로 2015년 유엔총회에서 MDGs를 대체할 목표로 SDGs가 채택되었다.

SDGs는 2016년부터 기아, 난민, 성평등과 같은 인류 보편의 문제와 환경문제, 경제사회문제를 2030년까지 해결하고자 만들어졌으며, [그림 3]에 나타나듯이 17개의 목표와 169개의 세부목표로 이루어져 있다.

SDGs가 환경적으로 지속가능한 경제성장을 포괄적으로 가져가고 있는 것은 분명하지만, 그럼에도 개발도상국을 돕기 위한 배경에서 만들어졌다는 점은 이해하고 넘어가야 할 부분이다. 또한 국제사회의 SDGs는 전반적으로 협력을 통한 목표의 달성을 강조한다. 이는 SDGs 목표 중 하나를 통째로 "파트너십"으로 배정하고 있다는 점에서도 분명히 드러나고 있다. SDGs 17은 국가, 지방정부, NGO, 개인, 기업 등 모든 종류의 협력을 포함하고 있는 개념으로

---

10) WWF, The Road to Dignity by 2030: Ending Poverty, Transforming All LIVes and Protecting the Planet, *Synthesis Report of the Secretary-General On the Post-2015 Agenda*, 2016.

[그림 3] UN 지속가능개발목표

[그림 3] UN 지속가능개발목표

자료: Sustainable Development Goals(검색일: 2021. 9. 20)

이해할 수 있으며, 결국 모두 함께 지속가능발전으로 나아가는 것만이 지속가능발전을 달성할 수 있는 방법임을 강조하고 있다.

3. 북극권의 지속가능개발 모델

북극권의 지속가능개발 모델은 앞서 살펴 본 유엔지속가능개발목표를 바탕으로 환경, 경제, 사회의 기둥을 [그림 4]에 제시한 북극권 거버넌스 모형으로 발전시켜야 할 것이다. 북극의 환경은 지구 평균의 두 배 이상으로 온난화가 진행되고 있고 북극만큼 빠르게 또는 극적으로 기후 변화의 영향을 경험하고 있는 곳은 이 지구상에는 없다. 영구 동토층이 녹으면 지역 사회와 기반 시설이 위협받는 반면 야생 동물 서식지의 이동은 전통적인 삶의 방식을 방해하고 있다. [11] 더욱이 이러한 변화의 대부분은 북극 외부에서 발생한 활동으로 인해 발생하므로 적응하는 것 외에는 선택의 여지가 거의 없다. 북극의 지속가능

---

11) Spencer Williams, op. cit., 2021.

개발은 주민들의 적극적인 참여와 의견을 구해야 한다. 북극은 약 1백만 명의 원주민을 포함하여 약 4백만 명의 주민이 살고 있다. 원주민 문화, 언어 및 생활 방식의 보호가 최우선 순위인 반면, 청소년 이주는 북극의 사회적, 경제적 지속 가능성에 대한 시급한 관심사다. 진행중인 COVID-19 전염병은 디지털 연결, 식량 안보 및 인프라의 오랜 과제를 증폭시키고 있다

따라서 현재 운영되고 있는 북극권 거버넌스를 세 가지 지표, 즉 조직(행위자), 제도(재정, 규범), 이슈 실행 및 평가 등으로 분석해 보고 북극권의 지속가능개발을 위한 북극이사회의 역할을 모색하고자 한다.

[그림 4] 북극권의 지속가능개발 모델

북극의 지속가능개발		
⇧		
북극이사회 거버넌스		
조직(행위자)	제도(재정, 규범)	이슈 실행 및 평가
-8개 북극이사회 국가 -상시원주민단체 -6개 실무그룹	-예산의 지속적 확보 -구속적 있는 규범	-북극 이슈 개발 -성과, 효과 여부 -평가체제 구축
⇧		
환경	경제	사회
UN SDGs		

III. 북극이사회의 SDGs 실행 및 현황

1. 북극이사회 구조와 조직

북극이사회는 1996년 오타와 선언(Ottawa Declaration)을 통해 북극의 환

경보호 문제와 지속가능한개발에 대해 북극해 연안국가들, 북극지역 원주민 공동체 기타 북극지역 주민들 간의 협력, 조정 및 상호 교류의 증진을 위한 고위급 정부 간 포럼으로 설립되었다.[12] 북극이사회의 설립과정을 살펴보면, 1987년 고르바초프의 무르만스크 선언(Murmansk Declaration)에 이어 1991년 로바니에미 선언(Rovaniemi Declaration)은 북극권 환경보호선언(Arctic EnVIronmental Protection Strategy: AEPS)을 채택하였다. 로바니에미 선언은 북극환경보호 전략개념을 최초로 정립하였다.[13] 이후 8개국은 1993년에 북극권 환경보호 11개 행동강령을 구체화한 누크선언(Nuuk Declaration) 발표했고 여기에는 UN기후변화기본협약 규정에 대한 인정, 북극의 지속가능한 개발, AEPS 실행지지 등이 있다.

마침내 1996년 9월 캐나다 오타와에서 북극이사회를 설립하고 북극권 환경보호와 원주민 보호, 지속가능발전을 위한 오타와 선언을 발표했다. 이어 1998년 캐나다 이퀄루트에서 북극이사회 장관회의에서 워킹그룹의 하나인 지속가능워킹그룹(Sustainable Development Working Gruop: SDWG)이 출범하면서 이콸루트 선언(Iqaluit Declaration)을 채택했다. 2006년 북극이사회는 국지적, 지역적 오염 물질의 배출을 감소시키고, 이를 위한 국제협력을 도모하고자 북극오염조치프로그램(AC Contaminants Action Program) 워킹그룹을 출범시켰고, 2009년 북극연안 기름 및 가스지침을 발표하여 북극연안국

---

12) Arctic Council Secretariat, *The Arctic Council: A Quick Guide*(TromsØ: Arctic Council Secretariat, 2020), p. 4.
13) 진동민, 서현교, 최선웅, "북극의 관리체제와 국제기구,"『Ocean and Polar Research』 Vol. 32(1), 2010. p. 86. 북극환경보호전략은 북극권 8개국이 1991년 채택하였는데 이는 1989년 알래스카의 프린스 윌리엄스 해협에서 발생한 엑스 발데스(Exxon Valdez)호의 원유가 유출되어 주변 원주민과 야생동물들이 삶의 터전을 잃게 된 사건 때문이었다.

이 연안의 석유와 가스를 개발하는 과정에서 고려해야 할 권고 관행과 전략적인 조치 등을 트롬쇠 선언(Tromsø Declaration)에서 제시하고 있다.[14]

이후 2017년 페어뱅크스 선언(Fairbsnks Declaration)은 북극이 지구평균 2배 이상으로 온난화되고 있다는 사실에 주목했다. 2019년은 핀란드 로바니에미에서 공동 선언문을 채택하는 데 실패했다. 2017년 기후변화가 포함된 페어뱅크스 선언 채택을 반대했던 미국을 어렵게 설득한 바 있으나 설득시키기 못하고 북극이사회 창설된 이후 처음으로 공동선언문을 채택하지 못하고 종료되었다.[15] 2021년은 아이슬란드 레이캬비크에서 공동선언문을 채택했고 북극 국가들은 북극이사회 장관급 회의에서 평화롭고 번영하며 지속 가능한 북극 지역을 유지하기 위한 이사회의 약속을 재확인하였다.[16]

북극이사회 의장국은 2년마다 북극 국가인 캐나다, 미국, 핀란드, 아이슬란드, 러시아, 노르웨이, 덴마크, 스웨덴이 순환하여 담당하는데 현재 의장국은 러시아(2021년-2023년)이다. 북극이사회 의장은 의장국의 외무장관(또는 북극문제 관련 장관)이 담당한다. 의장국 임기 종료 시 회원국의 장관급 대표들로 구성되는 북극이사회 각료회의가 진행된다. 지난 2년간의 활동을 평가하는 각료회의는 차기 의장국의 권한을 승인하며 실무그룹의 분석 결과에 따라 평가, 권고를 결정한다. 또한 구속력은 없지만 지난 2년간의 성과와 향후 활동을 규정하는 '선언'을 채택하는데 '선언'에는 해당 각료회의 개최지 명칭이 들어간다.

북극이사회의 구성원은 이른바 북극국가로 규정되어 있는 회원국, 상시참여단체, 그리고 옵서버로 구분된다. 회원국은 연안국 5개국(미국, 러시아, 캐

---

14) 라미경, *op. cit*, p.

15) 김민수 외 다수, "새로운 도전에 직면한 북극이사회와 우리나라 북극협력 방향," 『KMI 동향분석』 Vol. 120, 2019(5), pp. 5-6.

16) https://arctic-council.org/resources/reykjaVIk(검색일: 2021. 10.12)

나다, 덴마크, 노르웨이), 비연안 3개국(스웨덴, 핀란드, 아이슬란드)이고 상시참여단체는 이누이트 환북극 이사회, 노르웨이 사미족, 러시아 북극 원주민 협회 등 북극권 소수민족 기구를 합쳐 총 6개의 북극 원주민 단체로 구성되어 있다. 상시참여단체는 북극이사회의 협상, 결정과 관련하여 전면적 협의권을 가지고 북극이사회 활동의 모든 영역에서 참여할 수 있고 원주민 사무국(IPS: Indigenous Peoples' Secretariat)이 이들의 참여를 지원한다.

옵서버 현황(2021년 9월 기준)은 총 38개인데 옵서버국(13개)으로 한국, 영국, 프랑스, 독일, 네덜란드, 폴란드, 스페인, 중국, 이탈리아, 일본, 인도, 싱가포르, 스위스, 국제기구 옵서버(13개)로 국제적십자연맹, 북대서양해양포유류위원회, 유엔환경계획 등, 비정부기구 옵서버(12개)로 해양보호자문위원회, 환극지보전연합, 국제북극과학위원회 등이고 잠정 옵서버(1개)로 EU가 있다. 옵서버는 북극이사회 회의, 기타 활동 참석, 의견개진, 서류열람, 프로젝트 제안 등을 할 수 있으며 4년마다 각료회의에서 활동평가를 받아야 한다.[17]

북극이사회의 업무의 대부분은 〈표 1〉에 나타나듯이 일반적으로 연구원과 정부 대표로 구성된 6개의 워킹그룹을 통해 조직한다. 이들 실무그룹은 북극이사회 각료회의가 위임한 프로그램과 프로젝트 수행을 책임지며 의사결정을 위한 광범위하고 과학적인 지식기반을 제공하고 북극에서 안전하고 지속 가능한 활동을 위한 모범사례와 권고사항을 준비한다.[18] 여기에는 북극모니터링평가프로그램(AMAP), 북극동식물보전 (CAFF), 비상사태예방준비대응(EPPR), 북극해양환경보호(PAME), 지속 가능한 개발 작업 그룹(SDWG), 북극환경오염물질조치프로그램(ACAP) 이 포함된다.

---

17) Arctic Council, *Complication of Observer ReVIew Reports*(TromsØ: Arctic Council, 2020), p. 3.
18) Arctic Council Secretariat, *op. cit.*, p. 9.

워킹그룹명	목적 및 활동	설립
북극모니터링평가프로그램 (AMAP)	- 북극 오염문제를 모니터링, 평가, 예방	1991
북극동식물보전 (CAFF)	- 북극 생물자원의 지속성 유지, 기후변화 등 관련 이슈 주관	1991
비상사태예방준비대응 (EPPR)	- 북극의 환경 비상사태에 대한 대응 · 관리 · 평가, 북극 환경보 호와 지속가능개발을 도모	1991
북극해양환경보호 (PAME)	- 북극해양환경 정책, 오염예방 · 통제조치 및 북극 해양오염예 방 사안 등에 관한 협력 - 북극해양환경보호와 관련한 중점과제 제시	1991
지속가능개발워킹그룹 (SDWG)	- 북극의 지속가능개발 도모 - 북극 공동체의 경제적 · 사회적 환경 개선	1998
북극환경오염물질조치프로그램 (ACAP)	- 북극이사회환경오염 관리 대응 활동 수행 - 환경오염물질 배출 제한과 감축을 위한 노력 - 국제기구 및 각국과의 협력 모색	2006

2. 북극이사회 지속가능개발 실무그룹(SDWG)의 현황

본 연구에서는 UN 지속가능개발의 목표와 북극이사회의 지속가능개발목표를 비교해 보기 위해 6개의 실무그룹 중 지속가능개발 실무그룹을 중심으로 분석해 보고자 한다.

〈표 2〉 지속가능개발 실무그룹(SDWG)

목표	내용
경제평가	지속 가능하고 다양한 경제 개발, 투자 및 정책 강화를 포함하여 북극의 경제 동향 및 활동에 대한 분석 및 공동 모니터링을 강화
교육기회	극지방 네트워크를 개발하고 혁신적인 기술을 활용하여 지식을 구축하고 변화하는 지역에서 활기찬 커뮤니티를 유지하는 데 필요한 기술을 개발
북극공동체의 유산과 문화	지역의 사람들, 문화, 전통적인 생활 방식, 언어 및 가치에 대한 글로벌 이해를 심화하고 전통 및 지역 지식을 증진하고 원주민 언어, 전통적인 생활 방식 및 관습을 유지하고 기념. 북극의 문화 유산과 지역의 식별 및 홍보 지원

인간건강	환경 위험 요소, 자살 및 고부담 감염성 및 만성 질환으로 인한 사망 및 장애를 줄이는 프로젝트에 중점을 두고 공중 보건 시스템 및 의료 서비스 제공을 지원할 수 있는 정보, 평가 및 혁신을 교환
기반시설	독립적인 노력과 다른 보조기관 및 태스크 포스와의 협력을 통해 지역 사회의 현재 요구와 변화하는 환경을 고려하면서 모든 형태의 북극 기반 시설에 대한 책임있고 지속 가능한 장기 투자를 알리기 위한 정보를 제공
불평등 감소/철폐	모든 수준에서 연령, 성별, 장애, 인종, 민족, 출신, 종교 또는 경제적 또는 기타 지위에 기반한 불평등을 철폐하기 위한 건전한 정책의 채택을 강화하고 촉진
지속가능 개발을 위한 과학 및 연구	학술 교류 및 북극 공동 연구를 포함하여 지속 가능한 개발에 도움이 되도록 북극 지역의 연구 기관과 광범위한 지적 자원을 잘 활용
지속가능한 비즈니스 참여 및 개발	신규 및 신흥 부문을 포함한 경제 개발을 탐색하고 일자리 창출 및 지역 문화 및 제품 홍보를 포함한 잠재적 이점을 평가
지속가능한 에너지	책임 있고 지속 가능한 관리, 에너지 및 자원의 사용 및 개발, 가장 멀리 떨어진 북극 지역 사회에서도 재생 가능 에너지를 장려하는 혁신적인 접근 방식을 장려
교통링크	북극 지역 사회에 영향을 미치는 사람과 상품의 효율적인 이동 능력을 향상시키는 지속 가능한 교통 인프라 및 전통적인 회랑의 개발을 촉진
물과 위생 서비스	지역이 직면한 고유한 공학적 문제와 환경적 위험을 염두에 두고 지속 가능한 물, 위생 및 폐기물 처리 관리를 개선하는 데 지역 사회의 참여를 강화

　북극위원회의 지속가능개발 프로그램의 목표는 북극의 지속가능개발을 진전시키기 위해 북극 국가가 취해야 할 조치를 제안하고 채택하는 것이다. 여기에는 환경과 원주민과 북극 지역 사회의 경제, 문화 및 건강을 보호하고 향상시킬 수 있는 기회를 추구하는 것이 포함된다.[19] SDWG의 작업 전반에 걸쳐 실행되는 지침 신조는 실용적인 지식을 제공하고 북극 지역의 기회에서 도전과 혜택에 대응할 수 있는 원주민과 북극 공동체의 역량 구축에 기여하는 이니셔티브를 추구하는 것이다.

　<표 2>에 나타나듯이 SDWG는 건강 및 웰빙, 경제 활동, 문화 유산, 천연 자원 관리, 불평등의 감소나 철폐, 물과 위생서비스, 교통링크, 기후 변화 적응

---

19) Arctic Council Working Group, https://sdwg.org/about/(검색일: 2021. 10. 13)

및 기반 시설 개발의 범주 전반에 걸쳐 지속가능개발을 촉진하고 더욱 발전시키기 위한 활동을 수행한다. SDWG의 11가지 작업은 일반적으로 전략적 프레임워크에서 식별된 주제영역에 속한다. 대표적으로 불평등 감소/철폐는 모든 수준에서 연령, 성별, 장애, 인종, 민족, 출신, 종교 또는 경제적 또는 기타 지위에 기반한 불평등을 철폐하기 위한 건전한 정책의 채택을 강화하고 촉진한다. 물과 위생서비스는 지역이 직면한 고유한 공학적 문제와 환경적 위험을 염두에 두고 지속 가능한 물, 위생 및 폐기물 처리 관리를 개선하는 데 지역사회의 참여를 강화한다.

〈표 3〉 UN SDGs와 AC SDWG 목표 비교

분류	UN SDGs	AC Working Group		북극 이슈
#1	빈곤 종식		경제평가	SDG 8
#2	기아 종식		교육기회	SDG 4
#3	건강한 삶, 복지증진		북극공동체의 유산과 문화	북극 원주민
#4	양질 교육		인간 건강	SDG 3
#5	성평등		기반시설	SDG 9
#6	물과 위생	SDWG	불평등 감소/철폐	SDG 10
#7	에너지		지속가능개발을 위한 과학 및 연구	북극 과학 및 연구
#8	고용과 경제성장		지속가능한 비즈니스 참여 및 개발	SDG 8
#9	산업, 혁신, 인프라		지속가능한 에너지	SDG 7
#10	불평등 감소		교통 링크	SDG 9
#11	지속가능한 도시와 주거지		물과 위생서비스	SDG 6
#12	지속가능한 소비와 생산			
#13	기후변화 대응	AMAP	북극오염 모니터링	
#14	해양자원	CAFF	생물자원 지속성	
#15	육상생태계	EPPR	비상사태예방준비대응	
#16	평화, 정의, 포용적인 제도	PAME	북극해양환경보호	
#17	목표를 위한 파트너십	ACAP	환경오염관리	

〈표 4〉 지속가능개발 실무그룹 주요 프로젝트

프로젝트	기간	북극국가 및 상시참여자 + 참여관찰자	내용
북극지역의 블루 바이오 경제	2019-2021	캐나다, 알류트국제협회, 덴마크 왕국, 아이슬란드, 노르웨이, 미국 + 유엔환경계획, 국제북극과학위원회	활용도를 높이고 고부가가치 제품을 만드는 데 중점을 두고 재생 가능한 수생 천연 자원을 지속 가능하고 지능적으로 사용
작은 북극지역사회의 고형 폐기물 관리	2020-2023	캐나다, 알류트국제협회, 핀란드, 미국, 사미위원회	고체 폐기물 관리 실행에 이르기까지 북극지역 사회의 고유한 요구 사항을 해결하기 위해 대면 및 온라인 리소스를 제공
COVID-19 및 공중보건에 대한 북극지역사회의 관점	2021-2023	캐나다, 핀란드, 노르웨이, 미국	북극 지역 사회에서 COVID-19 전염병과 관련된 긍정적 및 부정적 사회적 결과 평가
북극의 생물보안 (AMAP+SDWG)	2021-2023	핀란드, 러시아	북극 전역에 걸쳐 고도로 독성이 강한 병원체, 기생충, 생물독소 및 기타 생물학적 위험 요소의 통제되지 않은 확산과 관련된 현재 및 미래의 생물학적 위협에 대한 신속한 대응을 구현하기 위해 공중 보건 시스템 및 공공 서비스를 지원
북극 수소에너지응용 및 시연(AHEAD)	2020-2023	노르웨이, 러시아	연중 내내 운영되는 Snowflake International Arctic Station(IAS)의 설계, 건설 및 개발
북극원주민의 언어 및 문화유산 디지털화	2020-2023	노르웨이, 러시아, 러시아 북부원주민 협회	지역 경제의 다양화와 북극 변화에 적응하기 위한 새로운 접근을 위한 토대로서 음식 유산을 포함한 북극 원주민의 원주민 언어, 전통 지식 및 문화의 보존 및 개발
북극의 지속가능 개발 목표	2020-2023	캐나다, 핀란드, 아이슬랜드	북극에서 SDGs를 적용하기 위한 도구 개발
북극 인구통계 지수	2020-2023	캐나다, 노르웨이, 러시아	북극의 인구통계학적 변화와 이주에 관한 사례연구
북극 원격 에너지 네트워크 아카데미 (ARENA)	2019-2023	캐나다, 아이슬랜드, 러시아, 미국, 그위친국제위원회	오지 북극 지역사회를 위한 에너지 자원 관련 지식 공유 및 전문 네트워크 구축
원주민 청소년, 음식 지식 및 북극변화 (EALLU)	2019-2023	북극아타바스칸위원회, 캐나다, 알류트국제협회, 노르웨이, 러시아, 사미위원회 + 세계순록목동협회	기후 변화와 세계화에 직면하여 북극에서 지속 가능하고 회복력 있는 순록 사육을 개발하고 극지방의 순록 목자들을 위한 더 나은 삶을 창조한다는 비전을 향해 노력
북극어린이: 유치원 및 학교교육	2017-2021	캐나다, 핀란드, 러시아, 러시아 북부원주민 협회	유목 원주민의 아이들에게 지식과 기술 제공
북극의 성평등	2019-2021	캐나다, 알류트국제협회, 핀란드, 아이슬란드, 스웨덴, 미국, 사미위원회 +북유럽각료회의, 유엔환경계획, 국제북극사회과학협회	북극 성평등에 초점을 맞춘 국제 협력 프로젝트

제로 북극	2018-2020	캐나다, 핀란드 +일본	전통에 기반한 탄소 중립 북극 건설을 위한 개념
프로젝트 생성	2018-2019	캐나다, 덴마크, 핀란드, 이누이트 환극지이사회	청소년들이 자신의 이야기를 함으로써 자살 예방에 대한 대화에 참여하도록 초대하고, 이러한 이야기를 디지털 스토리 또는 단편 영화로 만들도록 지원
북극재생 에너지 지도(AREA)	2017-2019	핀란드, 스웨덴, 미국+국제북극사회 과학협회	회복력을 구축하고 급격한 변화에 적응하기 위해 조정된 지역적 접근 방식을 발전

여기에서 UN SDGs와 북극이사회 SDWG의 목표를 비교해 보면 〈표 3〉과 같다. 유엔의 지속가능개발목표(SDGs)와 북극이사회 지속가능한 실무그룹의 목표는 대체로 유사하나 북극공동체의 유산과 문화, 지속가능개발을 위한 과학 및 연구는 북극 특유의 특성을 갖는 것으로 지표를 달리해야 한다. 즉 북극 지역의 사람들, 문화, 전통적인 생활 방식, 언어 및 가치에 대한 글로벌 이해를 심화하고 전통 및 지역 지식을 증진하고 원주민 언어, 전통적인 생활 방식 및 관습을 유지하고 기념해야 한다. 따라서 북극의 문화유산과 지역의 식별 및 홍보를 지원하는 측면에서 지속가능개발을 해나가야 할 것이다.

〈표 4〉는 북극이사회의 지속가능개발 실무그룹의 주요 프로젝트를 도식화 한 것이다. 대부분 SDWG이 주도하고 있으며 북극국가, 상시원주민단체, 참여관찰자가 참여한다. 몇 가지 프로젝트를 소개하면 다음과 같다.

*북극지역의 블루 바이오 경제 프로젝트[20]: 이 프로젝트의 목적은 북극 지역의 블루 바이오경제 발전을 위한 기회와 가능한 도전을 고려한 것이다. 경제 성장, 사회적 포용 및 환경 보호의 균형에 초점을 맞춘 이 프로젝트는

---

20) https://sdwg.org/what-we-do/projects/blue-bioeconomy-in-the-arctic-region/?it=blue-bioeconomy-in-the-arctic-region/(검색일: 2021.10.4.)

SDWG의 전략적 프레임워크에서 지속 가능한 비즈니스 참여 및 개발의 우선순위 영역과 연결된다.

살아있는 해양 자원의 활용은 북극 지역의 해안 지역 사회에서 주요 경제적 요인이다. 그러나 전 세계적으로 포획되거나 재배되는 모든 해양 바이오매스의 약 절반만이 식용으로 처리되는 것으로 추정되고 나머지 절반은 폐기되거나 저가 제품을 생산하는 데 사용된다. 따라서 수생 원료의 활용을 개선하고 고부가가치 제품을 만드는 혁신적인 방법은 북극 해안 지역 사회에서 지속 가능한 경제 성장을 주도할 수 있는 상당한 잠재력을 가질 수 있다. 예를 들어, 물고기 머리, 뼈 및 피부와 같이 이전에 폐기물로 버려졌던 어획물의 일부에서 새로운 제품을 개발하면 생산자가 단위당 가치를 극대화하는 동시에 생물 폐기물을 최소화할 수 있다.

블루 바이오 경제는 재생 가능한 수생 천연 자원의 지속 가능하고 지능적인 사용을 기반으로 하며 활용도를 높이고 더 높은 가치의 제품을 만드는 데 중점을 둔다. 이러한 제품의 예로는 새로운 식품 및 건강 보조 식품, 동물 사료, 의약품, 화장품 및 심지어 에너지가 있다. 이 프로젝트는 블루 바이오이코노미의 발전을 위한 북극 지역의 기회를 매핑하고, 성공 사례와 모범 사례를 수집하고, 진행을 방해할 수 있는 장애물을 식별하는 것을 목표로 한다.

여기에는 캐나다, 덴마크, 아이슬란드, 노르웨이, 미국과 상시원주민단체인 얄류트국제협회 그리고 옵저버로 유엔환경계획, 국제북극과학위원회가 함께 한다.

*북극의 지속가능개발목표 프로젝트:[21] 2017년 핀란드 의장 산하 북극이사

---

21) https://sdwg.org/what-we-do/projects/sustainable-development-goals-in-the-

회는 유엔의 지속가능발전목표(SDGs)의 중요성을 인식했다. SDGs의 범위는 세계적이지만 북극 지역의 지속 가능한 개발을 위해 수정될 수 있다는 점에 주목하고 있다(핀란드 정부, 2017). 이 프로젝트는 SDG2 - 기아 종식과 모두를 위한 식량 안보 달성; SDG6 - 모두를 위한 물과 위생의 가용성과 지속 가능한 관리 보장; SDG7 - 모두를 위한 저렴하고 안정적이며 지속 가능하며 현대적인 에너지에 대한 접근 보장하는 것이다. 이 연구는 북극에서 수행된 최초의 WEF 넥서스 연구이며 구체적인 도구를 개발하기 위해 지식 생산을 넘어서는 것을 목표로 한다.

이 프로젝트는 캐나다, 핀란드, 아이슬란드 등 세 개의 북극이사회국이 참여하고 있다.

IV. 북극이사회 SDGs 평가 및 역할

1. 북극이사회 SDGs 평가

앞에서 살펴보았듯이 북극이사회의 거버넌스는 지난 25년간 다양한 활동을 하면서 북극의 지속가능개발과 환경보호 문제를 논의하는 대표적인 조직으로 역할을 해왔다. 또한 북극의 환경, 경제, 사회적 평가를 수행하여 북극의 주요 문제를 세계적 차원에서 공론화 했다.[22]하지만 현실에서는 초국가적 협력보다는 경쟁과 분쟁의 양상이 보이고 북극이사회가 갖고 있는 폐쇄성과 한

---

arctic-the-nexus-between-water-energy-and-food-wef/(검색일: 2021. 9.11)
22) 제성훈(2021), op.cit, pp. 50-51.

계에 대해 논의되고 있다. 이런 가운데 북극권의 지속가능개발을 위해 〈표 5〉와 같이 조직화, 제도화, 실행 및 평가 등 세 가지 지표로 북극이사회를 분석해 보고자 한다.

〈표 5〉 북극이사회 SDGs 거버넌스 평가 지표

구분		지표
조직화 (행위자)	추진의지	- 북극이사회 각국 리더십의 차이 - 상시원주민단체, 참여관찰자, 비국가행위자 능력(용량) 부족
	조직기구	- 북극이사회 6개 실무그룹(SDWG) 낮은 위상 - 사무국의 운영여건
제도화 (규범, 재정)	법, 규범	- 국제법에 따른 국제기구의 법인격을 가지고 있지 않음 - 제정 또는 개정을 통해 북극 지속가능개발목표가 해당 국가 내 주요 정책 및 계획과 최대한 연계될 수 있도록 노력해야 함
	재정	- 예산의 지속적 안정성 확보
실행 및 평가 (프로젝트)	성과	- 실천단계로 진전되고 있지 못하고 - 실질적이고 가시적인 효과 여부
	평가체계	- 평가지표가 제대로 갖추어지지 않고 객관적이고 주기적인 평가가 이루어지는지 여부, 평가결과의 환류와 의제수정이 원활하게 이루어지는지 여부

1) 조직화

북극이사회 SDGs 거버넌스 평가 지표로 조직화는 크게 두 가지 추진의지와 조직기구로 나누어 볼 수 있다. 첫째, 북극이사회 8개 회원국이 북극의 SDGs에 대한 추진의지에서 차이를 보이고 있다. 〈표 6〉은 'Sustainable Development Report 2021'에서 SDGs 랭킹 순위이다. 올해 시점에서 166개 나라의 SDGs 노력을 점수화해서 밝히고 있는데 성취도 상위 3개국은 스웨덴, 덴마크, 핀란드 등이고, 6위 노르웨이, 10위 에스토니아, 24위, 아이슬란드 26위 등 북유럽 국가가 상위를 차지하고 있다. 북극이사회 회원국으로 캐나다 21위(79), 미국 32위(76), 러시아 46위(73.8)로 나타나고 있다. 참고로 한국은 2020년 랭킹 순위 20에서 2021년에는 포르투갈과 공동 27위로 내려갔고 일본은 18위, 중국은 57위에 머물고 있다.

〈표 6〉 2021년도 SDGs 랭킹 순위(The 2021 SDG Index scores)

순위/국가/랭킹점수	순위/국가/랭킹점수
1위: 핀란드(85.9)	11위: 네덜란드(81.6)
2위: 스웨덴(85.6)	12위: 체코공화국(81.4)
3위: 덴마크(84.9)	13위: 아일랜드(81.0)
4위: 독일(82.5)	14위: 크로아티아(80.4)
5위: 벨기에(82.2)	15위: 폴란드(80.2)
6위: 오스트리아(82.1)	16위: 스위스(80.1)
7위: 노르웨이(82.0)	17위: 영국(80.0)
8위: 프랑스(81.7)	18위: 일본(79.8)
9위: 슬로베니아(81.6)	19위: 슬로바키아공화국(79.6)
10위: 에스토니아(81.6)	20위: 스페인(79.5)

출처: SDSN(2021: 26; SDG media 재구성)

SDGs는 국가별로 구상되고 평가된다. 북미 북극의 수요가 러시아 북극과 극적으로 다르며 북유럽 국가와도 다르다는 것을 인식하는 것이 중요하다. 더욱이, 북부 지역 사회를 위해 결정을 내리는 남부 기반 정부에 대해 북극 국가 내에서 반대가 있다. 따라서 지속가능개발 전략에는 이러한 다양성을 반영하기 위한 지역 전략과 함께 지역적으로 조정된 솔루션이 포함되어야 한다.[23]

상시참여단체인 원주민 조직들은 북극이사회와 마찬가지로, 좋은 기반을 가지고 있지만 상당한 제약도 있다. 오랫동안 여러 어려움을 겪고 있었던 북극권 원주민들은 특정한 권리와 이익을 가진 자기 결정적인 민족으로 자신을

---

23) Annika E Nilsson & Joan Nymnad Larsen, "Making Regional Sense of Global Sustainable Development Indicators for the Arctic" (2020) 12:3 Sustainability 1027 〈doi.org/10.3390/su12031027〉.

표현하기 위한 방편이 필요했다. 북극권 원주민들에게 북극이사회는 그들의 권리와 이익을 표현할 수 있는 플랫폼 중 하나였다. 북극이사회는 북극권 원주민 조직들에게 상시참여기구로서의 특정 지위와 역할을 제공했다는 측면에서 의의가 크다. 이들 원주민 조직들은 모든 북극 이사회의 활동에 대해 완전한 참여 권한과 완전한 협의 권한을 가진다. 하지만 실제 북극이사회의 구조는 이러한 권한을 제한하고 회원국들과 원주민 단체들 사이의 격차를 만들고 있다. 이는 상사참여단체가 북극이사회 회원국들이 보유한 인적·물적 자원을 가지고 있지 못하기에 업무량을 따라 잡고 북극이사회에서 리더십 역할을 수행하기에는 역부족이다.[24]

둘째, 조직기구로 6개 실무그룹과 사무국 운영 여건 특히 재정상황에 따라 달라진다.

2) 제도화

북극이사회 SDGs 거버넌스 평가 지표로 제도화는 법·규범과 재정으로 살펴보고자 한다. 첫째, 북극이사회는 법적 구속력이 있는 문서를 기반으로 하는 국제기구가 아니다. 따라서 국가 간의 조약과 같이 국제법에 따른 국제기구의 법인격을 가지고 있지 않기 때문에 입법을 개발하거나 국제법의 다른 주체와 조약을 체결할 수 없다. 그러나 북극 이사회는 입법 기관은 아니지만, 북극과 관련된 국제법의 발전, 특히 북극 8개 국가가 체결한 3개의 법적 구속력이 있는 협정을 개발하고 협상하는 데 참여하기도 했다. 하지만 여전히 문제는 국제법적 지위 부재로 인해 법적 구속력이 있는 결정을 채택할 수 없다는 것이다. 둘째, SDGs를 위한 예산을 지속적으로 확보할 수 있는가이다. 북극이

---

24) 배규성, 김준엽(2021), p. 164.

사회의 모든 프로그램과 프로젝트는 회원국의 분담금으로 구성되는 독자예산
이 아니다. 실무그룹은 사무국에 자금을 지원하는 한 두 국가에 의존하고 진
행 중인 프로젝트 자금은 제한적이다. 지금 진행하고 있는 활동은 이를 지지
하는 국가들이 임시적으로 마련된 재정으로 지원되고, 개별 전문가들이 국가
채널을 통해 자체 자금을 확보하고 있다. 이로 인해 주객이 전도되어 프로젝
트를 추진하는 자금 조달이 아니라 자금 조달을 추진하는 프로젝트가 되어 버
리는 경우가 많다. 결국 예산확보가 지속적이고 안정적이지 못하여 새로운 프
로젝트를 계획하거나 기획하는 일이 어렵게 되었다.

3) 실행 및 평가

북극이사회 SDGs 거버넌스 평가 지표로 실행 및 평가는 성과와 평가체계
로 나누어 볼 수 있다. 첫째, 성과부분은 실천단계로 진전되고 있는지 여부와
실질적이고 가시적인 효과 여부이다. 둘째, 평가체계는 평가지표가 제대로 갖
추어지지 않고 객관적이고 주기적인 평가가 이루어지는지 여부, 평가결과의
환류와 의제수정이 원활하게 이루어지는지 여부이다. 실행 및 평가에서 북극
이사회의 성과는 지속가능개발에 대한 북극이사회의 작업이 자동으로 SDGs
와 동일시되어서는 안 된다. 예를 들어, 원주민의 목소리와 전통 지식의 사용
을 포함하여 SDGs의 169개 목표에 명확하게 반영되지 않은 이 지역의 지속
가능개발에 중요한 작업이 있다. 이러한 이유로 일부 학자들은 공통의 글로벌
프레임워크의 유용성을 인정하면서 많은 SDGs가 북극 상황에 적절하게 적용
되기 위해 수정이 필요하다고 주장한다.

특히 SDGs의 언어는 일반적으로 북극 국가와 관련이 없는 레이블인 개발
도상국 또는 최빈국을 명시적으로 언급하는 경우가 많다. 그러나 북극, 특히
원주민 공동체의 현실은 생활 조건이 종종 자국보다 개발도상국의 생활 조건

과 훨씬 더 유사하다는 것이다. 이것은 북극 국가들이 SDGs의 언어를 사용하는 것을 꺼리는 정치적으로 민감한 환경을 만든다.[25]

2. 북극이사회 역할

1) 갈등 조정자

1996년 출범이후 북극이사회는 지난 25년간 8개 회원국, 6개 실무그룹, 6개 상시참여자, 38개 옵서버 국가와 기관들을 중심으로 북극의 지속가능개발과 환경보호를 위해 노력해왔다. 하지만 북극이사회 SDGs의 평가에서 살펴보았듯이 조직화, 제도화, 실행 및 평가에서 각각의 한계와 문제점을 확인했다. 북극이사회가 구속력 있는 법적 권한을 갖고 있지 않다고 해도 지금 북극권에서 일어나고 있는 영유권 문제, 자원개발, 북극항로, 기후변화 문제, 안보 등에 대해 조정자 역할을 해오고 있다. 북극이사회가 다소 폐쇄적인 운영을 하긴 해도 특별한 대안이 없는 한 지속될 것이다.

하지만 북극이사회 8개 회원국은 그들 국민과 국익을 대변하는 것으로 북극권 거버넌스의 원활한 작동을 유도해낼 수는 없다. 북극권 전체를 대변하는 권위는 북극 거버넌스의 큰 틀 내에서 상호 복합적으로 작용하는 다양한 행위자들 간의 다면적 다수준적 협력 메커니즘에 달려있다. 이것이 전제되어야 북극이사회는 북극관련 갈등구조에서 진정한 조정자 역할을 할 수 있게 될 것이다.

---

25) Nils Andreassen, "Op-Ed: The Arctic and Sustainable Development Goals" (24 October 2018), online: High North News
www.highnorthnews.com/en/op-ed-arctic-and-sustainable-development-goals(검색일: 2021. 9.1)

2) 협력 촉진자

북극이사회는 지속가능개발목표(SDGs)차원에서 개별 국가의 의무를 수행하도록 촉진해야 하고 [그림 2]의 동심원 모델에서 가장 가운데 핵심부분인 #SDG 3(건강한 삶), #SDG 4(교육), #SDG 5(성평등), #SDG 6(물과 위생), #SDG 10(불평등 감소)과 인프라 부분의 #SDG 7(에너지), #SDG 8(고용과 경제성장), #SDG 9(산업, 인프라) 부분에서 북극권의 협력을 촉진하는 역할을 해야 할 것이다.

지속가능개발 실무그룹 프로젝트 중 하나인 '북극 성평등'은 다양한 행위자, 즉 캐나다, 핀란드, 아이슬란드, 스웨덴, 미국, 알류트국제협회, 사미위원회, 북유럽각료회의, 유엔환경계획, 국제북극사회과학협회가 참여하여 북극의 성평등에 초점을 맞추어 활동하고 있다. '북극 원격 에너지 네트워크 아카데미(ARENA)' 프로젝트는 오지 북극 지역사회를 위한 에너지 자원 관련 지식 공유 및 전문 네트워크 구축을 하는 것인데 UN SDGs와 목적과 방향이 부합한다. 북극에서 이러한 다양한 활동이 실행될 수 있도록 이해관계자(국가, 상시 참여자, 실무자그룹, 옵서버, NGO, 기업, 개인), 지속가능개발 이슈가 조화롭게 될 수 있도록 노력해야 할 것이다.

3) 이슈 창출자

북극이사회의 역할은 북극에서 필요한 이슈를 창출하는 것이다. 각료이사회를 통해 지난 2년간의 활동을 바탕으로 평가하고 실무그룹의 분석 결과에 따라 평가·권고하고 새로운 이슈를 발굴하는 것이다. UN SDGs와 북극이사회의 SDWG 목표를 비교했을 때 차이점은 북극 이슈로 '북극공동체의 유산과 문화'와 '북극과학 및 연구'가 있다는 것이다. 북극의 특성에 맞는 지속개발가능 목표라는 점에서 주목해야 한다.

북극의 지속가능개발 목표에는 없는 #SDG 17(목표를 위한 파트너십)은 맥락에서 특히 중요하다. 세계화와 기후 변화라는 두 가지 압력에 직면해 있는 WWF 핀란드의 리사 로웨더(Liisa Rohweder)는 "아무도 혼자서는 지속 가능한 개발 목표를 달성할 수 없다"라는 말은 특히 북극에서 더 적합하다.[26] 북극에서의 협력적 접근의 가치는 올해의 북극 프런티어 회의의 주제인 "다리 건설"에서 재확인되었다. 부적절한 기반 시설과 가속화되는 기후 변화에 직면해 있는 인구 밀도가 낮은 지역에서 이러한 문제를 해결하기 위해 파트너십은 자원과 모범 사례를 공유하는 데 필요한 전략이다. 따라서 #SDG17을 향한 진전은 필요한 전체론적 접근 방식을 포착하는 데 도움이 되기 때문에 특히 중요하다. #SDG 17의 두 가지 구성 요소는 특히 중요하다. 첫째, 17.14: 지속 가능한 개발을 위한 정책 일관성 강화, 둘째, 17.15: 빈곤 퇴치 및 지속 가능한 개발을 위한 정책을 수립하고 실행하기 위한 각 국가의 정책과 리더십을 존중해야 한다. 북극은 상대적으로 구속력이 있는 조약이 거의 없는 소프트 거버넌스 형태다. 대신 광범위한 조직 네트워크를 통해 운영된다. 이러한 환경에서 북극이사회는 공통의 의제를 설정할 수 있는 구심점 역할을 하고 있다.

V. 결론

이상과 같이 지속가능개발은 어떤 것이고 무엇을 의미하는 것인가, 북극권

---

26) Arctic Finland, "Sustainable Development Goals in the Arctic region" (2020) online: Arctic Finland
〈www.arcticfinland.fi/EN/Topical?ln=x1xawhz5&id=f6fa20d2-4ffc-47d6-b7c9-20833edc378e

의 SDGs는 얼마나 유용하고 실행 가능한가, UN이 표방하고 있는 지속가능개발은 북극이사회의 지속가능개발 실무그룹과 목표와 방향성이 같은가에 대한 질문에 해답을 모색해 가며 북극권의 지속가능개발을 위한 북극이사회의 역할과 과제에 대해 분석해 보았다. 이러한 분석을 통해 본 연구가 갖는 의의는 UN의 지속가능개발목표와 맞추어 북극권의 지속가능개발을 위한 북극이사회 워킹그룹의 목표와 방향성이 같음을 확인할 수 있었고 북극권이 갖는 특성에 맞춘 새로운 시도가 이루어진다는 사실도 밝혔다는 것이다.

지속가능개발(SD)은 환경보호 없이는 지속적인 발전을 이룰 수 없고(필요개념), 반대로 경제적 발전 없이는 환경을 온전히 유지하고 인류의 생활수준을 향상시킬 수 없다(한계개념)는 사실을 전제로 한다. 따라서 지속가능개발은 환경적, 경제적, 사회적 차원이 모두 포함된 통합적인 것을 의미하고 경제개발에 있어 환경문제를 고려해야 한다. 북극의 지속가능개발은 UN SDGs와 부합하는 가운데 진행되고 있으나, 북극이사회 개별 회원국의 SDGs 이행에 대한 실천의지와 북극권에 필요한 지속가능개발 목표를 발굴하는 것이 무엇보다도 필요하다.

북극 거버넌스의 대표적인 기구이자 회원국 정부 간 고위급 포럼인 북극이사회는 8개 회원국, 6개 실무그룹, 6개 상시참여기구, 38개 옵서버 국가와 기관들로 이루어져 있다. 지난 25년간 북극이사회는 북극의 지속가능개발과 환경보존을 위해 갈등을 조정하는 조정자, 협력을 촉진하는 협력자 역할을 해왔다는 긍정적 평가를 받고 있다. 하지만 북극이사회가 안고 있는 태생적 한계, 즉 법적 구속력이 있는 결정을 할 수 없고, '오타와 선언'에 따라 북극의 지속가능개발과 환경보호 문제로 한정되어 있어 현안으로 떠오르고 있는 북극 안보나 경제 부분에 대해서는 논의가 이루어지지 못하고 있다.

북극이사회가 북극권의 지속가능개발을 위해 실행한 과정을 평가하기 위해 크게 세 가지 지표를 활용했다. 첫째는 제도화로 추진의지와 조직기구를 평가했고, 둘째는 제도화로 법·규범과 재정을 지표로 활용했고, 셋째는 실행 및 평가에서 성과와 평가체계로 분석했다. 분석결과 북극이사회는 8개국 각자 리더십의 차이를 보였고 상시원주민단체, 참여관찰자, 비국행위자들은 능력부족으로 개별 국가와는 역량 차이가 현저하게 나타났다. 제도적인 측면에서는 북극이사회가 법적 구속력이 있는 문서를 기반으로 하는 국제기구가 아니므로 국가 간의 조약과 같이 국제법에 따른 국제기구의 법인격을 가지고 있지 않기 때문에 입법을 개발하거나 국제법의 다른 주체와 조약을 체결할 수 없는 한계를 갖고 있다. 실행 및 평가에서는 북극 원주민 공동체를 위한 평가체계와 평가지표가 제대로 갖추어지지 않고 객관적이고 주기적인 평가가 이루어지는지 여부, 평가결과의 환류와 의제수정이 원활하게 이루어지가의 여부이다. 실행 및 평가에서 북극이사회의 성과는 지속가능개발에 대한 북극이사회의 작업이 자동으로 SDGs와 동일시되어서는 안 된다. 북극권의 독특한 생태, 문화, 원주민 터전 등을 고려해야한다.

지속가능한 북극권 발전을 위한 북극이사회의 다양한 역할에도 불구하고 본 연구결과가 갖는 한계점은 다음과 같다. 국제적 관심이 고조되는 가운데 북극이 변혁을 겪으면서 북극이사회는 지속가능한 개발에 대한 극지방 접근방식을 조정하기에 이상적인 위치에 있다. 다양한 SDG 목표가 모든 국가 또는 커뮤니티에 보편적인 관련성이 있는 것은 아니지만 #SDG 17에 초점을 맞추면 앞으로 나아가기 위한 로드맵이 제공되어야 한다는 것이다. 향후 북극권의 SDGs를 달성하는 것은 궁극적으로 개별 국가에 달려 있지만 북극이사회는 지속가능개발을 추구하기 위해 네트워크 전반의 협력을 촉진하고 "다리를 구축"하는 조정자, 이슈창출자로서 계속 운영할 수 있을 것이다.

⟨참고문헌⟩

김민수 외 다수, "새로운 도전에 직면한 북극이사회와 우리나라 북극협력 방향,"『KMI 동향 분석』Vol. 120, 2019(5).

라미경, "기후변화 거버넌스와 북극권의 국제협력,"『한국 시베리아연구』제24권 1호, 대전: 배재대학교 한국-시베리아센터, 2020.

배규성, "북극이사회 내 국가 행위자와 비국가행위자 간의 정치적 역학관계,"『한국 시베리아연구』제25권 1호, 대전: 배재대학교 한국-시베리아센터, 2021.

배규성, 김주엽, "북극거버넌스와 비국가 행위자,"『국제지역연구』제25권 1호, 서울: 국제지역학회, 2021.

서원상, "지속가능한 개발원칙: 북극의 지속가능한 개발원칙을 중심으로,"『국제법평론』통권 38, 2013.

오선영, "지속가능한 개발의 국제법적 발전과정 및 국내 법체계에 대한 시사점에 관한 소고,"『법학연구』통권 52호, 연세대학교 법학연구원, 2011.

제성훈, "북극이사회 창설 25주년의 의미와 향후 과제,"『한국 시베리아연구』제25권 3호, 대전: 배재대학교 한국-시베리아센터, 2021.

진동민, 서현교, 최선웅, "북극의 관리체제와 국제기구,"『Ocean and Polar Research』Vol. 32(1), 2010.

Annika E Nilsson & Joan Nymnad Larsen, "Making Regional Sense of Global Sustainable Development Indicators for the Arctic" (2020) 12:3 Sustainability 1027 ⟨doi.org/10.3390/su12031027⟩.

Arctic Council Working Group, https://sdwg.org/about/(검색일: 2021. 10.13)

Arctic Council Secretariat, The Arctic Council: A Quick Guide(Troms∅: Arctic Council Secretariat, 2020).

Arctic Council, Complication of Observer ReVIew Reports(Troms∅: Arctic Council, 2020).

Arctic Finland, "Sustainable Development Goals in the Arctic region" (2020) online: Arctic Finland.

www.arcticfinland.fi/EN/Topical?ln=x1xawhz5&id=f6fa20d2-4ffc-47d6-b7c9-20833edc378e⟩.

Nils Andreassen, "Op-Ed: The Arctic and Sustainable Development Goals" (24 October 2018), online: High North News

〈www.highnorthnews.com/en/op-ed-arctic-and-sustainable-development-goals〉

PurVIs B. et al., Three Pillars of Sustainability: In Search of Conceptual Origins, *Sustainability Science*, September 2018.

Spencer Williams, "Sustainable Development in the Arctic: SDGs and the Role of the Arctic Council," *McGill Journal of Sustainable Development Law*, 6 May, 2021.

https://www.mcgill.ca/mjsdl/article/sustainable-development-arctic-sdgs-and-role-arctic-council(검색일: 2021. 10.1)

Thatcher A., "Theoretical Definitions and Models of Sustainable Development that Apply to Human Factors and Ergonomics", *Human Factors in Organizational Design and Management & Nordic Ergonomics Society Annual Conference*, 2014.

Thwink.org, "Finding and ResolVIng the Root Causes of the Sustainability Problem,"(검색일: 2021.10.2.)

Waage et al. "Governing the UN Sustainable Development Goals: Interactions, Infrastructures and Institution,"2015. (검색일: 2021. 10. 2)

WWF, The Road to Dignity by 2030: Ending Poverty, Transforming All LIVes and Protecting the Planet, *Synthesis Report of the Secretary-General On the Post-2015 Agenda*, 2016.

https://arctic-council.org/resources/reykjaVIk(검색일: 2021. 10.12)

https://sdwg.org/what-we-do/projects/blue-bioeconomy-in-the-arctic-region/?it=blue-bioeconomy-in-the-arctic-region/(검색일: 2021.10.4.)

https://sdwg.org/what-we-do/projects/sustainable-development-goals-in-the-arctic-the-nexus-between-water-energy-and-food-wef/(검색일: 2021. 9.11)

북극 지역 국가의 협력 한계 요인 분석: 부잔의 우호-갈등 관점을 중심으로

이주연* · 최배성**

Ⅰ. 서론

2022년 2월 러시아의 우크라이나 침공 이후 국제질서를 비롯하여 지역 차원의 질서도 빠르게 변화하고 있다. 이와 같은 빠른 변화는 북극에서도 관찰되고 있고, 북극 지역은 새로운 지정학적 충돌의 장소로 지목되고 있기도 하다. 북극 지역은 북극이사회(Arctic Council)를 통해 비교적 호혜적인 관계를 구축하기 위한 노력이 있었다. 그러나 우크라이나 침공으로 러시아를 제외한 7개 국가는 '러시아 보이콧'으로 북극이사회 회의를 위해 러시아에 방문하지 않고, 모든 회의를 중단할 것임을 밝혔다. 즉, 사실상 북극 협력의 시대는 잠정적으로 중단이 된 것이다.

문제는 이와 같은 외교적 보이콧뿐만 아니고, 실질적인 군사 갈등도 보인다는 점이다. 기존의 NATO 가입국은 북극 지역의 군사훈련을 실행하는 한편, 비NATO 국가인 스웨덴과 핀란드는 NATO 가입 및 가입을 추진했다. 이에 러시아는 북방함대를 강화하며 북극 지역 안보의 균형을 맞추고 있다.[1] 이로써

---

　* 한양대학교 아태지역연구센터 학술연구교수
** 한양대학교 국제학대학원 박사과정 수료

1) "[우크라 침공] 북극해 지역 서방-러시아 세력균형 위기",
　 https://www.yna.co.kr/VIew/AKR20220421109100009 (검색일 : 2023.04.22.)

북극은 첨예한 지역 패권 다툼이 발생할 여지가 나타난 것이다.

기존의 북극 안보와 관련한 연구를 살펴보면, 비교적 북극은 국제질서의 패권경쟁과 다르게 공동의 이익을 위한 협력의 공간으로 설명되는 경향이 있었다. 대표적으로 이영형과 박상신은 러시아가 북극 지역에 군사력이 증강하는 것은 사실이지만, 이것은 러시아의 북극 지역에서 패권을 추구하려는 움직임이 아니고, 북극군사력 증강으로 안보 능력을 유지하는 한편, 지구온난화로 발생할 수 있는 안보환경에 대응하기 위한 전략적 조치라고 평가했다.[2] 마찬가지로 윤지원은 북극 지역 기후변화 문제는 글로벌 차원에서 해결해야 할 문제이기 때문에 러시아의 북극 지역 군사기지 구축은 군사적 갈등을 초래하는 요인이 아니고, 북극 개발과 경제안보 구축 등 비군사적 안보 측면에서 바라봐야 함을 주장했다.[3] 문제는 기존 연구의 시각으로 러시아의 우크라이나 침공 이후 북극 지역에서 보이는 갈등 상황을 설명하기에는 한계점이 있다.

따라서 본 연구는 북극 인접국인 노르웨이, 덴마크, 미국, 스웨덴, 아이슬란드, 캐나다, 핀란드 그리고 러시아가 북극 지역의 지속 가능한 개발과 환경보호 등 공동의 목적이 있음에도 불구하고, 우호 요인보다 압도적으로 갈등 요인이 크고, 근본적으로 해결하기 어렵다는 점에서 북극 지역 국가 사이 협력의 한계가 있음을 주장한다. 그리고 이와 같은 한계점을 설명하기 위해 베리 부잔의 지역안보복합체 이론을 적용한다. 즉 북극 지역을 지역안보복합체 개념으로 설명하고, 지역안보 불안정성의 원인을 조명하는 것이 연구의 목표인 것이다.

본 연구의 목표를 달성하기 위해 먼저 2장에서는 지역안보복합체의 개념

---

2) 이영형, 박상신, "러시아 북극지역의 안보환경과 북극군사력의 성격," 『시베리아 연구』 24권 1호 (배재대학교 한국-시베리아센터 2020), pp. 1-34.

3) 윤지원, "러시아의 북극 안보정책과 군사기지 구축의 함의," 『국제정치연구』 제23권 4호, (동아시아국제정치학회 2020), pp. 167-192.

을 설명하고, 북극 지역에 안보복합체 이론을 적용한다. 3장에서는 적용한 북극안보복합체를 구체적으로 살펴봄으로써 북극 지역이 가지는 협력의 한계를 밝힌다. 마지막 결론에서는 앞서 논의한 내용을 요약하고, 연구의 한계점을 지적한 이후 향후 연구의 발전 방안을 제시한다.

Ⅱ. 부잔의 지역안보복합체 개념

부잔의 안보개념은 보다 확장된 개념으로, 그는 정치안보, 군사안보와 같은 전통적 안보 이외에도 경제안보, 사회안보, 환경안보까지 안보의 영역을 확장했다. 또한 확장된 영역에서 주요 행위자를 크게 '국제체제(International System)', '국제하부체제(International Subsystems)', '단위(Units)', '소규모 그룹(Subunits)', '개인(IndIViduals)' 등으로 구성했다.[4] 그리고 그는 특정 지역이 국제적 무정부 상태이고, 지리적으로 근접한 상황에서 정치·경제·외교·군사·사회·환경 등의 분야에서 상호 복잡한 안보구조 안에 놓여있으며, 이로써 고도의 상호의존과 경쟁을 피하기 어려운 상황"으로 평가했다. 따라서 국가 사이의 힘의 차이와 우호-적대 속 역사적 사건의 경험이 복합적으로 작용하여 지역안보복합체의 형성과 변화에 영향을 미칠 수 있다고 주장했다.[5] 결국 지역안보체는 지리적으로 근접한 국가들의 상호작용, 특히 국제체제와 단위 차원의 사이 영역으로 판단할 수 있다.

---

4) 여기서 단위는 한국, 러시아, 일본 등 국가들을 의미하고, 소규모 그룹은 한반도 내 한국과 북한 등과 같은 주체를 의미한다.
5) 박영택, "베리 부잔의 우호-적대 개념과 동북아 국가 간 갈등 원인 연구", 『인문사회21』 제12권 2호 (2021), p. 263

지역안보복합체 형성의 주요 특징은 먼저 국가/하부체제의 숫자가 2개 이상의 국가 및 하부 시스템으로 구성되어 있다는 점이다. 이때 지리적 근접성은 지역을 설정하는 단위로 작용한다. 둘째, 안보요소가 지리적 근접성에 따른 정치, 군사, 사회 영역 이외에도 경제, 환경 등 체제 영역으로 확장될 수 있다는 것이다. 셋째, 역사적 관계와 지정학적 관계에 따른 변화이다. 즉, 지리적으로 가까울수록 정치와 군사 위협을 강하게 느낄 수 있고, 안보를 추구하기 위해 협력 혹은 갈등 관계가 발생할 수 있다. 넷째, 일정한 경계 속에서 국가 사이의 우호와 적대의 패턴이 있고, 각 국가의 안보 관심사가 연관되어 있다는 것이다. 다섯째, 적대의 패턴과 힘의 분포는 핵심 구조로 작용한다는 것이다. 다시 말해 역사적으로 갈등 관계였는지, 혹은 협력 관계였는지에 따라 안보 관계가 변화할 수 있고, 힘의 분포에 따라 안보의 인식이 달라질 수 있다. 마지막으로 지역안보복합체는 변화가 가능하다는 점이다. 즉, 지역 상황이 현상유지, 내부의 힘의 변화, 지역의 팽창 혹은 축소 그리고 외부 세력 개입 문제 등의 요인으로 지역안보복합체의 변화가 나타날 수 있다.[6]

한편, 박영택과 김재환은 동북아안보복합체의 실체와 형성 동인을 단위국가, 하부구조, 준하부구조, 형성 동인으로 나누어서 분석했고, 이를 요약한 내용은 표 1과 같다. 연구자는 단위국가를 미국, 중국, 일본, 러시아, 남한, 북한 등 6개 국가로, 하부구조를 중국, 러시아 북한의 북방삼각체와 미국, 일본, 남한의 남방삼각체로 분류했다. 그리고 준하부구조는 한반도에서 남북한 관계로 설정했다. 또한 지리적 근접성, 적대-우호의 패턴, 국력의 차이, 군사경쟁, 경제의 상호관계, 문화적 혼재의 심화 그리고 중국의 미세먼지와 후쿠시마 핵

---

6) 박영택, 김재환, "동북아안보복합체의 미성숙 실체와 한반도 안보 역학관계", 『세계지역연구논총』36집 2호 (2018), pp.70-72.

오염 등과 같은 초국가적 환경문제를 형성동인으로 설정했다.[7]

또한 박영택은 동북아 지역의 상황을 우호와 적대 관계로 분석하여 역사적으로 동북아 지역이 갈등의 역사가 지속됐다고 주장하며, 동북아 국가 간 갈등 해소와 우호 축적을 위해 '역사적 적대 문제의 해결', '진영 간 적대구조 완화', '관련 국가 간 상호 공존 추구', 및 '국제적 협력 기제 마련' 등이 필요하다고 주장했다.[8]

본 연구는 박영택의 연구와 마찬가지로 부잔의 지역안보복합체 측면에서 북극 지역을 바라보면서 특히 우호와 적대 관계를 중심으로 북극 지역의 안보복합체 형성에 한계점이 있음을 지적한다. 그리고 추가로 외부 힘의 변화, 특히 우크라이나 전쟁이라는 국제 상황의 변화로 북극 지역의 세력에도 변화가 나타났고, 이로써 북극지역안보복합체의 한계가 명확하게 드러났음을 주장한다.

[표 1] 동북아안보복합체의 실체와 형성 동인

구분	내용
단위국가	미국, 중국, 일본, 러시아, 남한, 북한(6개)
하부구조	북방삼각체, 남방삼각체(2개)
준하부구조	한반도-남북한(1개)
형성동인	-지리적 근접성(복합안보 작용) -19세기 이후 적대≥우호의 패턴 지속 -강대국, 중위국, 빈국의 혼재 -강력한 군사력 배치 및 지역 패권 경쟁 상태 -경제적 상호의존 및 공존 관계 심화 -중화사상↔대동아공영론↔서구화 등 문화적 혼재 심화 -초국가적 환경문제 대두: 중국 미세먼지/후쿠시마 핵오염 등

출처 : 박영택, 김재환(2018), p.75.

한편, 북극을 중심으로 복합안보가 작용할 정도로 지리적 근접성이 가까운

---

7) ibid, p.75.
8) 박영택, op.cit., 261-276.

지역 국가 사이 우호/적대 패턴과 힘의 분포를 적용한다면, 표 2와 같이 정리할 수 있다. 먼저 단위국가는 그림 1과 같이 미국, 러시아, 덴마크, 노르웨이, 스웨덴, 아이슬란드, 캐나다, 핀란드로 국가들 사이 국경을 접하고 있고, 북극 연안국이자 북극을 중심으로 근접하는 지리적인 특징이 있다. 하부구조를 보게 된다면, 서구 문명권인 서방과 비서구 문명권인 유라시아로 상정할 수 있다. 그리고 준하부구조는 사실상 서방의 중심 국가인 미국과 유라시아 지역 소지역 패권을 향후하고 있는 러시아 사이의 관계로 설정할 수 있다.

[표 2] 북극안보복합체의 구조화

구분	내용
단위국가	미국, 러시아, 덴마크, 노르웨이, 스웨덴, 아이슬란드, 캐나다, 핀란드
하부구조	서방, 유라시아
준하부구조	미국-러시아
형성동인	-지리적 근접성 -적대≥우호의 패턴 지속 -강력한 군사력 배치 및 지역 패권 경쟁 상태 -경제적 상호 의존 및 공존 관계 심화 -초국가적 환경문제 대두 : 기후변화

Ⅲ. 북극안보복합체의 특징과 한계

1. 적대/우호의 패턴

본 연구에서 적대/우호의 패턴을 분석하기 위한 한가지 전제는 러시아를 중심으로 적대/우호의 패턴을 분석했다는 점이다. 왜냐하면 현재 북극 연안국의 세력 구조는 미국과 러시아라는 준하부 구조 속에서 서방국가와 비서방 국가인 러시아 사이의 갈등 관계가 첨예하게 나타나고 있기 때문이다. 특히 2022년 2월 러시아의 우크라이나 침공 이후 러시아와 서방국가 사이의 국제관계가 매우 갈등적 상황으로 치닫고 있다. 따라서 이와 같은 국제 갈등 상황이 지역 차원에서도 작용하기 때문에 러시아를 중심으로 한 적대/우호의 패턴으로 분석하는 것이 보다 합리적이라고 판단했다.

러시아와 북유럽 국가 사이의 역사적 갈등/우호 패턴의 시작점을 어디부터 구성하는지에 관한 논쟁이 많지만, 18세기 초 발트해를 통해 유럽으로의 진출을 추진했던 표트르 대제 시기를 첫 번째 역사적 갈등 사건으로 판단할 수 있다. 1700년부터 1721년까지 21년 동안 러시아와 스웨덴 사이 발생한 '북방 전쟁(Great Northern War)'에서 러시아는 폴타바 전투 승리 이후 발트지역 영토와 해상로에 대한 영향력 확대하게 된다.[9]

이후 1917년 러시아의 내전이 발생하기 시작하면서 핀란드 내에서도 독립을 위한 핀란드 내전이 발생하게 된다. 소련은 핀란드의 독립을 인정하면서 1920년 도르파트(Dorpat)평화 조약에 근거하여 소련-핀란드 간 국경선이 일시적으로 해결되었다. 1938년 1월 스웨덴을 중심으로 핀란드, 노르웨이, 덴마크 등 북유럽 방어동맹 협상이 시작되었다. 문제는 주변 강국의 압력에 대한 덴마크와 노르웨이의 부정적 인식으로 북유럽 동맹은 무산되었다. 이에 스웨덴과 핀란드는 1939년 1월 7일 '스톡홀름 계획'을 통해 양국의 공동방어 전략을 수립하지만, 1939년 5월 소련과 독일의 반대로 국제연맹 위원회에서 통과하지 못했다. 소련과 북유럽 특히 핀란드와의 관계가 갈등으로 치닫게 된 것은 스탈린의 항코 항구를 비롯한 인접 지역의 조치 등 일방적인 요구로부터

---

9) 홍상우, "우크라이나 분리 · 독립주의 정치사상의 기원과 발전", 『슬라브학보』 제35권 4호 (2020), p.309.

시작됐다. 이에 핀란드는 중립의 의지를 관철하며 소련의 요구를 거부했고, 소련은 이와 같은 핀란드의 입장을 비판하며 1939년 11월 30일 헬싱키에 포격을 가했다. 핀란드가 비교적 전쟁에서 선전했지만, 소련의 압도적인 물량 공세를 이기긴 어려웠다. 결국 겨울전쟁과 계속전쟁 패배로 1944년 9월 핀란드-소련 강화조약 체결로 핀란드는 국토의 약 12%에 해당하는 영토를 소련에 양도하게 되었다.[10)]

2차 세계 대전 이후 공산주의 확산에 대응하기 위해 1949년 미국, 캐나다, 아이슬란드, 노르웨이 등 12개 국가가 참여한 북대서양조약기구(NATO)가 창설된다. 나토 출범으로 소련은 이에 대응하기 위해 1955년 바르샤바 조약기구를 창설했고, 냉전 시기 양 진영 사이의 안보 균형점이 만들어졌다. 문제는 소련이 붕괴한 이후 바르샤바 조약기구도 역사의 한편으로 사라졌지만, NATO는 여전히 자유주의 진영의 집단안보로 남아있었고, 더 나아가 바르샤바 조약기구 회원국이 NATO에 가입하면서 NATO가 점차 러시아 쪽으로 동진하는 모습을 보였다.[11)] 적대/우호 패턴 중 NATO 요인은 사실상 하부구조인 서방과 유라시아 그리고 준하부구조인 미국과 러시아 사이의 갈등 관계를 초래하는 결정적인 요인이다. 특히 러시아의 경우 NATO를 심각한 수준의 안보위협으로 규정하고 있고, 지속적으로 NATO를 경고하기도 했다.[12)]

물론 북극 지역 국가 사이에서 우호의 패턴이 없었던 것은 아니다. 대표적인 사례로 북극 지역의 협력을 위한 북극이사회를 꼽을 수 있다. 북극이사회

---

10) 장은주, "겨울전쟁과 북유럽의 중립정책(1938-1944) : 핀란드와 스웨덴을 중심으로", 『서양사학연구』 제20집 (2009), pp. 99-126.

11) "우크라이나: 나토는 무엇이고, 러시아는 왜 이를 불신하나?", https://www.bbc.com/korean/international-60521392 (검색일 : 2023. 04. 10.)

12) Richard Weitz, "IllusIve VIsions and Practical Realities : Russia, NATO and Missile Defense", *SurvIVal,* Vol. 52, No. 1 (2010), p. 104.

는 1996년 9월 19일 캐나다에서 '오타와 선언(Ottawa Declaration)'으로 '북극이사회 창설에 관한 선언(Declaration on the Establishment of the Arctic Council)'에 참여국이 서명하면서 출범하게 되었다. 북극이사회의 성과 및 한계와 관련한 제성훈의 주장을 요약하자면, "북극이사회는 북극의 지속 가능한 발전과 환경보호 문제 논의를 위한 체계적 조직을 구축했고, 법적 구속력이 있는 협정 체결을 위한 회원국 사이 협상의 장소를 제공했다. 또한 북극의 주요 문제를 글로벌 이슈로 부상시켰고, 회원국 사이 합의제를 유지하여 정치적 중립성을 강화하는 한편, 원주민 단체 참여도 제도적으로 보장했다."[13] 즉, 지역 차원의 문제에 불과했던 북극 문제를 국제 차원의 문제로 확대했고, 이를 해결하기 위한 협의의 시작점을 제공했다는 점에서 북극이사회의 가치가 있다. 그리고 이와 같은 모습은 우호의 패턴이며 북극 문제를 중심으로 북극 국가 협력의 가능성을 제시한 것과 같다.

문제는 북극이사회가 가지는 한계도 명확하다는 것이다. 제성훈은 이와 관련하여 북극이사회는 "독자적 예산의 미확보, 국제법적 지위 부재로 인한 법적 구속력 약화, 군사안보와 경제 협력 문제 미논의, 독점적 영향력의 약화" 등과 같은 문제점을 지적했다.[14] 다시 말해 북극 협력의 장을 마련했다는 장점이 있지만, 실질적인 협력의 공식화를 이루기 위한 결정적인 구속력이 부족하고, 특히 갈등 요인으로 작용하고 있는 군사안보 문제를 해결할 능력이 부족하다는 문제점이 있다.

러시아의 공세적 외교정책은 북극 지역의 우호/갈등 패턴 중 특히 갈등이 굳어지게 만들었다. 왜냐하면 2014년 러시아의 크림병합으로 인한 서방의 대

---

13) 제성훈, "북극이사회 창설 25주년의 의미와 향후 과제 : 북극이사회의 장기적 과제와 한국의 북극 협력 과제를 중심으로", 『한국 시베리아연구』 제25권 3호. (2021), pp. 50-51.
14) ibid, pp. 52-53.

러제재와 2022년 러시아의 우크라이나 침공 이후 서방은 러시아에 대해 강한 위협감을 느끼게 되었기 때문이다. 특히 2022년 우크라이나 전쟁으로 인해 NATO에 가입하지 않았던 핀란드와 스웨덴의 NATO 가입 의지는 고취되었고, 실제로 핀란드가 2023년 4월 NATO에 가입하게 되었다. 이와 같은 NATO의 북극 지역으로의 확대는 러시아에 다시 안보위협을 발생시키기 때문에 러시아는 강력하게 반발하고 있고, 적극적으로 대응할 것임을 주장하고 있다.[15]

결국, 북극이사회 창설이라는 우호적 상황이 있었지만, 안보문제로 발생하는 갈등의 패턴은 우호 패턴과 비교하여 강력하게 작용하고 있다. 또한 국제사회에서 나타나는 갈등 관계가 지역 차원에서도 발현되는 문제가 있다. 다시 말해 러·미 갈등이라는 준하부구조 요인이 북극안보협력체에도 영향을 미쳐 사실상 북극안보협력체 형성에 부정적인 요인으로 작용한다는 것이다.

2. 경제의 비대칭적 경쟁

기후변화로 인한 북극의 환경변화는 이전까지 환경적 제약으로 인해 활용 가치가 높지 않았던 북극의 제한성을 해제시켜나가고 있다. 북극의 해빙 현상으로 접근성이 확대되면서 석유, 광물을 포함한 다양한 자원개발 및 북극항로의 이용가능성 등은 잠재력이 풍부한 북극 활용의 가치를 상승시키고 있다.[16] 이 같은 북극 활용의 가치 부상으로 경제적 편익 가능성이 높아지면서 북극은 현재 급속도록 지경학적, 지정학적 쟁점 지대로 부상하고 있다. 북극의 중요

---

15) "핀란드 '나토 31번째 회원국' 4일 확정…러시아 강력 반발 "나토 국경으로 전술 핵무기 이동'", https://www.voakorea.com/a/7034249.html (검색일 : 2023.04.18.)
16) 한종만, "북극지역의 지정학적, 지경학적, 지문화적 역동성에 관한 연구", 지역과 세계 제40권 제2호, p59.

성 상승은 북극권 국가들 외에도 비북극권 국가들까지 이용과 개발과정에 유인이 되고 있다. 이러한 상황 속에서 북극에서는 여러 형태의 협력구조와 갈등의 형태가 존재하고 있으며, 북극권 국가들은 경제적 이익과 자국의 안보를 확보하기 위해 경쟁을 펼치고 있다.

북극안보복합체의 구조를 명확히 파악하기 위해서 북극권 국가들의 대략적인 경제적 상황과 국방력을 파악한 후 사례를 통해 경쟁과 구조 관계를 파악하고자 한다. 앞서 언급한 것처럼 북극권 국가인 북극이사회 8개국을 대상으로 알아본다.

1) 북극권 국가들의 경제적 상황

북극이사회 국가의 인구수는 2023년 UN 데이더 기준으로 미국이 약 3억 4천만 정도로 압도적 1위이며 다음 러시아 순으로 이어진다. 캐나다를 포함한 북유럽 국가들은 상대적으로 미국과 러시아에 비해 적은 인구수를 보유하고

[그림 1] 북극이사회 8개국 인구수 현황(2023년)

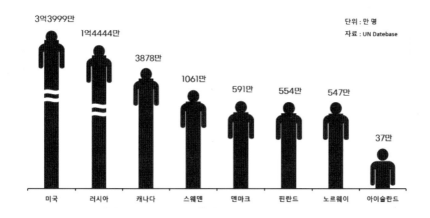

북극이사회 8개국 인구수 현황(2023년)

[그림 2] 북극이사회 8개국 GDP 추이(1996~2022년)

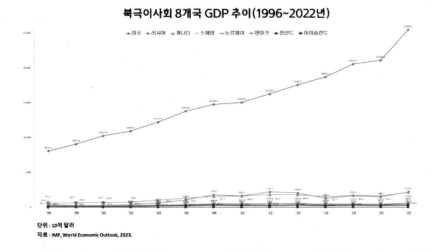

단위: 10억 달러
자료 : IMF, World Economic Outlook, 2023.

있다. (그림 1 참고)

1996년 9월 19일 오타와 선언으로 북극이사회가 설립할 당시부터 2022년 까지의 GDP 추이를 살펴보면 미국은 지속적으로 상승하고 있는 모습을 보여 주고 있으며 다음 러시아 캐나다가 비슷한 수준으로 나타나고 있다. 러시아는 2014년 크림반도 사태 이후에 GDP 성장률이 하락하는 모습을 보여주고 있으 며, 2022년 우크라이나 전쟁 이후는 -7% 감소할 것으로 예측되고 있다. (그림 2 참고)

2022년 8개국 GDP와 1인당 GDP 현황에서도 미국이 전반적으로 높은 수 치를 보여주고 있지만, 1인당 GDP의 경우 노르웨이가 8개국 중 1위를 기록하 는 모습을 보여준다. 반면 러시아의 경우 GDP 규모는 2위이나 1인당 GDP에 서 최하위를 기록하며 다른 국가에 비해 크게 격차가 벌어지고 있다. (그림 3 참고)

[그림 3] 북극이사회 8개국 GDP 및 1인당 GDP 현황(2022년)

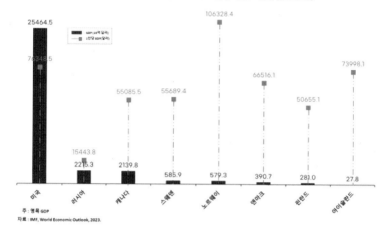

북극이사회 8개국 GDP 및 1인당 GDP 현황(2022년)

북극이사회에서 발간한 ECONOR 2020의 보고서를 보면 구체적인 상황을 파악할 수 있는데, 2018년 기준 러시아 북극의 1인당 지역 GDP는 캐나다와 미국 알래스카 북극 지역과 근사한 수치를 보여주지만, 시장환율(Market Exchange Rates : MER)로 보면 소득 수준이 훨씬 낮으며 앞서 언급한 것처럼 격차가 발생하는 모습을 보여준다. (그림 4 참고). 그러나 2018년 극지방의 총생산은 세계 경제의 0.7%에 해당하는 6,150억 달러로 추정되며, 그중 러시아 북극 지역에서만 4,490억 달러로 73%에 달한다. 이 같은 이유는 북극 육지 면적의 절반 이상을 러시아가 차지하고 있으며, 북극 지역 인구 비율 또한 다른 북극 지역 국가들에 비해 높아 나타나는 것으로 파악된다. 반면 캐나다의 경우 두 번째로 큰 면적인 29%를 차지하고 있지만, 북극 경제에서는 2% 비중으로 작은 수치를 보여주며 미국 또한 10%에 미치지 못하는 것을 알 수 있다. (그림 5 참고)

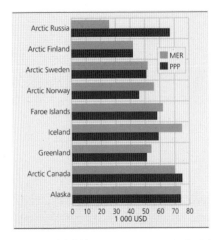

[그림 4] 북극 지역별 1인당 GDP(2018)

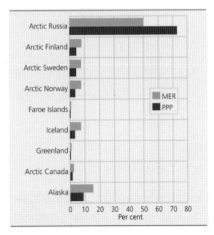

[그림 5] 극지방 전체 GDP 대비 북극 지역이
차지하는 비중

※ 구매력평가지수(PPP, Purchasing Power Parity), 시장환율(MER, Marker Exchange Rates)
※ 자료 : The Economy of the North - ECONOR 2020, p35 재인용

　　북극이사회 국가들의 전반적인 경제 상황을 살펴보았을 때 국가 전체 단위에서는 미국이 인구나 경제적 규모로 월등히 앞서 있었으나, 북극 지역 단위에서 보면 러시아가 북극 지역 인구 및 경제에 차지하는 비중이 높은 것을 확인할 수 있었다. 이러한 비대칭적인 결과는 북극 지역에서 경제협력의 균형을 맞추기 힘들게 할 수 있으며 국가 간 격차와 경쟁을 심화시킬 가능성이 높아진다.

　　특히 북극항로 이용에서 북극이사회 국가의 경제협력 문제가 여실히 드러난다. 북극항로는 러시아 북쪽 경계를 따라가는 북동항로와 캐나다 북쪽 경계를 따라가는 북서항로 두 갈래로 나뉜다. 각각의 항로에서 러시아는 북동항로의 독점적인 권리를 주장하고 있으며, 캐나다 역시 북서항로에서 러시아와 같은 독점권을 주장하고 있다. 캐나다의 북서항로를 포함하여 러시아의 북동항로에 대한 독점적 권리 주장을 두 나라를 제외한 북극이사회 국가들은 국제법상 공해라 주장하며 권리 주장에 반대하고 있다.

그중 북동항로는 석유 및 가스전과 같은 자원개발에 힘입어 활성화가 가속화되고 있다. 이런 상황에서 러시아는 북극 지역의 안보 및 경제적 이익에 중점을 두고 있고, 이 중심에 북동항로가 있다.[17] 이에 러시아는 자원 개발과 더불어 수송로로서 북극항로에 대한 중요성을 인식하고 개발 계획을 세워 진행하고 있다.[18] '북극정책원칙 2035'의 후속 조치로 2020년 10월에 발표된 '북극개발 및 국가안보 전략 2035'의 경제발전 부분을 보면, 외국의 투자유치가 아닌 러시아 정부와 민간의 협력을 통해 실현하겠다는 의지를 강조하고 있다. 이는 자국의 국익 보호와 증진을 위해 북극 경제 및 자원을 개발하는데 항로가 자국의 영토에 속하고 있다는 것을 강조하고 있으며, 북극 지역 중 북극항로의 영토 경계를 국제적으로 인정받기 위해 노력하고 있다. 이러한 관점에서 자국의 국익 보호와 증진을 위해 북극항로 지역에 군대를 주둔시키며 군사화를 확대하고 있다. 이러한 군사화의 확대는 다른 북극지역 국가들로부터 우려를 발생시키며 위기감을 고조시켜 경제협력의 장애물이 되고 있다. 또한 러시아는 지속적으로 주둔군을 늘리고 있으며, 이 같은 이유로 주변국들 또한 북극 지역에 군사화를 확대하고 있다.

북극항로를 포함 북극 지역의 경제적 잠재력을 실현하고 안전을 확보하기 위해서는 상호 우호적 협력관계를 구축해야 한다는 사실은 북극이사회 모든 국가가 동의하고 있다.[19] 하지만 자국의 이익 및 안보 보장을 위해 협력보다

---

17) 문진영, 김윤옥. 서현교. "북극이사회의 정책 동향과 시사점",『KIEP 연구보고서, 14-06 (2014), p90.

18) ibid

19) "북극을 둘러싼 정치 및 경쟁", https://ipdefenseforum.com/ko/2018/07/%EB%B6%81%EA%B7%B9%EC%9D%84-%EB%91%98%EB%9F%AC%EC%8B%BC-%EC%A0%95%EC%B9%98-%EB%B0%8F-%EA%B2%BD%EC%9F%81/ (검색일:

경쟁과 갈등 양상의 구조가 두드러지고 있다. 러시아를 필두로 하여 북극이사회 국가들이 서로 군비 증강을 하고 있고, 안보적 긴장감 속에서 상호 간의 경제적 협력을 기대하긴 어려운 상황이 그려지고 있다. 북극 지역의 경제적 가치를 실현을 위해서는 지역안정이 선도되어야 하며, 이미 뿌리가 깊어지고 있는 경제 및 안보 문제를 해결해야 한다.

3. 지역 패권을 위한 안보 경쟁

과학기술의 발전과 자연환경의 변화로 북극은 경제 및 안보적 이익이 얽혀 북극권 국가를 포함한 세계 각국의 관심이 날로 커지고 있다. 북극에 관심이 집중되기 시작하면서 북극이사회 국가들의 이해관계가 대립하고 있으며, 각국은 영유권 문제를 포함한 다양한 갈등이 불거져 우호적인 면보다는 적대적인 경향을 나타내고 있다. 또한 북극이사회 국가들의 군사적 대립이 여러 차례 발생하며 안보적 상황의 수위가 점차 높아지고 있다. 이러한 갈등 상황에서 글로벌파이어파워(GFP, Global Firepower)의 2023년 세계 군사력 순위(GFP index)로 북극이사회 국가들의 군사력을 살펴보면, 미국이 1위이며 다음 러시아가 2위로 두 국가만이 세계 10위권에 포함된 것을 확인할 수 있다. (그림 6 참고)

미국이 군사력 순위에서 앞서있긴 하나 러시아가 근사치로 견줄만한 군사력을 보유하고 있는 것을 확인할 수 있으며, 두 국가 외에 북극이사회 6개국의 군사력은 상대적으로 강하지 않은 것을 볼 수 있다. 하지만 러시아를 제외한 나머지 북극이사회 국가들은 NATO 회원국(스웨덴은 가입 신청 후 계류 상

2023.04.18.)

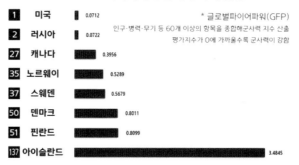

[그림 6] 2023 GFP 북극이사회 군사력 국가 순위

2023 GFP 북극이사회 군사력 국가 순위

순위	국가	지수
1	미국	0.0712
2	러시아	0.0722
27	캐나다	0.3956
35	노르웨이	0.5289
37	스웨덴	0.5679
50	덴마크	0.8011
51	핀란드	0.8099
137	아이슬란드	3.4845

* 글로벌파이어파워(GFP)
인구·병력·무기 등 60개 이상의 항목을 종합해군사력 지수 산출
평가지수가 0에 가까울수록 군사력이 강함

※ 자료 : GFP 2023 Military Strength Ranking

태)이다. 이러한 이유로 북극 지역에서는 각 국가 간의 군사력 비교보다는 러시아 대 NATO의 군사력 대결 구조로 보는 것이 유의미하다.

이러한 북극의 안보적 진영 속에서 자국의 영유권 확보를 위한 러시아, 덴마크, 캐나다의 로모노소프 해령의 대륙붕 연장 신청은 영유권이 상호 겹치는 가능성이 높아 군사적 대립을 초래할 수 있다. 대륙붕 연장 신청은 러시아를 처음으로 캐나다, 덴마크가 UN해양법협약(UNCLOS, United Nations Convention on the Law of the Sea) 신청하였으며 결과는 나오지 않았다. 미국은 UNCLOS에 비준하지 않아 대륙붕 연장 신청이 불가능한 상태이며, 나머지 핀란드, 아이슬란드, 스웨덴은 북극 연안국가가 아니어서 신청할 수 없다. 대륙붕 연장 신청에는 각국의 영유권을 포함하여 자원 개발과 북극항로 이용 등과 같은 경제적 이익 증대와 영토적 주권 등 국가 안보를 강화할 수 있기에 영유권 주장을 강화하고 있는 상황이다. (표 3 참고). 이러한 영유권 분쟁의 갈등 연장선에서 군사적 갈등이 발생하기도 하며, 점점 안보적 경합의 정도가 심해지고 있다. 8개국 중 러시아가 북극 지역에서 적극적으로 다양한 북극지역 전담 부대를 창설하여 군사작전을 전개하고 있다.[20] 특히 NATO 회원국이 북극에 영토를 보유하고 있어, NATO 주둔에 대한 대응으로 더욱더 공격적인 군사 태세를 취하고 있다.[21]

[표 3] 로모노소프 해령 대륙붕 연장 신청 진행상황

	신청	결과
러시아	2001년 처음으로 대륙붕 연장 신청 2015년 수정된 신청서 제출 2021년 추가적인 신청서 제출	['01년 신청] UNCLOS에서 과학적 근거 부족으로 반려 '15년 신청 이후 검토 중
캐나다	2013년 대륙붕 연장 신청 2019년 대륙붕 외곽선에 관한 부분적인 신청서 제출 2021년 '19년 신청서에 추가적인 내용 제출	['13년 신청] UNCLOS에서 러시아와 겹치는 영역에 대한 과학적 근거 부족으로 반려 '19년 결과 이후 검토 중
덴마크	2014년 대륙붕 연장 신청	['14년 신청] UNCLOS에서 러시아와 겹치는 영역에 대한 과학적 근거 부적으로 반려
미국	※ UNCLOS에 서명했지만 현재까지 비준하지 않아 대륙붕 연장 신청 불가	
노르웨이	※ 현재까지 신청 없음	
핀란드 아이슬란드 스웨덴	※ 북극 연안국가가 아니므로 대륙붕 연장 신청 불가	

※ 자료 : The Organization for World Peace(OWP)[22]의 자료를 바탕으로 저자가 작성

러시아의 북극 군사 기반 시설은 주로 무르만스크 주 주변에 집중되어 있으며, 2001년 '러시아연방 해양전략 2020[23]' 채택을 기점으로 북극 군사기지 구

20) "'유럽과 러시아의 북극' 새로운 갈등의 무대일까?", http://www.kyosu.net/news/articleVIew.html?idxno=90865 (검색일 : 2023.04.18.)
21) "Russian Arctic Military Bases", https://www.americansecurityproject.org/russian-arctic-military-bases/ (검색일 : 2023.04.18.)
22) "Arctic Circle Territorial Conflicts", OWP, https://theowp.org/crisis_index/arctic-circle-territorial-conflicts/ (검색일 : 2023.04.18.)
23) '러시아연방 해양전략 2020'에는 북극을 러시아 국가안보의 지정학적 및 지경학적인

[그림 7] 러시아 북극권 기지 현황('23년 기준)   [그림 8] 러시아의 북극권 기지 현황('19년 기준)

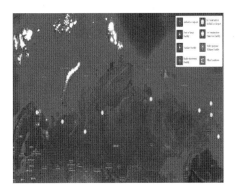

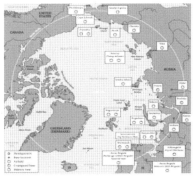

※ 자료 : ASP(American Security Project)

※ 출처 : Russia's Military Posture in the Arctic Managing Hard Power in a 'Low Tension' EnvIronment, p15

축과 영향력 확대에 더욱더 힘을 쓰고 있는 중이다. (그림 7. 8 참고).

전략에는 북극을 러시아 국가안보의 지정학적 및 지경학적인 매우 중요한 지역으로 간주한다는 국가정책을 기본 원칙에 담고있어, 북극 지역에서 모든 자국 활동이 최대한의 방어 및 안보문제에 있음을 공고히 하였다.[24]

러시아의 이러한 북극 전략으로 인한 군사적 활동은 다른 북극권 국가들에 위협적인 요소로 간주되어 갈등을 유발하고 있다. 우크라이나 전쟁을 포함하여 북극 지역에서 러시아의 이러한 횡보는 핀란드와 스웨덴을 NATO 가입으로 견인했다고 봐도 무방하지 않다. 북극에서 러시아의 이러한 적극적인 군사적 움직임에 대응하여 최근에 NATO 또한 'Cold Response 2022'라는 대규모 군사훈련을 2022년 3월 14일부터 4월 1일까지 실시하였고, 2년마다 실시되는 이 작전은 2007년부터 진행하여 9번째 훈련이었다.[25] 이 외에도 러시아와

매우 중요한 지역으로 간주한다는 국가정책의 기본 원칙에 담았음

24) 윤지원(2020), p176

25) U.S. Forces Prepare to Join Norway's Biennial Exercise Cold Response 22, https://

[그림 9] 북극 지역 러시아 및 NATO 군사적 활동 추적

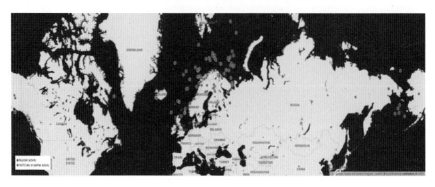

※ 출처 : Center for Strategic & International Studie[26]

NATO는 북극 지역에서 다양한 군사적 활동을 진행하고 있다. (그림 9 참고)

또한, NATO의 군사적 활동 외에도 북극 지역의 개별 국가에서도 군사적 활동을 진행하고 있다. 미국은 러시아의 활동 대응과 북극 지역 내 존재감을 강화하기 위해 2019년 1월 미국 해군이 북극 해역에서의 작전을 위한 전략적 계획서인 'The United States Navy Strategic Outlook for the Arctic'을 발표했다. 이 계획서에는 미국의 국익 보호와 북극 지역에서의 안전을 증진하기 위한 해군의 전략적 접근 방식을 담고 있다.[27] 또한 북극 지역에서의 공중과 해상 순찰을 증가시키며 미사일 방어 시스템 강화 및 북극 전문 부대를 창설하고 있다. 더불어 북극 해역에서의 작전능력을 강화하기 위해 2020년 3월 'Ice

---

www.dVIdshub.net/news/416307/us-forces-prepare-join-norways-biennial-exercise-cold-response-22 (검색일 : 2023.04.18.)

26) "Arctic Military ActIVity Tracker", https://arcticmilitarytracker.csis.org/ (검색일 : 2023.04.18.)

27) "The United States Navy Strategic Outlook for the Arctic", https://media.defense.gov/2020/May/18/2002302034/-1/-1/1/NAVY_STRATEGIC_OUTLOOK_ARCTIC_JAN2019.PDF (검색일 : 2023.04.18.)

Exercise'라는 북극 잠수함 훈련, 2020년 10월 'Trident Juncture'라는 다국적 합동 훈련을 진행하는 등 다양한 조치를 취하고 있다.

러시아와 미국 외에도 다른 북극이사회 국가들도 북극 지역에서의 자국의 영토와 국익을 보호하기 위해 군사적 투자와 협력 확대를 진행하고 있다. 캐나다의 경우 북극 해군 작전 센터를 2010년 설립하고, 고속 구축함과 장거리 순찰기 도입, 북유럽 방위 기구인 노르딕국방협력(NORDEFCO)에 협력을 지원하고 있다. 러시아, 미국, 캐나다를 제외한 북극이사회 5개국은 북유럽 방위 기구인 노르딕국방협력((NORDEFCO, Nordic Defence Cooperation)에 참여하고 있으며, 북극 작전 센터 운영 등 북극 지역 안보와 주변 환경에 대응하기 위해 군사적 투자와 협력을 확대해 나가고 있다.

이처럼 북극 지역에서 거시적으로는 러시아의 군사적 활동 확대로 주변국들에 안보적 위협이 발생하게 되며, 이는 러시아 대 NATO 대립의 적대적 구조 양상을 보여준다. 반면, 미시적인 관점에서는 개별국 단위의 영유권 분쟁과 같은 갈등 요소가 존재하지만, 주변 환경에 따라 북극이사회 각국의 영향력과 이익을 확보하기 위한 우호와 적대적인 패턴 모두를 나타내고 있음을 알 수 있다.

4. 초국가적 환경문제

지구온난화로 인한 기후변화 문제는 세계적인 문제로 확대되었고, 이를 해결하기 위한 범세계적 수준의 공동대처에 관한 논의가 진행되고 있다. 2022년 북극의 봄 기온은 평균보다 30℃ 따뜻했고, 북극 지역 온난화의 영향으로 2020년 기준 423건의 화재가 발생했고, 300만 ha의 지역이 피해를 받았다.[28]

---

28) "임계점에 다다른 북극…화재 더 잦아진다", https://www.sciencetimes.co.kr/new

이 같은 세계적인 기후변화 문제는 북극과 밀접한 연관이 있다.

북극해 측면에서 북극 지역의 기후변화로 빙하가 녹는다면, 해수면 상승과 더불어 해류 순환 시스템이 변화하게 된다. 왜냐하면 해류 순환은 저위도의 따뜻한 물이 고위도로 이동하며 아래로 하강하고, 고위도의 차가운 물은 저위도로 이동해 다시 상승하는 순환 구조를 보인다. 그리고 이와 같은 순환 구조로 인해 지구에 들어온 열과 다시 지구 밖에 나가는 열의 관계를 유지시켜 현재와 같은 기후 시스템을 만들기 때문이다.[29] 결국 북극 빙하가 지속적으로 녹는 것은 지구온난화를 가속하는 결과를 낳게 된다. 따라서 북극 환경이 범세계적인 환경문제에 영향을 미치기 때문에 기후변화 문제에 대처하기 위해서는 북극 국가의 협력이 중요하다.

2015년 12월 12일 파리협정(Paris Agreement)이 채택됨에 따라 2020년 이후 교토의정서체제를 대체하는 '파리기후변화엽약체제'가 출범하게 되었다. 파리협정은 이란, 튀르키예, 에리트레아, 이라크 남수단, 리비아, 예멘 등 7개 국가를 제외하고 대부분 국가가 참여했다는 점에서 시사하는 바가 크다. 또한 파리협정은 장기적 목표로 지구의 평균 온도상승을 2도 아래로 억제하고, 1.5도를 넘지 않는다는 구체적 목표를 제시했다는 점에서 야심찬 국제적 협력으로 평가할 수 있다.[30]

---

s/%EC%9E%84%EA%B3%84%EC%A0%90%EC%97%90-%EB%8B%A4%EB%8B%A4%EB%A5%B8-%EB%B6%81%EA%B7%B9%ED%99%94%EC%9E%AC-%EB%8D%94-%EC%9E%A6%EC%95%84%EC%A7%84%EB%8B%A4 / (검색일 : 2023.04.18.)

29) 남승일, "지구의 기후를 조절하는 바다, 북극해", http://kopri.designpixel. or.kr/?c=1/3&cate=1&idx=10 (검색일 : 2023.04.17.)

30) 최인호, "파리기후변화협약체제와 온실가스 감축목표의 이행", 『서울法學』, 제29권 1호 (2021), pp.277-278.

한편, 지구온난화를 가속시키는 원인으로 지목되고 있는 이산화탄소 배출량 순위를 살펴보면, 2019년 기준 미국은 4761.3탄소톤, 러시아는 1536.9탄소톤으로 각각 세계 이산화탄소 배출의 14..5%(세계 2위), 4.7%(세계 4위)를 차지하고 있다.[31] 즉, 북극 국가 중 주요 국가인 미국과 러시아의 환경문제 책임은 크다고 평가할 수 있다.

이와 관련하여 러시아의 경우 아직 기후변화를 위한 국내 제도 도입이 초기단계에 머물러 있지만, UN 기후변화에 관한 기본협약(1992), 교토의정서(1997), 파리협정(2015) 등에 가입하며 기후변화 대응에 동참하고 있다.[32] 또한 2020년과 2035년에 발표한 '북극정책 기본 원칙'에 북극 환경에 관한 사항을 적시함에 따라 북극 환경문제 개선의 의지를 내보이기도 했다. 한편, 미국의 경우 트럼프 대통령 시기 파리협정에서 탈퇴했었지만, 바이든 집권 이후 파리협정에 다시 참여하여 온실가스 감축을 위해 노력할 것임을 밝혔다.[33] 이 밖에도 캐나다는 2022년 11월 기후변화에 대응하여 약 12억 달러를 투입하는 국가전략을 발표[34]했고, 덴마크는 2020년 10월 글로벌 기후 행동 장기 전략을 발표[35]했으며, 노르웨이는 탄소중립 목표를 2050년에서 2030년으로 앞당기

---

31) https://www.keei.re.kr/keei/kidspage_2021/sub01_03_07.html, (검색일 : 2023.05.01.)

32) 민지영, "러시아의 기후변화 대응 동향과 전망", 『KIEP 기초자료』 21-13 (2021), p.2.

33) "바이든, 파리협정 탈퇴 사과…"온실가스 감축 목표 달성하겠다"", https://www.hani.co.kr/arti/society/enVIronment/1066927.html (검색일 : 2023.05.01.)

34) "캐나다, 기후변화 대응 '12억 달러 투입' 첫 국가 기후적응전략 발표", https://www.voakorea.com/a/6849758.html (검색일 : 2023.05.01.)

35) 외교부, "[기후변화동향] 덴마크 정부, 글로벌 기후 행동 장기 전략 발표", https://www.mofa.go.kr/www/brd/m_20152/VIew.do?seq=367867&srchFr=&amp%3BsrchTo=&amp%3BsrchWord=&amp%3BsrchTp=&amp%3Bmulti_itm_seq=0&amp%3Bitm_seq_1=0&amp%3Bitm_seq_2=0&amp%3Bcompany_cd=&amp%3Bcompany_nm=&page=1 (검색일 : 2023.05.01.)

며 적극적으로 기후변화에 대처하고 있다. [36]

결국 기후변화라는 초국가적 환경문제는 국제사회와 북극 지역에서 심각한 문제이지만, 역설적이게도 앞서 언급한 적대/우호의 패턴과 국력의 경쟁 상황과 비교하여 협력을 추동하는 긍정적 요인으로 작용한다. 문제는 이와 같은 비전통 안보의 협력이 전통적 안보 협력과 비교하여 상위의 문제로 인식될 수 있는지에 관한 문제가 남아있다. 다시 말해 국익추구라는 관점에서 장기적으로 기후문제 개선을 위한 국가 간의 협력이 중요한 것은 사실이지만, 단기적 차원에서 자국의 안보위협 문제를 해결하는 것이 시급하다는 한계점이 있는 것이다.

Ⅳ. 결론

연구의 분석 결과 북극지역안보복합체는 협력의 요인보다 갈등의 요인이 많은 것으로 분석됐고, 이를 간략하게 요약하자면 다음과 같다. 먼저 적대/우호의 패턴 관점에서 북극 지역은 러시아를 중심으로 갈등적인 역사 배경을 가지고 있었다. 물론 북극이사회 창설을 통해 적어도 북극 지역에서 우호의 패턴이 감지된 것은 사실이다. 그러나 겨울전쟁, 계속전쟁, 냉전, 탈냉전 이후 지정학적 갈등 등 지역과 국제적 차원에서 역사적 적대 패턴은 현재에도 미국 중심의 자유주의 진영과 러시아 사이의 갈등적 관계를 형성하는 요인으로 작용하고 있다.

---

36) "탄소중립 준비 가장 잘 된 국가는 노르웨이…한국은 11위", https://news.einfomax. co.kr/news/articleVIew.html?idxno=4171506 (검색일 : 2023.05.01.)

둘째, 경제적 상황이 특정 국가에 편중되어 있고, 항로와 관련하여 경쟁적 관계가 형성되어 있다. 전반적인 경제 상황은 미국이 압도적인 수준이었지만, 북극 지역 단위로 경제 상황을 살펴본다면, 러시아가 차지하는 비중이 높았다. 결국 북극 지역에서 비대칭적인 경제 관계는 국가 간 격차와 경쟁을 유발하는 요인으로 작용하며, 특히 북극항로 이용과 개발에 있어서 러시아의 북동항로와 캐나다의 북서항로 사이의 경쟁은 갈등을 부추기는 요인으로 작용한다.

셋째, 북극 지역 패권을 위한 안보 경쟁 구도가 보인다는 것이다. 북극 지역에서 미국과 러시아의 군사력 수준은 크게 나타나지 않지만, 현재 북극 지역에서 나오는 안보 경쟁 상황을 러시아와 NATO 사이의 갈등 관계로 보는 것이 더욱 적절하다. 이와 같은 관점에서 NATO를 중심으로 러시아를 제외한 북극이사회 국가의 안보 협력이 강화하는 한편, 러시아와는 안보 경쟁이 발생한다는 점에서 근본적으로 지역 패권 구축을 위한 불안정성이 존재한다.

마지막으로 기후변화 요인은 앞선 요인과 다르게 협력을 추동하는 요인으로 작용한다. 기후변화는 글로벌 차원의 문제로 부각하고 있고, 특히 북극 지역에서 환경문제는 북극이사회 국가 모두 공동대처의 필요성을 인식하고 있다. 그러나 비교적 환경문제는 장기적 차원의 안보문제이지만, 전통적인 안보문제는 단기적 차원이라는 점에서 협력을 추동하는 요인으로 큰 영향력을 발휘하지 못하는 한계점이 있다.

본 연구는 베리 부잔의 지역안보복합체 이론을 통해 북극 국가 사이 협력의 한계점을 지적했다는 점에서 연구의 차별성과 특이성을 가지고 있지만, 몇 가지 문제가 있는 것도 사실이다. 우선 본 연구는 비교적 러시아를 중심으로 연구를 진행했기 때문에 러시아를 제외한 북극 국가 사이의 역학관계를 조망하지 못했다. 둘째, 협력의 한계점을 보완하기 위한 정책적 방향성을 제시하지 못했다. 따라서 향후 연구에서는 러시아를 포함하여 8개의 북극 국가 관계를 보다 심층적으로 살펴보아야 할 것이다. 그리고 해당 연구를 바탕으로 북극안 보복합체 구성을 위한 정책 방향을 제시해야할 것이다.

〈참고문헌〉

문진영, 김윤옥. 서현교. "북극이사회의 정책 동향과 시사점", 『KIEP 연구보고서, 14-06 (2014), p90.

민지영, "러시아의 기후변화 대응 동향과 전망", 『KIEP 기초자료』 21-13 (2021), p. 2.

박영택, 김재환, "동북아안보복합체의 미성숙 실체와 한반도 안보 역학관계", 『세계지역연구논총』 36집 2호 (2018), pp. 70-72.

박영택, "베리 부잔의 우호-적대 개념과 동북아 국가 간 갈등 원인 연구", 『인문사회21』 제12권 2호 (2021), p. 263

이영형, 박상신, "러시아 북극지역의 안보환경과 북극군사력의 성격," 『시베리아 연구』 24권 1호 (배재대학교 한국-시베리아센터 2020), pp. 1-34.

윤지원, "러시아의 북극 안보정책과 군사기지 구축의 함의," 『국제정치연구』 제23권 4호, (동아시아국제정치학회 2020), pp. 167-192.

장은주, "겨울전쟁과 북유럽의 중립정책(1938-1944) : 핀란드와 스웨덴을 중심으로", 『서양사학연구』 제20집 (2009), pp. 99-126.

제성훈, "북극이사회 창설 25주년의 의미와 향후 과제 : 북극이사회의 장기적 과제와 한국의 북극 협력 과제를 중심으로", 『한국 시베리아연구』 제25권 3호 (2021), pp. 50-51.

최인호, "파리기후변화협약체제와 온실가스 감축목표의 이행", 『서울法學』, 제29권 1호 (2021), pp. 277-278.

한종만, "북극지역의 지정학적, 지경학적, 지문화적 역동성에 관한 연구", 지역과 세계 제40권 제2호, p59.

홍상우, "우크라이나 분리ㆍ독립주의 정치사상의 기원과 발전", 『슬라브학보』 제35권 4호 (2020), p. 309.

Richard Weitz, "IllusIVe VIsions and Practical Realities : Russia, NATO and Missile Defense", *SurvIVal*, Vol. 52, No. 1 (2010), p. 104.

남승일, "지구의 기후를 조절하는 바다, 북극해", http://kopri.designpixel. or.kr/?c=1/3&cate=1&idx=10 (검색일 : 2023.04.17.)

"바이든, 파리협정 탈퇴 사과…"온실가스 감축 목표 달성하겠다"", https://www.hani.co.kr/ arti/society/enVIronment/1066927.html (검색일 : 2023.05.01.)

"북극을 둘러싼 정치 및 경쟁", https://ipdefenseforum.com/ko/2018/07/%EB%B6

%81%EA%B7%B9%EC%9D%84-%EB%91%98%EB%9F%AC%EC%8B%BC-
%EC%A0%95%EC%B9%98-%EB%B0%8F-%EA%B2%BD%EC%9F%81/ (검색일 :
2023.04.18.)

외교부, "[기후변화동향] 덴마크 정부, 글로벌 기후 행동 장기 전략 발표", https://www.
mofa.go.kr/www/brd/m_20152/VIew.do?seq=367867&srchFr=&amp%
3BsrchTo=&amp%3BsrchWord=&amp%3BsrchTp=&amp%3Bmulti_itm_
seq=0&amp%3Bitm_seq_1=0&amp%3Bitm_seq_2=0&amp%3Bcompany_
cd=&amp%3Bcompany_nm=&page=1 (검색일 : 2023.05.01.)

"임계점에 다다른 북극…화재 더 잦아진다", https://www.sciencetimes.co.kr/news/
%EC%9E%84%EA%B3%84%EC%A0%90%EC%97%90-%EB%8B%A4%EB%8B
%A4%EB%A5%B8-%EB%B6%81%EA%B7%B9%ED%99%94%EC%9E%AC-
%EB%8D%94-%EC%9E%A6%EC%95%84%EC%A7%84%EB%8B%A4/ (검색일 :
2023.04.18.)

"[우크라 침공] 북극해 지역 서방-러시아 세력균형 위기", https://www.yna.co.kr/VIew/
AKR20220421109100009 (검색일 : 2023.04.22.)

"우크라이나: 나토는 무엇이고, 러시아는 왜 이를 불신하나?", https://www.bbc.com/
korean/international-60521392 (검색일 : 2023.04.10.)

"'유럽과 러시아의 북극' 새로운 갈등의 무대일까?", http://www.kyosu.net/news/articleVI
ew.html?idxno=90865 (검색일 : 2023.04.18.)

"탄소중립 준비 가장 잘 된 국가는 노르웨이…한국은 11위", https://news.einfomax.co.kr/
news/articleVIew.html?idxno=4171506 (검색일 : 2023.05.01.)

"핀란드 '나토 31번째 회원국' 4일 확정…러시아 강력 반발 "나토 국경으로 전술 핵무기 이
동"", https://www.voakorea.com/a/7034249.html (검색일 : 2023.04.18.)

"캐나다, 기후변화 대응 '12억 달러 투입' 첫 국가 기후적응전략 발표", https://www.
voakorea.com/a/6849758.html (검색일 : 2023.05.01.)

"Arctic Circle Territorial Conflicts", OWP, https://theowp.org/crisis_index/arctic-circle-
territorial-conflicts/ (검색일 : 2023.04.18.)

"Arctic Military ActIVity Tracker", https://arcticmilitarytracker.csis.org/ (검색일 :
2023.04.18.)

"Russian Arctic Military Bases", https://www.americansecurityproject.org/russian-arctic-
military-bases/ (검색일 : 2023.04.18.)

U.S. Forces Prepare to Join Norway's Biennial Exercise Cold Response 22, https://www.dVIdshub.net/news/416307/us-forces-prepare-join-norways-exercise-cold-response-22 (검색일 : 2023.04.18.)

"The United States Navy Strategic Outlook for the Arctic", https://media.defense.gov/2020/May/18/2002302034/-1/-1/1/NAVY_STRATEGIC_OUTLOOK_ARCTIC_JAN2019.PDF (검색일 : 2023.04.18.)

https://www.keei.re.kr/keei/kidspage_2021/sub01_03_07.html, (검색일 : 2023.05.01.)

우크라이나 전쟁 한가운데 공포된 러시아연방 '2022 해양 독트린'의 내용과 평가

한종만*

I. 서론

세계 1위의 영토 대국에 걸맞게 러시아연방은 3개의 대양(태평양, 대서양, 북극양)과 13개의 바다와 카스피해 연안국이다. 대서양과 연계되는 흑해, 아조프해, 카스피해, 발트해뿐만 아니라 태평양의 동해, 오호츠크해, 베링해 그리고 북극양(동쪽부터 축치해, 동시베리아해, 랍테프해, 카라해, 페초라해, 백해, 바렌츠해) 등 해안선의 길이는 3만 7,654km다. 이러한 지리적 특성은 러시아의 '해양 독트린(Maritime Doctrine)' 선언의 당위성을 제공하고 있다.

러시아연방의 해양 독트린은 2000년 푸틴 집권 이후 '강한 러시아' 기치를 내걸면서 해양 강국으로 나아가기 위해 2001년 처음으로 제정됐다. 2014년 돈바스 사태와 크림(크름)반도의 합병으로 야기된 서방의 제재 등 국제 정세와 지정학적 변화 등에 대응하고 강한 해양전략의 실현을 위해 2015년 6월 17일 푸틴 대통령이 승인하고 2015년 7월 26일 '해군의 날'(전통적으로 매년 7월 마지막 일요일)에 공포된 '2015 해양 독트린'은 러시아의 국가 해양 정책 원칙 및 목

※ 이 글은 한국해양안보포럼이 발간하는 『한국해양안보포럼 E-저널』(제60호, 2023년 1월호)에 게재된 내용을 수정 보완한 것임
* 배재대학교 명예교수

표를 규정했다.[1] 2022년 7월 31일(일요일) 상트페테르부르크와 크론슈타트에서 개최된 러시아 해군 창설 326번째 해군의 날 행사에서 푸틴은 국가 안보와 사회경제 발전의 지속 가능성을 위해 '세계 해양'에서 러시아의 국익을 보장하는 것을 목표로 하는 '2022 해양 독트린'(대통령령 512호)을 공포했다.[2]

'2015 해양 독트린'은 크림반도 합병을 종료한 후, 3번째 버전 '2022 해양 독트린'은 러시아·우크라이나 분쟁이 한창 진행 중에 공표됐다. 2015년 이후 모스크바가 발표한 세 개의 문서는 러시아의 글로벌 해양 강국의 야망에 대한 로드맵을 제공하고 있다. 새 독트린은 '2015년 해양 독트린', 2017년 7월 20일 발표된 '2030년까지 해군 작전 분야에서 러시아연방 국가정책의 기초(Fundamentals of the State Policy of the Russian Federation in the Field of Naval Operations to 2030)', 2019년 8월 30일 공포된 '러시아의 해양 활동 개발을 위한 2030 전략(Strategy for the Development of Russia's Maritime Activities to 2030)', 2021년 7월 2일 승인된 '국가안보전략'(6년마다 업데이트) 등과 연계되어 업데이트된 전략문서다. 특히 이 버전은 2022년 5월 15일 핀란드와 스웨덴의 NATO 가입 신청과 무관하지 않은 것으로 판단된다.

해양 독트린과 해군 기초는 높은 수준의 정책 목표를 명확히 하고 이러한 목표를 달성하기 위한 일련의 방법과 수단을 제공하고 있다. 대조적으로, 전략은 구현 과제와 이전 문서에 명시된 목적을 달성하기 위한 효율성 측정을

---

1) '2015 해양 독트린'의 내역에 대해서는 다음의 글을 참조. "러시아연방 해양 독트린의 배경과 내용 그리고 평가: 북극을 중심으로," 『한국해양안보포럼 E-저널』(한국해양안보포럼), 제52호(8-9월호, 2021년).
2) 러시아 해군은 표트르 대제가 1696년 창설했다. 이를 계기로 스웨덴과의 북방전쟁 승리 후 러시아는 발트해 출구를 확보했으며 1703년 표트르 대제는 상트페테르부르크를 건설했다. 2022년은 표트르 대제 탄생 350주년 기념해로 푸틴은 해군의 날에서 표트르 대제의 과업을 칭송했다.

결정하는 방법에 중점을 두고 있다.

Ⅱ. 2022 러시아연방 해양 독트린의 내용[3)]

　새 독트린은 제1부 일반조항, 제2부 세계 해양에서 러시아연방의 국익과 국가 안보에 대한 도전 및 위협, 제3부 국가 해양 정책의 전략적 목표와 원칙, 제4부 기능 영역에서 해양 활동 개발의 우선순위, 제5부 국가 해양 정책의 지역적 방향, 제6부 해양 활동 제공, 제7부 해양 활동 분야의 동원훈련 및 동원 준비, 제8부 해양 활동에 대한 국가 관리의 기초, 제9부 세계 해양에서 러시아연방의 국익을 보호하기 위해 국가 해양 정책 도구를 사용하기 위한 절차, 제10부 결론 등 총 106조로 구성된 55쪽 분량으로 해양 활동과 관련된 국가 역할의 전반적이고 총체적 내용을 담고 있다.

　제1부 일반조항에서 새 해양 독트린은 "러시아연방의 국가 해양 정책과 러시아연방의 해양 활동에 대한 공식적인 견해의 총체를 반영하는 전략 계획 문서"(제1조), 본문에 사용되는 기본개념 7개(국가 해양 정책, 해양 활동, 국익, 안보 위험, 도전, 위협, 해상 잠재력)를 정의하고 있다(제4조 1-7항).

　세계 해양과 관련된 러시아연방의 국가 안보 및 지속 가능한 발전에 대한 주요 도전과 위협(제22조)에서 미국과 NATO를 러시아의 주요 적으로 명시하고 있으며, 러시아의 해양 활동 능력에 영향을 미치는 주요 위험인 여러 결점 영역을 거론하고 있다(제23조 1-7항): 러시아 상선 함대의 부족과 외국 국적

---

3) 이 장은 '2022 해양 독트린' 원문에서 발췌. "Морская Доктрина Российской Федерации," 31 июля 2022 г. № 512. http://actual.pravo.gov.ru/text. html#pnum=0001202207310001 (검색일: 2023년 1월 10일).

선박과 해양 파이프라인 시스템에 대한 과도한 의존; 해양 과학 연구 분야의 역량과 능력 부족; 장기 자금 조달이 필요한 현대 기술 이전, 장비 공급과 관련된 회사를 포함하여 러시아의 조선, 군사 산업 단지, 석유/가스 회사에 대한 제재 부과; 북극 해양 공간에 대한 국제법적 경계 설정의 불완전성, 특히 '1936년 몽트뢰 협약'에 의해 부과된 제한[4]; 전 세계 해역에서 러시아 해외 기지 부족 등을 거론하고 있다.

새로운 해양 독트린의 최우선 과제는 세계 해양에서 러시아의 '독립, 국가 및 영토 보전과 주권의 불가침성' 등 14개의 국익(2015년 판 7개)의 실현을 위해 해당 지역의 관심 분야를 '생존적 중요', '중요', '기타'의 세 지역(구역)으로 명확하게 구분하고 있다(제12조).

〈표 1〉 러시아연방 국익 실현을 위한 '생존적 중요', '중요', '기타' 해양 구역

구분	해양 구역
생존적 중요	러시아 영해와 배타적경제수역(EEZ)과 UN 해양법 76조에 따른 대륙붕 확장 북극 분지, NSR 수역을 포함한 러시아연방에 인접한 북극 분지, 오호츠크해 및 카스피해 러시아 수역
중요	아조프(아조우)해와 흑해를 포함하여 러시아연방 해안에 인접한 해양과 바다의 수역, 지중해 동부 해역, 흑해 및 발트해와 연계된 해협과 쿠릴 열도 해협, 아시아 및 아프리카 연안 국제 운송로
기타	생존적 중요 혹은 중요 지역이 아닌 수역

자료: 러시아연방 '2022 해양 독트린' 원문 제14조, 제15조, 제16조.

---

4) 1936년 7월 20일에 체결된 해협 체제에 관한 몽트뢰 협약(Montreux Convention)은 보스포루스 해협과 다르다넬스 해협에 대한 통제권을 튀르키예에 부여하고 해군 전함의 통과를 규제하는 협정이다. 이 협약은 평시에 민간 선박의 자유로운 통행을 보장하고 흑해 국가에 속하지 않는 해군 함정의 통행을 제한한다. 몽트뢰 협약의 내용을 23조 5항에 처음으로 해양 독트린에서 열거한 이유는 러시아·우크라이나 전쟁과 관련이 있다.

'생존적 중요지역'은 러시아의 국익과 발전에 영향을 미치며 통제력 상실 시 국가 안보가 위태로워지고 러시아연방의 존재 자체가 위협받을 수 있다고 정의된다(제13조).

'중요지역'은 주로 경제발전과 인구의 물질적 복지, 국가의 전략적 및 지역 안보와 러시아의 국익에 영향을 미치는 영역으로 정의되고 있다(제15조).

러시아의 '생존적 중요' 및 '중요' 지역에서 러시아의 국익을 보호하기 위해 강력한 권력 사용을 포함한 모든 조치(군사 독트린에 따르면 생존 중요지역의 안보는 핵무기로 보호)가 취해질 것이며, '기타' 해양 지역에서는 국제법의 원칙과 규범에 따라 주로 정치적 및 법적 도구, 외교 메커니즘을 사용하고 기타 비군사적 방법의 사용을 명시하고 있다(제103조).

55쪽에 달하는 러시아의 새로운 해양 독트린 전문에서는 22쪽에 걸쳐 빈번히 언급된 북극을 크게 강조하고 있다.[5] '러시아연방의 북극지역(AZRF)'과 NSR(북부해항로) 개발이 국익 목록에 추가되었다(제9조 13-14항). 이 독트린은 북극에서 미국과 NATO의 해양 활동을 러시아에 대한 주요 위협으로 간주하고 있다. 구체적으로 이 문서는 북극항로에 대한 러시아의 통제력을 약화시키고 북극에서 외국 해군의 주둔을 강화하려는 미국과 NATO의 노력이 러시아 안보의 핵심 과제라고 명시하고 있다.

새 독트린에서 최우선순위 북극은 첫째, 대서양과 태평양에 대한 러시아함대의 자유로운 접근; 둘째, 러시아연방의 배타적경제수역(EEZ)과 대륙붕의 풍부한 천연자원 개발; 셋째, 러시아연방의 지속 가능한 발전과 안보를 위한 NSR 개발 중요성; 넷째, 국가 방어를 위한 북부함대의 결정적 역할을 제공한

---

5) Malte Humpert, "Control Over Arctic Ocean Top Priority Of New Russian Naval Doctrine," *High North News*, Aug. 4, 2022.

다. 북극의 중요성은 2021년 1월 1일 북부함대를 북부 군관구로의 승격과 러시아의 '2035 북극전략'에서 강조되고 있다.[6]

2022 해양 독트린은 구 독트린에 반영된 해양 활동의 4개 영역, 즉 해상운송, 해양 자원의 개발 및 보존, 해양 과학 연구 및 해군 활동 외 해상 파이프라인 개발 활동을 추가했다(제42조). 이 추가는 러시아 석유·가스에 대해 서방의 금수 조치의 대응책으로 해외 파이프라인을 통한 석유·가스 운송에 대한 의존도를 줄이고 러시아의 통제를 강화하는 것을 목표로 한다.

2015년 텍스트와 유사하게 새 독트린도 세계 해양 6개의 국가 해양 정책의 지역적 '방향'으로 구분한다. 2015년 독트린에서 1위 대서양(발트해, 아조프해·흑해 및 지중해 분지), 2위 북극, 3위 태평양이었지만 새 독트린에서는 1위 북극, 2위 태평양, 3위 대서양이다. 그 뒤를 이어 카스피해, 인도양, 남극 순이다. 이 우선순위는 해당 지역의 지리적 및 사회경제적 특성과 러시아연방에 대한 지정학적 및 군사적 전략적 중요성에 기반하고 있다(제49조). 전반적인 러시아 외교 정책의 더 넓은 맥락에서 볼 때 이는 대서양(흑해와 발트해)가 북극보다 덜 중요하다는 것을 의미하는 것이 아니라 글로벌 안보 상황의 변화로 지역적 특성에 맞는 해결책을 필요로 한다는 것을 의미한다.

러시아가 북극을 세계 경제 경쟁 지역일 뿐만 아니라 군사 경쟁 지역으로 인식하고 있는 것은 자명하다. 북극지역에 대해 명시된 21개 영역은 공격적인 접근 방식으로 표출되고 있다(제50조 1-21항). 북극과 태평양 모두 러시아와

---

6) '2035 북극전략'의 내용과 북부함대의 위상에 대해서는 다음의 필자 글 참조. "러시아 2035 북극전략'의 내역과 평가," 한종만, 라미경 외,『지금 북극은 제3권 북극: 지정·지경학적 공간』학연문화사, 2021년 9월 30일, pp. 7-60. "러시아의 북극정책 과정에서 북부함대의 군사력 강화 현황과 배경,"『한국해양안보포럼 e-Journal』(한국해양안보포럼) 2020년 10-11월호.

미국, 그리고 그 동맹국(NATO와 일본 등)들 사이의 전략적 대결 지역으로 인식하고 있다. 그 대응책으로 북부함대 및 태평양함대의 전투준비 태세를 개선하고, 첨단무기 시스템을 우선 조달한다. 러시아 해군은 또한 극초음속 미사일(지리콘 등)을 인도받아 함대에 새로운 공격 능력을 추가하며, 쇄빙선에 모듈식 기능을 추가하여 선박에 순항 미사일, 어뢰 발사 또는 기타 무기를 장착할 수 있다는 점을 강조한다. 또한 스발바르, 프란츠요셉랜드, 노바야제믈랴, 브란겔 군도에서 해양 활동의 다양화 및 강화와 북부함대의 전투준비 태세의 강화를 규정하고 있다.

태평양 지역 방향은 러시아연방의 사회경제적 발전과 국가 안보를 보장하는 데 있어 전략적으로 중요할 뿐만 아니라 극동은 상당한 해양 자원과 수생생물 자원의 생산(어획) 측면에서 국가에서 선두 위치를 차지하고 있다(제51조). 극동 개발을 강조하는 우선순위로는 항공모함과 같은 대형 선박부터 북극에서 운항할 수 있는 선박에 이르기까지 다양한 선박을 건조할 조선 단지의 개발이다(제52조 3항).

새 독트린은 러시아가 우크라이나 침공으로 중국에 대한 의존도가 높아지는 이미지를 피하려는 듯하다. 2015년 판 해양 독트린에서는 '중국과의 우호 관계 발전이 태평양 방향 국가 해양 정책의 핵심 요소'라고 명시한 반면, 새 문서에는 중국이 전혀 포함되어 있지 않다. 대신 러시아의 국가 안보에 대한 위협을 낮추고 지역의 전략적 안정을 보장하며 아시아·태평양 국가들과의 우호 관계 발전 등이 새로운 '핵심 구성 요소'다(제52조).

대서양 방향(발트해, 아조프해·흑해, 지중해, 홍해 포함)을 3순위로 하향 조정한 것은 크렘린이 서방과의 긍정적인 관계에 대한 희망을 잃었음을 나타낸다. 따라서 대서양 방향에서 러시아의 주요 목표는 '전략적 안정성 보장'(상호 핵 억지력)이다. 발트해가 우선순위 목록에 없다는 점은 주목된다. 발트해는 러시아 해양 안보의 주요 지역으로서 NATO 활동 증가를 위한 수역이자 러시아 상품의 주요 운송 경로 중 하나로서 간접적으로 나열했다(제56조). 그러나 이 문서의 작성자는 대서양 지역이 러시아의 이익 관점에서 덜 중요해졌다는 인상을 주려고 시도했다. 이것은 NATO가 유럽과 북대서양 해역에서, 특히 스웨덴과 핀란드의 동맹 가입 맥락에서 우세한 당사자라고 러시아가 인정하고 있는 것처럼 보인다.[7]

새 독트린은 인도양에 대한 접근 방식에서 2015년 독트린에서는 인도만 언급했지만 새 독트린은 인도, 이란, 이라크, 사우디아라비아와의 파트너십 및 협력을 구체적으로 언급하고 있다. 시리아와 함께 이러한 국가에 대한 언급은 대서양 부문에서 "시리아 영토에 해군 물류센터를 기반으로 지중해에서 러시아연방의 해군 주둔을 보장하는 수단"으로 언급되었다(제56조 4항). 홍해와 인도양의 기술 물류 전초 기지를 기반으로 페르시아만에서 해군 주둔을 유지하고 다음을 수행하기 위해 지역 국가의 기반 시설을 사용한다는 것이다.

러시아 해군 활동은 "러시아연방에 대한 침략을 방지하고 세계 해양에서 국가 이익을 실현하고 보호하기 위한 국가 활동"으로 규정했다(제46조). 이 독트린에서 "강력한 함대 없이는 현대 러시아연방이 존재할 수 없다"(제104조)고 명시되어 있지만 함대의 실제 기능적 역할과 활동 영역에 대한 세부 사항은 형식적으로 언급됐다.

2015년 판과 동일하게 새 독트린도 '국가 해양 정책'의 이행을 위한 중요한 활동으로 인식되는 조선을 강조하고 있다. 이 독트린은 러시아 조선 산업 발전을 위한 16개의 우선순위 영역을 규정하고 있다. 제66조 1-16항에서 우선순위 영역은 전함에서 러시아 무역 및 경제 활동의 일부를 형성하는 선박에 이

---

7) Andrzej Wilk, "Russia's Naval Doctrine," *Centre for Eastern Studies*, Aug. 3, 2022.

르기까지 다양한 선박 건조 등을 포괄한다. 국내 조선 부문은 '외부 상황과 무관하게' 발전해야 한다는 추가 사항은 특별히 주목할 만하다. 신규 및 기존 조선 역량 개발을 위한 혁신 및 투자 활동의 중요성이 높아졌다. 이와 별도로 핵쇄빙선의 건설 및 운영에서 세계적 리더십 유지, 현대식 항공모함과 군용 및 이중 목적을 위한 해양 로봇 시스템 구축 필요성이 언급되었다. 조선 산업의 발전 없이는 해양 독트린은 '열망'으로 남을 것이다.

2015년 판 국가 해양 정책의 첫 번째 원칙은 "일반적으로 인정되는 국제법의 원칙과 규범 및 러시아연방의 국제 조약 조항 준수"에서 "러시아연방의 법률, 일반적으로 인정되는 국제법의 원칙 및 규범, 러시아연방의 국제 조약 조항을 준수"로 변경됐다(32조 1항). 또한 국익을 보호하는 비군사적 방법과 수단의 우선순위는 "비군사적 조치와 군사적 조치의 효과적인 조합"이라는 문구로 보완됐다(제32조 2항). "세계 해양에서 러시아연방의 국익을 실현하기 위해 러시아의 동맹국이자 파트너인 다른 국가의 능력을 사용"(제32조 12항)하는 문구가 포함된 것은 매우 중요한 변화다.[8]

2022 해양 독트린은 2015년 판에 없었던 2개의 부, 즉 제7부 '해양 활동 분야의 동원훈련 및 동원 준비'와 제9부 '세계 해양에서 러시아연방의 국익을 보호하기 위해 국가 해양 정책 도구를 사용하기 위한 절차'를 추가하고 있다. 그 외에도 해외 활동 분야에서 인력 충원, 교육 및 육성 부문이 확장되었다(제68조). 해양 활동의 안전 부문은 의료 및 해적과 테러리즘 퇴치에 대한 하위 부문으로 보완됐다(제77조). 정보 지원 부문이 확장되었으며 위성 통신 및 Express-RV 방송 시스템이 언급(제82조)되었으며, 국제 법률 지원 및 국제협력은 새로운 부문이다. 특히 국제해사기구(International Maritime

---

8) Prokhor Tebin, "The New Naval Doctrine of Russia," *Valdai Club*, Aug. 4, 2022.

Organisation)의 활동 참여, 해군 외교(해군과 FSB의 합동 국제 훈련 등) 및 해양 활동의 안전 보장에 중점을 두고 있다(제83조).

Ⅲ. 2022 러시아연방 해양 독트린의 평가

2022년 해양 독트린은 2001년 첫 독트린이 발표된 이후 세 번째 버전으로 우크라이나 전쟁이 시작된 이후 러시아가 발간한 최초의 국가 안보 문서로 현재 크렘린의 전략적 사고를 반영하고 있다. 이 문서는 미국 및 NATO와 러시아의 전반적인 대결에 초점을 맞추고 있으며, 공해를 강대국 간의 전략적 경쟁과 대결의 공간으로 간주하며 해양에서 러시아의 국익을 보장한다는 것이다.

러시아 · 우크라이나 전쟁과 핀란드와 스웨덴의 NATO 가입 가능성과 더불어 중앙아시아와 카프카스지역에서 정치적 불안정과 반러시아 추이 등으로 변화된 세계 외교 무대와 국제 긴장이 악화되는 상황에서 전략 계획 문서 수준의 구체적이고 체계적인 '레드라인'의 설정과 2030년까지 해상 활동 분야에서 국가정책의 기본 업데이트는 러시아 관점에서 필요하며 적절하다고 판단된다. 그러나 새 독트린은 눈에 띄게 더 이념적이며 소련식 전략 개념에 더 가깝고 미국과의 경쟁 및 강한 해군의 열망을 지향하고 있다. 그 예로써 국가 해양 정책의 전략 목표에서 "해양 강국으로서 러시아연방의 발전과 세계 주요 해양 강국 사이에서의 입지 강화"가 최우선순위라고 선언하고 있다(제28조 1항).

새 독트린은 미 해군 제독이며 전략 지정학 역사가인 알프리드 머핸(Alfred T. Mahan)이 지적한 것처럼 "바다를 지배하는 국가가 전 세계를 지배한다"는 지정학적 의미를 참고하고 있다. 머핸의 해양(지구 표면의 71%) 지정학적 의미는 과거와 현재는 물론 미래에도 통용될 것으로 생각된다. 세계의 모든 패권 국가들은 바다의 지배를 통해 부상했다. 로마제국은 지중해를 통해 '팍스 로마나(Pax Romana)', 대영제국은 대서양을 통해 '팍스 브리타니카(Pax Britanica)', 미국은 태평양을 통해 '팍스 아메리카나(Pax Americana)' 시대를 구축했다. 향후 북극해를 지배하는 국가 혹은 국가군의 '팍스 아티카(Pax Arctica)' 시대 가능성도 배제할 수 없다. 이런 맥락에서 2022 해양 독트린은 5개의 대양 중 북극을 제1순위로 지정했다고 판단된다.

2015년 독트린은 일반적이고 광범위한 해양 정책 원칙과 목표를 명시했지만 새 독트린은 더욱 야심차고 구체적이며 러시아를 영구적으로 글로벌 입지를 갖춘 강력한 해양 국가로 자리매김하려는 민족주의적 접근 방식을 강조하고 있다. 전 세계적으로 다른 해양 행위자들과 협력하려는 의지를 특징으로 하는 이전 독트린과 비교하여 새 버전은 그 어조와 내용에서 훨씬 더 공격적인 지정학적 자세를 보여주고 현재 해양 패권국과의 경쟁과 충돌로 표출되고 있다.

새 독트린은 러시아의 각 해양 관심 분야의 우선순위와 장기 목표가 상당히 세분화 규정되어 있으며, 러시아가 한 일과 앞으로 할 일을 통지하고 있다. 러시아의 해양 이익에 관한 한 북극이 계속해서 최우선순위 지역이 될 것이라는 점을 분명히 하고 있다. 새로운 조항의 대부분은 주로 수사학적으로 의도된 선언, 예를 들면 정치적으로 새로운 러시아 해외 기지 구축과 경제적으로 조선 산업의 현대화 및 해양 함대 확대 등이다. 그러나 향후 단기간 내 그 실행 가능성은 희박할 것으로 판단된다. 이를 위해서는 러시아가 적절한 수준의 자금을 유지해야 할 뿐만 아니라 선택된 아프리카 및 아시아 국가를 기반으로 반미 동맹 시스템을 구축해야만 한다.[9]

---

9) Andrzej Wilk, "Russia's Naval Doctrine," *OSW: Centre for Eastern Studies*, Aug. 3, 2022.

Ⅳ. 결론

우크라이나에서 진행 중인 전쟁과 이를 유지하는 데 필요한 막대한 인적 · 물적 자원을 고려할 때 러시아가 그러한 광범위한 공약을 위한 자원을 가지고 있는지 여전히 의문이 있다. 이런 맥락에서 러시아가 미국의 해상 패권을 위협할 가능성이 희박하며, 크렘린의 목표는 바다를 지배하는 것이 아니라 미국의 해상 통제에 도전하는 것을 의미할 뿐이다. 새 독트린에서 가장 중요한 조선 산업의 현대화와 신기술 발전의 역동성은 러시아의 관료적 특성과 만연된 부정부패는 물론 우크라이나와 전쟁으로 서방의 강도 높은 제재와 두뇌유출(brain drain)로 IT를 포함한 '과학, 기술, 공학, 수학(STEM)' 부문의 능력을 감소시켰으며, '기술 및 과학 기반'의 개발을 방해하고 더욱 자원 집약적 생산 시스템을 만들고 있다. 결과적으로 크렘린은 야망을 달성하기 위해 중국에 더 의존하는 결과를 초래할 수 있다. 물적자원(식량, 에너지, 광물 등)이 풍부한 러시아는 세계 어느 나라보다 자급자족이 가능한 나라지만 제4차 산업혁명을 이끄는 주력은 인적자원이라는 데 이의를 달 수는 없다. 인적자원 개발에 한계를 지닌 러시아의 권위주의적 체제는 지속가능한 '자립과 자강'의 목표를 달성할 수 없어 체제 불안정으로 이어질 수 있다.

결론적으로 새 독트린은 해양 강국으로 가는 이정표를 잘 제시하는 법체계(상부구조)를 갖추었지만 하부구조(생산력과 생산관계)의 허약성뿐만 아니라 상부구조와 하부구조 간 피드백에 대한 상세한 설명이 상대적으로 적은 편이다. 그 결과 새 독트린의 내용과 그 목표 실행은 '악마는 디테일에 있다'[10]는 문제점을 간과할 수 없다.

---

10) 'The devil is in the detail'은 문제점이나 불가사의한 요소가 세부사항 속에 숨어있다는 의미의 속담이며 어떤 것이 대충 보면 쉬워 보이지만 제대로 해내려면 예상했던 것보다 더 많은 시간과 노력을 쏟아부어야 한다는 것을 의미한다. 무언가를 할 때는 철저하게 해야 한다는 의미다(위키백과 우리 모두의 백과사전 참조).

〈참고문헌〉

한종만, "러시아의 북극정책 과정에서 북부함대의 군사력 강화 현황과 배경,"『한국해양안보
　　포럼 e-Journal』제47호, 한국해양안보포럼, 2020(10-11월호).

_____, "'러시아 2035 북극전략'의 내역과 평가," 배재대학교 한국-시베리아센터 편,『지금 북
　　극은 제3권 북극: 지정 · 지경학적 공간』, 서울: 학연문화사, 2021.

_____, "'러시아연방 해양 독트린의 배경과 내용 그리고 평가: 북극을 중심으로,"『한국해양
　　안보포럼 E-저널』제52호, 한국해양안보포럼, 2021(8-9월호).

Humpert, Malte. "Control Over Arctic Ocean Top Priority Of New Russian Naval
　　Doctrine," *High North News*, Aug. 4, 2022.

Tebin, Prokhor. "The New Naval Doctrine of Russia," *Valdai Club*, Aug. 4, 2022.

Wilk, Andrzej. "Russia's Naval Doctrine," *Centre for Eastern Studies*, Aug. 3, 2022.

"Морская Доктрина Российской Федерации," 31 июля 2022 г. No. 512. http://actual.pravo.
　　gov.ru/text.html#pnum=0001202207310001 (검색일: 2023.01.10.).

기타 - 위키백과 우리 모두의 백과사전.

러시아 북극권 정의와 '청색문화'로서의 북극권 소수민족 현황과 지위

김태진*

Ⅰ. 들어가는 말

아카데미상은 미국의 영화예술과학아카데미가 수여하는 상으로 우리에게 는 '오스카상'[1]으로 잘 알려져 있다. 이 상은 1927년에 최초로 수여되기 시작 하여 1934년부터는 매년 봄 4월경 전년도에 발표된 영화를 대상으로 수여된 다. 영화계 최대 규모, 최대 영예의 상으로 평가받고 있다. 그러나 이 시상식 은 백인들만의 잔치(OscarsSoWhite)라는 오명을 받아 수상자격에 대한 다양 성과 포용성 측면에서 많은 비판을 받아 왔다. 그러나 최근에서야 변화가 시 작이 되고 있다. 수상자에 대한 다양성과 포용성 기준을 마련하고 그 대상을 백인을 제외하고 아시아, 라틴, 흑인, 아프리카계 미국인, 선주민, 그 밖의 부 족 또는 민족으로 넓히기로 한 것이다. 수상자가 주류에서 비주류까지 다양해 졌고, 중요한 것은 이들을 포용하기 시작했다는 점이다. 영화계라는 특정영역 이기는 하지만 인류의 다양성 측면에서 시사 하는바가 있다고 본다.

※ 이 글은 배재대 소수민족 연구소에서 진행한 콜로키움 내용과『인문사회21』14권 1호 에 게재된 내용을 수정 보완한 것임.

＊배재대학교 러시아 · 중앙아시아학 교수, 소수민족연구소 소장

1) 이 별칭은 수상자에게 주어지는 트로피가 한 관리직원의 삼촌 오스카와 많이 닮았다고 말한 것으로부터 유래되었다고 함.

우리가 지구의 언어, 문화, 생물 또는 민족의 다양성을 이야기 할 때 이들의 이면에는 이러한 다양성의 훼손 위험성을 간과하고 있기도 하다. 세계화로 인해 전 지구적인 소통이 가능하게 되었고, 이를 바탕으로 세계의 경제가 지속적으로 확대되면서 특정 지역사회의 독특한 정체성이라고 할 수 있는 문화와 언어 심지어 민족 자체가 사라질 수 있다는 것이다.

우리 인간 사회의 민족과 문화의 엄청난 다양성은 우리 사회가 지닌 가장 두드러진 특징이라고 할 수 있는데 이러한 특징들이 사라져 간다는 것은 결국 지구가 간직한 특정 유산이 사라지면서 그 다양성이 훼손된다는 것을 의미한다.

가장 다양한 생태계가 가장 강력한 생태계라고 하듯이 민족 문화의 다양성은 인류가 성장하고 생존할 수 있는 모티브를 제공한다고 하겠다.

러시아 북극권에서 거주하고 있는 소수민족들은 이 지역뿐만 아니라 전 세계의 민족 다양성과 문화 다양성에 큰 역할을 하고 있다.

러시아 북극권은 과거 큰 주목을 받지 못한 지역이었다. 그러나 지구 온난화 현상의 결과로 인해 북극해가 얼어 있는 기간이 짧아지게 되었으며, 그 결과로 새로운 북극 항로의 이용 가능성이 인식되게 된다. 북극 항로가 상시적으로 이용될 수 있다는 사실은 북극권의 지리적 특성에서만 특화될 수 있는 다양한 산업 개발 구상이 가능하다는 것이기 때문에 북극권 주변국뿐만 아니라 지정학적으로 먼 국가에서조차 이 지역에 관심을 갖게 되었다.

북극 지역에 대한 개발은 곧 이 지역에 대한 훼손을 의미한다고 할 수 있다. r국내 많은 학자들은 2007년부터 지구 온난화에 의해 북극해 빙하가 녹게 되어 태평양과 대서양을 잇는 북서항로가 열리게 되었으며, 이로 인한 북극 지역의 환경변화와 북극개발은 이 지역 소수민족들의 생활공간을 파괴함(김태진, 2012) (김현진 · 제성훈, 2020)으로 이들 소수민족들의 생존에 큰 위협이 되고 있기 때문에 해당 지역에 대한 보호와 보존에 관심을 갖아야 한다고 주장하고 있다(이영형·박상신, 2020). (최우익, 2018) 역시 북극 지역 개발을 위해서는 무엇보다 개발에 앞서 이 지역에 대한 보존이 우선시 되어야 한다고 언급하고 있고, 이 의견에 전적으로 동의할 수 있으며, 특정 지역에 대한 경제 개발은 해당 지역의 보존과 보호가 양립되어야 하는 것이 이치이다.[2]

러시아 북극권 개발과 이 공간의 보존은 다양한 측면에서 고려되어야 한다. 특히 북극권에서 거주하고 있는 소수민족들이 처하게 될 다양한 외적 환경에 초점을 두고 그로부터 발생할 수 있는 많은 문제점들을 해결해 주어야 할 것 으로 본다. 문제들을 해결하지 않게 되면 이들 소수민족이 누렸던 이 공간의 주체로서의 기능을 상실하게 되며, 이는 러시아 북극권의 지속 가능한 개발을 방해할 수 있는 부작용으로 작용할 것이기 때문이다.

러시아 북극권에서 거주하고 있는 소수민족들은 이 지역에서 이미 오래전 부터 살아온 원주민이다. 따라서 이 지역을 운영하는 주체로서 이들의 지위를 유지시키는 것이 지속 가능한 개발 개념에도 부합될 수 있고, 이는 북극권이 보존되고 있다는 직접적인 증거로도 활용 될 수 있을 것이다.

따라서 본 논문의 목적은 현재 러시아 정부에 의해 북극권에 대한 정의가 확대되고 있는 점, 민족의 다양성 측면에서 온난화로 인한 북극권의 항로 개 방, 경제적 영향으로 인해 민족 정체성이 훼손될 수 있는 소수민족들의 현황 과 개념들에 초점을 두고 있다. 또한 차후 후속 연구로 소수민족의 문화 중 하나인 축제 연구(문준일, 2016), (엄순천, 2016), (곽진석, 2010), (이경희,

---

2) 이와 관련하여 지속 가능한 개발(ESSD: EnVIronmentally Sound and Sustained Development)이란 개념이 존재한다. 이 개념은 "환경적으로 건전하며 환경이 보존될 수 있는 개발. 1987년 유엔총회 때 사용되기 시작하여 지구환경질서의 개념으로 정착 되고 있다. 앞으로는 지구환경용량을 초과하지 않는 범위 내에서 지속적 성장과 개발이 있어야 한다는 의미다. ESSD(Accessed 2023.01.02.)

2021), (김태옥, 2022)의 필요성을 통해 이 지역 소수민족들의 문화 다양성을 알리고 이들의 문화를 포용해보는데 목적이 있다.

Ⅱ. 연구내용

1. 러시아 북극권의 개념과 주체들

북극권, 즉 북극 영토와 영해를 가지고 있는 나라는 총 8개국[3]으로 이 가운데 러시아가 가장 넓은 영토와 영해를 가지고 있다. 러시아 북극권의 개념에 대해서는 북극권에 대한 관심이 증대되던 이전부터 많은 연구자들에 의해 그 개념이 정리되었다.[4] 러시아 북극권은 크게 자연 지리적 측면과 인문학적 측면에서 정의 할 수 있는데 자연 지리적 측면에서 러시아 북극권은 크게 1) 7월에 여름철 식물들이 정상적으로 성장할 수 없게 되는 등온선이 10도 이하인 지역, 2) 하지에 낮이 24시간, 동지에는 밤이 24시간 지속되는 한계선인 66° 33′44″ 〈66도 33분 44초〉 (66.5622°) 이상의 지역으로 정의할 수 있다. 1)의 기준을 적용하면 러시아 북극권의 면적은 약 2,700만㎢이고, 2)의 기준을 적용하면 약 2,100만㎢가 된다(한종만 외 2010).

한편 인문학적 측면의 러시아 북극권을 적용하게 되면 러시아 북극권의 범위는 더 넓어지게 된다. 인문학적 측면이라는 것은 곧 경제적인 부분을 의미한다고 볼 수 있는데, 제조업이 약해 지하자원을 수출해야만 하는 러시아 경

---

3) 덴마크, 아이슬란드, 캐나다, 노르웨이, 러시아, 미국, 스웨덴, 핀란드
4) 북극권과 러시아 북극권의 다양한 정의에 대해서는 다음 자료 참고. (이재혁, 2020), (최우익, 2018)

제에서 러시아 북극권은 러시아 경제와 매우 밀접하게 연관되어 있다고 볼 수 있다. 대부분의 석유(80%)와 가스(90%)가 러시아 북극권에 매장 되어 있고, 석탄과 목재는 50%이상이 이 지역에서 생산되어 수출되고 있기 때문이다. 따라서 이러한 경제적 고리와 필연적으로 관련된 지역을 포함하게 되면 러시아 북극권의 범위가 넓어질 수밖에 없다. 최근에는 러시아 정부에서 러시아 북극권의 범위를 기존의 범위에서 점차 넓혀가고 있는 추세로 확인되고 있다.

러시아 북극권 영토에 대한 범위를 지정하기 위해 러시아 정부는 1900년 대부터 지속적으로 러시아 북극권에 해당할 수 있는 주체들을 정하는 법안을 발의하고 있고, 대통령령을 통해 공식적인 범위를 밝히고 있다. 1998년에 "러시아 연방 북극지역에 관한 법안≪Об арктической зоне Российской Федерации≫[5)]"을 발의하였지만, 법안이 통과되면 해당 지역에 대한 경제적 지원을 의무적으로 해야 하기 때문에 이로 인한 연방 예산 및 지출이 증가한다는 이유로 거부되기도 하였다. 2008년 10월 18일에 러시아 대통령은 "2020년 및 이후 북극에서의 러시아 연방의 국가 정책 토대 ≪Основы государственной политики Российской Федерации в Арктике на период до 2020 года и дальнейшую перспективу≫"를 승인했는데, 이 문서에 따르면 1989년 4월 22일에 소련 북극문제 장관 협의회 산하 국가 위원회가 결정한 지역을 러시아 연방의 북극권으로 규정하고 있다.[6)] 이 지역은 사하공화국(야쿠티아), 무르만스크 및 아르한겔스크, 크라스노야르스크, 네네츠, 야말로-네네츠 지역과 추코트카 자치주를 포함하고 있다.

---

5) Об арктической зоне Российской Федерации(Accessed 2021.07.06.)

6) Основы государственной политики Российской Федерации в Арктике на период до 2020 года и дальнейшую перспективу(Accessed 2021.07.08.)

〈그림 1〉 자연 지리적 측면에서의 러시아 북극권

СУХОПУТНЫЕ ТЕРРИТОРИИ АРКТИЧЕСКОЙ ЗОНЫ РОССИЙСКОЙ ФЕДЕРАЦИИ

https://neftegaz.ru/upload/resize_cache/webp/upload/medialibrary/06f/AZRF.webp(검색일: 2022.07.08.)

2014년 5월 푸틴 대통령은 러시아 북극권을 정의하는 "러시아 연방 북극권 영토에 관한 법령 296호 ≪Указ Президента РФ от 2 мая 2014 г. № 296 "О сухопутных территориях Арктической зоны Российской Федерации"≫[7]에 서명을 한다. 이 법령에는 러시아 북극권을 다음과 같이 좀 더 세밀하게 명시하고 있다는 것이 특징이다.

그러나 2017년 6월 27일자 러시아 연방 대통령령[8]에 의해 카렐리야 공화국 3개 지역(Беломорский муниципальный район, Лоухский муниципальный район и Кемский муниципальный район)을 러시아 북극권으로 추가하게 된다.

---

7) О сухопутных территориях Арктической зоны Российской Федерации(Accessed 2021.07.08.)

8) Федеральный закон(Accessed 2022.07.09.)

<표-1> 2014년 5월 2일자 러시아 연방 대통령 령 296호에 명시된 러시아 북극권

	지역명	비고
1	무르만스크 주	전지역
2	네네츠 자치구	전지역
3	추코트카 자치구	전지역
4	야말로-네네츠 자치구	전지역
5	코미 공화국	Воркута 도시 형성 지역
6	사하 공화국	5개 지역 (Аллаиховский улус, Анабарский национальный (Долгано-Эвенкийский) улус, Булунский улус, Нижнеколымский район, Усть-Янский улус)
7	크라스노 변강주	3개 지역 (Норильск, Таймырского Долгано-Ненецкий муниципальный район, Туруханский район)
8	아르항겔스크 주	7개 지역 (Город Архангельск, Мезенский муниципальный район, Новая Земля, Город Новодвинск, Онежский муниципальный район, Приморский муниципальный район, Северодвинск)
9	북극해 및 도서	1926 년 4 월 15 일 소련 중앙 집행위원회 상임위원회 령에 명시된 북극해에 위치한 토지 및 섬

최근의 변화에서는 러시아 정부가 러시아 북극권에 더 많은 지역을 추가한 것을 확인할 수 있다.[9] 2020년 1월 1일자 러시아 연방 통계청 자료에는[10]에는 눈에 띄는 변동사항이 있다. 우선 사하공화국 전 지역을 북극권에 포함시켰고, 카렐공화국에는 2개 지역(Калевальский район, Костомукшский городской округ)이 추가되어 총 5개의 지역이 되었으며, 코미 공화국은 5개 지역(городской округ Инта, городской округ Усинск, Усть-Цилемский район, Муниципальный район Печора, Муниципальный район Ижемский)이 추가되어 총 6개의 지역이 되었다. 크라스노 변강주는 2개 지역(Северо-

9) Арктической зоны Российской Федерации역(Accessed 2022.07.09.)
10) Российская статистика(Accessed 2022.07.12.)

Енисейский муниципальный район, Эвенкийский район의 일부마을[11])이 추가되었다. 아르항겔스크 주는 기존의 7개 지역에서 2개 지역(Архангельск, Онежский муниципальный район)을 북극권에서 북극권 인접 지역으로 바꾸고, 2개 지역(Лешуконский муниципальный район, Пинежский муниципальный район)을 새로 북극권으로 편입을 시켰다. 한 가지 주목해야할 것은 기존에 전혀 언급이 되지 않았던 지역이 새로 북극권으로 편입이 되었다는 것이다. 우선 티바 공화국의 3개 지역(Монгун-Тайгинский муниципальный район, Тере-Хольский кожуун муниципальный район, Тоджинский кожуун муниципальный район), 캄차트카 변강주의 전지역, 하바로프스크 변강주 2개 지역(Аяно-Майский муниципальный район, Охотский муниципальный район), 이르쿠츠크 주 1개 지역(Катангский муниципальный район), 사할린 주 5개 지역(Курильский городской округ, Городской округ ≪Ногликский≫, Городской округ ≪Охинский≫, ≪Северо-Курильский городской округ≫, ≪Южно-Курильский городской округ≫), 한티 만시 자치구 2개 지역(Белоярский муниципальный район, Березовский муниципальный район)마가단 주 전지역이 새롭게 북극권으로 지정되었다. 또한 본 자료에는 북극권 인접지역을 보다 구체적으로 명시하고 있는데 이들 인접지역을 포함하면 러시아가 정한 북극권 지역은 지나칠 정도로 광범위하게 된다.

---

11) 10개의 마을: ≪Посёлок Суринда≫, ≪Посёлок Тура≫, ≪Посёлок Нидым≫, ≪Посёлок Учами≫, ≪Посёлок Тутончаны≫, ≪Посёлок Ессей≫, ≪Посёлок Чиринда≫, ≪Посёлок Эконда≫, ≪Посёлок Кислокан≫, ≪Посёлок Юкта≫

〈표-2〉 러시아 북극권 변동사항 비교

	지역명	2014년 5월	2017년 6월	2020년 1월
1	무르만스크 주	전지역	동일	동일
2	네네츠 자치구	전지역	동일	동일
3	추코트카 자치구	전지역	동일	동일
4	야말로-네네츠 자치구	전지역	동일	동일
5	코미 공화국	1개 지역	동일	6개 지역(6개)
6	사하 공화국	5개 지역	동일	13개 지역(전지역)
7	크라스노 변강주	3개 지역	동일	5개 지역(5개)
8	아르항겔스크 주	7개 지역	동일	6개 지역
9	북극해 및 도서	-	-	-
10	칼렐리야 공화국	-	3개 지역	5개 지역 (전지역)
11	티바 공하국	-	-	3개 지역
12	캄차트카 변강주	-	-	전지역
13	하바로프스크 변강주	-	-	2개 지역
14	이르쿠츠크 주	-	-	1개 지역
15	사할린 주	-	-	5개 지역
16	한티-만시 자치구	-	-	2개 지역
17	마가단 주	-	-	전 지역

위 내용을 토대로 2020년 1월 1일자로 변동된 러시아 북극지역을 자세히 소개하면 다음과 같다.

〈표-3〉 2020년 1월 1일자 러시아 북극권 (러시아 통계청 2020 자료)

	북극지역(Районы Крайнего Севера)	
1	무르만스크 주	전지역
2	네네츠 자치구	전지역
3	추코트카 자치구	전지역
4	(튜멘주)야말로-네네츠 자치구	전지역
5	코미 공화국 (3개 도시, 3개 자치지역)	시: 보르쿠타, 인타, 우신스크 자치지역: 이젬스키, 페초라, 우스찌-찔렘스키
6	사하 공화국	вся территория

7	크라스노 변강주 (1개 도시, 4개 지역)	시: 노빌스크 지역: 북-예니세이 자치지역, 타이미르 돌간-네네츠 자치지역, 에벤키 자치지역
8	아르항겔스크 주 (2개 도시, 4개 지역)	시: 노바야 제믈라, 세베로드빈스크 지역: 레투콘스키 자치지역, 메젠스키 자치지역, 프리모르 자치지역(Соловецкое сельское поселение)
9	북극해 및 도서	-
10	칼렐리야 공화국 (1개 도시, 4개 지역)	시: 코스토무크샤 지역: 벨로모르스키 자치지역, 칼레발스키 자치지역, 켐스키 자치지역, 로우흐스키 자치지역
11	티바 공하국(3개 지역)	지역: 몽군-타미긴스키 자치지역, 테레-홀스키 코준 자치지역, 토드진스키 코준 자치지역
12	캄차트카 변강주	전지역
13	하바로프스크 변강주(2개 지역)	지역: 아야노-마이스키 자치지역, 오호츠크 자치지역
14	이르쿠츠크 주(1개 지역)	지역: 카탕스키 자치지역
15	사할린 주(4개 도시)	시: 쿠릴, 노글릭스키, 오힌스키, 북-쿠릴, 남-쿠릴
16	튜멘 주(한티-만시 자치구(2개 지역)	지역: 벨로야르스키 자치지역, 베레조프스키 자치지역
17	마가단 주	전지역

〈그림 2〉 인문학적 측면에서의 러시아 북극권

https://северная-пенсия.рф/images/northenpension/np-northen-pension-02.jpg(검색일: 2022.07.12.)

러시아 북극권을 정의할 때 자연 지리적 측면과 인문학적 측면에서 정의할 수 있다고 언급을 했기 때문에 자연 지리적 측면의 북극권 정의는 바뀔 수 없는 것이 사실이다. 그렇기 때문에 〈표-2〉와 〈표-3〉의 변동사항은 인문학적 측면의 북극권이 바뀌고 있다는 것을 의미하겠다. 이렇게 러시아 정부가 러시아 북극권에 해당하는 지역을 더 확대하는 이유에 대한 논의는 본고에서는 다루지 않지만 북극권과 관련된 러시아 연방 행정 주체들과의 경제적 및 정치적 연관성은 분명 있을 것으로 판단한다. 따라서 러시아 정부의 의도를 면밀히 주시하고 분석할 필요가 있고, 이에 따른 북극권 주변 국가로서 러시아 북극권 정책의 변화와 결과에 대한 대응을 생각해 볼 필요가 있을 것이다.

2. 러시아 북극권 소수민족 현황

1) 소수민족 정의

'소수민족'에서 '소수'라는 단어에서 알 수 있듯이 해당 민족이 소수민족인지 아닌지 여부는 그들의 인구수에 따른다는 것을 짐작할 수 있다. 소수민족에 대한 국내 어학사전의 정의를 보면 "여러 민족으로 이루어진 나라에서 지배적 세력을 가진 민족에 비해 인구가 상대적으로 적고 언어나 관습 따위가 다른 민족[12]"으로 정의하고 있는데, 명확한 인구수에 대한 언급은 없다. 이 정의는 아무래도 한계가 있다. 지배적 세력을 가진 인구수 100만 명의 주류 민족이 있고 이 주류 민족보다 50만 명 적은 민족이 있다면 이 민족을 소수민족으로 볼 수 있을 것인가라는 논란이 있을 수 있기 때문이다. 그렇기 때문에 소수민족을 정의하기 위한 '소수'가 몇 명을 기준으로 할 것인가 라는 명확한 규정

---

12) 소수민족(2022. 07. 15. 검색)

이 필요한 까닭이다. 캐나다의 경우는 약 162개 이상의 소수민족이 있고, 기준은 인구수 약 20만 명 이하로 보고 있다. 중국은 한족을 제외하고 55개의 소수민족으로 구성되어 있는데, 55개의 소수민족 중에 가장 인구수가 많은 민족은 장족으로 약 1,690만 명이며, 인구수가 가장 작은 민족은 타타르족으로 3,556명이다. 이 논리에 따르면 중국의 소수민족은 인구 1,690만 이하를 소수민족으로 규정할 수 있겠다. 한 가지 재미있는 팩트는 몽골족이 다수인 몽골(335만)의 인구가 중국에서는 소수민족으로 되어 있는 중국 몽골족(약 590만)의 인구보다 훨씬 적다는 것이다. 서울 인구보다도 많은 1,600만 명 이상의 민족과 타국이지만 본토에서는 주류민족이고 인구수도 많은 몽골족을 소수민족으로 본다는 것은 어딘가 맞지 않는 다는 느낌을 지울 수 없다. 소수민족이라기보다는 일반 민족으로 분류해야 하지 않을까 한다. 그렇기 때문에 국가별로 소수민족이 상대적이라 나라에 따라서 달라질 수 있겠지만 그럼에도 불구하고 국제적으로 통용될 수 있는 명확한 규정은 필요하다는 생각이다.

러시아 역시 다양한 민족으로 구성되어 있는 국가이다. 다행이도 러시아는 소수민족을 정하는 명확한 규정이 있다. 인구 5만 이하의 민족을 소수민족으로 규정[13]하고 있기 때문이다. 러시아의 민족구성은 2023년 현재 러시아 통계청 자료에 의하면 2010년도 자료를 아직까지 인용하고 있다. 10년마다 갱신이 되기는 하지만 코로나19 펜데믹으로 인한 러시아 인구변동으로 정확한 통

---

13) Федеральный закон "О гарантиях прав коренных малочисленных народов Российской Федерации" от 30.04.1999 N 82-ФЗ (последняя редакция); "коренные малочисленные народы Российской Федерации (далее - малочисленные народы) - народы, проживающие на территориях традиционного расселения своих предков, сохраняющие традиционный образ жизни, хозяйственную деятельность и промыслы, насчитывающие в Российской Федерации менее 50 тысяч человек и осознающие себя самостоятельными этническими общностями"

계가 이루어지지 않아 2010년 자료를 인용하고 있다. 2010년 자료는 러시아 내에 거주하는 전체민족의 수가 약 195개로 명시되어 있지만 러시아 헌법에 명시된 소수민족 정의에 따르게 되면 약 145개의 민족이 소수민족에 해당된다(김태진, 2012). 그러나 민족 수 외에도 소수민족의 확인 작업은 과학적 근거와 민족의사의 두 가지 원칙으로 확인된다. 과학적 근거는 공동언어, 공동지역, 공동경제생활, 공동문화를 자진 공동체라는 민족형성의 4가지 조건을 충족해야하고, 민족의사는 개개의 민족들이 독자적으로 민족단위로 존재할 의사가 있는지 여부에 따른다. 따라서 145개의 민족이 소수민족에 해당된다 하더라도 모든 조건을 충족하는 소수민족의 수는 현저히 줄어들 것으로 본다.

2) 북극권 소수민족 역사와 현황

러시아 북극 소수민족들의 역사적 특이성은 이들이 수천 년 전에 자연 환경을 습득하고 생명 유지 시스템을 만든 그들만의 독특한 생활 방식(일종의 "북극 문명")의 문화적, 사회적 생태적 유산을 이 지역에 구현했고, 유지하고 있다는 사실이다. 또한 이들은 오랫동안 러시아라는 다민족 국가와 역사에 확고한 뿌리를 두고 있기 때문에, 북극 또는 시베리아라는 지리적 특이성이 있지만 현대 러시아를 이해하는 데 필요한 기준점이 되기도 한다.

북극권 소수 민족들의 생활 방식이 북극권 개발에 의해 도전 받고 있고, 그로인해 이들의 생활 방식이 러시아의 일반적인 생활 방식으로 바뀌어야하는지, 아니면 비록 북극권의 개발로 인해 영향을 받더라도 변함없는 상태를 유지하는 것이 바람직한 것인가에 대한 논의가 있다. 러시아 북극권 소수민족의 역사는 수천 년 이상이지만, 소수민족(원주민)들에 대한 제정 러시아와 소련 시대의 가혹한 정책은 오랫동안 이들을 실용주의적, 경제적 이익과 러시아의 안보를 위한 정책의 희생양이었다. 북극권에 대한 러시아의 새로운 국가 정책이 좀 더 세밀하고 조화로운 성격을 띠고 있지만 여전히 많은 면에서 희생양으로 남아 있다.

북극권 소수민족에 대한 연구는 현재 강화되고 있는 추세이다. 2014년부터 러시아 과학 아카데미 상임위원회의 기초연구 프로그램의 일환으로 "북극의 원주민과 산업 개발: 위험 극복 및 개발 전략≪Корен-ные народы и промышленное освоение Арктики: преодоление рисков и стратегии развития≫"프로젝트가 실행되었고, 러시아 및 세계에서 소수민족의 역사, 문화 및 인류학적 연구가 공동으로 수행되고 있다.

인문학적 측면의 러시아 북극권에 해당하는 소수민족을 모두 다루는데 어려움이 있다. 따라서 본고에서 러시아 북극권 소수민족이라 함은 자연 지리적 측면에서 정의된 러시아 북극권에서 거주하고 있는 소수민족에 제한할 수밖에 없다.

러시아 북극권 소수민족의 수를 정의하는 학자들은 다양하다. 북극권 소수민족의 수를 40여개로 보는 학자들이 있고(Крюков В.А.외 2014), 19개로 보는 시각도 있다(Тишков В.А., 2014). 학자마다 다양한 해석을 통해 북극권 소수민족의 수를 정하고는 있지만 정확한 수에 대한 정의를 내리기에는 많은 논란이 있다. 특히 최근 들어 러시아 정부가 지속적으로 북극권의 정의를 확대하고 있기 때문에 이에 근거한다면 소수민족의 수는 더 늘어날 수밖에 없다. 따라서 극단적으로 생각할 필요가 있어 본고에서는 북극권을 기존의 확대개념에서 벗어나 자연지리적(북위 66.33도 기준) 관점에서 정의하기로 하고 이 관점에서 바라볼 때 확인되는 북극권 소수민족의 수는 대략 15~19정도의 민족으로 줄일 수 있다. 본고에서는 자연지리적 관점에 가장 근접한 소수민족으로 다시 한정지으면 약 15개의 민족으로 결론을 내릴 수 있다. 이들 소수민족은 다음과 같다.

〈표-4〉 자연 지리적 관점에서 러시아 북극권 소수민족 현황

민족	언어	어족	분포지역
네네츠	네네츠어, 러시아어	우랄, 사모예드	튜멘주, 야말로-네네츠 자치관구, 아르항겔스크주, 네네츠 자치관구, 크라스노야르스크 변강주, 타이미르 돌가노-네네츠 지역, 코미 공화국
에네츠	에네츠, 네네츠, 러시아어	우랄, 사모예드	타이미르 반도, 돌간-네네츠 자치구
돌간	돌간어, 러시아어	알타이, 투르크	크라스노야르스크 변강주, 타이미르 돌가노-네네츠 지역, 야쿠티야
만시	만시어, 러시아어	우랄, 핀우그리아	튜멘주, 한티-만시 자치관구, 야말로-네네츠 자치관구, 스베르들로프 주
셀쿠프	셀쿠프어, 러시아어	우랄, 사모예드	튜멘주, 야말로-네네츠 자치관구, 톰스크주, 크라스노야르스크 변강주
야쿠트	야쿠트어, 러시아어	알타이, 투르크	야쿠티야, 하바로프스크 변강주, 모스크바, 크라스노야르스크 변강주
에벤	에벤어, 러시아어, 야쿠트어	알타이, 만주-퉁구스	야쿠티야, 마가단주, 캄차트 변강주, 추코트 자치관구, 하바로프스크 변강주
에벤키	에벤키어, 야쿠트어, 러시아어	알타이, 만주-퉁구스	내몽골, 헤리룽자, 야쿠티야, 크라스노야르스크 변강주, 에벤크, 하바로프스크 변강주, 부라트, 아무르 주, 자바이칼 변강주, 이르쿠츠크 주
에스키모	알레우트어	에스키모-알레우트	추코트 자치관구, 브랑겔 섬
유카기르	유카기르어	고립어	야쿠티야, 추코트 자치관구, 마가단 주, 뻬쩨르부르그
느가나산	느가나산어	우랄, 사모예드	크라스노야르스크 변강주, 타이미르 돌가노-네네츠 지역, 뻬쩨르부르그
축치	축치어, 러시아어	축치-캄차카	추코트 자치관구, 캄차트 변강주, 야쿠티야, 마가단 주
케트	케트어, 러시아어	에니세이	크라스노야르스크 변강주, 톰스크 주, 튜멘 주, 야말로-네네츠 자치관구, 한티-만시 자치관구, 뻬쩨르부르그
코미	코미어, 러시아어	우랄, 핀-우그리아, 페름	코미공화국, 야말로 네네츠 자치관구, 네네츠 자치관구, 한티-만시 자치관구, 무르만스크 주, 뻬쩨르부르그, 티바, 튜멘 주, 아르항겔스크 주, 페름 주, 키로프 주
한티	한티어, 러시아어	우랄, 핀-우그리아	튜멘주, 한티-만시 자치관구, 야말로-네네츠 자치관구, 톰스크 주

(김태진, 2012)

<표 4>에서 보는 바와 같이 러시아 북극권 소수민족의 수는 15개로 정의할 수 있다. 이들 민족들의 분포지역을 보면 러시아 북극권과 관계가 없는 지역에도 거주하고 있는데 동일 민족이라도 러시아 북극권에 거주하는 민족과 그 외 지역에 거주하는 민족으로 구분이 될 수 있다. 해빙으로 인한 북극항로 개설로 직접적인 영향을 받을 수 있는 민족으로 볼 수 있으며, 이들 민족의 생활 터전과 언어와 문화 등 북극개발로 인해 사라질 수 있는 부분에 대한 고려가 필요하다고 본다.

3) 북극권 소수민족의 상황

러시아 북극권에는 약 250만 명 이상이 거주하고 있다. 이는 러시아 인구의 약 2% 미만이고, 전 세계 전체 북극 인구 중 40%에 해당한다. 러시아 북극권에는 약 82,500명의 토착 소수민족(네네츠, 축치, 한티, 에벤, 에벤키, 벱시, 셀쿠프, 사미, 에스키모, 돌간, 추반, 케트, 느가나산, 유카기르, 엔족, 만시, 코랴, 이텔레멘, 케레크)이 있다. 이들 중 일부는 순록사육, 어로, 동물 사냥과 같은 전통적인 유목 및 반유목 생활을 유지하고 있다. 토착 소수민족의 대부분은 도시 또는 마을에서 정착생활을 하고 있는데, 추정에 따르면 소수 민족의 약 2만 명(1/4)이 일 년 중 일부 또는 일 년 내내 유목 생활을 하고 있는 것으로 본다.

러시아 북극권 유목민의 약 60%가 야말로-네네츠 자치구에 살고 있다. 야말 통계청에 따르면 현재 야말-네네츠 자치구내 소수민족 전통 거주지에서 생활하고 있는 소수민족 수는 약 37,125명이고 이중 40%인 약 14,667명이 유목 생활을 하고 있다. 툰드라 지역에는 약 4,000명 이상의 어린이가 부모와 함께 살고 있고, 이 가운데 500명 이상이 1세 미만인 것으로 조사되었다.[14]

---

14) Портал народов Севера. Департамент по делам КМНС. URL: http://www.dkmns.

소수민족의 인구 통계학적 상황은 지속적으로 학자들에 의해 북극권 소수민족의 인구 감소 및 멸종에 대해 경종을 울리고 있다. 그러나 최근 인구 조사 데이터에 따르면 이러한 우려는 과장된 것으로 나타났다. 실제로 북극권 소수민족을 대표하는 네네츠, 축치, 한티, 에벤족의 인구수가 오히려 증가하고 있으며, 다소 안정적인 인구를 유지하고 있다고 한다(Тишков, 2014). 하지만 이 지역 유목민에게 있어 병원 및 진료소에 대한 접근이 매우 어렵고 건강과 관련해 응급 상황이 발생 시 병원으로 갈 수 있는 유일한 수단이 헬리콥터이기 때문에 북극지역의 의료와 관련된 사회문제는 심각하다. 툰드라의 유목민들에게는 전문적인 것은 말할 것도 없고, 일반적인 치료 지원조차도 어렵다. 그래서 이 지역 소수민족의 질병 및 알코올중독은 북극권 소수민족의 사망률 증가와 더불어 낮은 기대 수명 원인 중 하나로 보고 있다.

북극권 소수민족의 민족 문화 발전 관점에서 볼 때 1930년대부터 수십 년 동안에 소수민족 모어를 사용하는 민족 수가 감소하고 있는 추세였다. 언어와 민족정체성에 관한 문제는 이미 1920년대부터 존재해왔으며, 러시아어를 구사할 수밖에 없는 언어 환경에서 모어의 사용가능성 감소 등으로 인해 사용자가 감소하였다. 1989년 조사에서 보면 소수민족 평균적으로 35%가 해당 모어를 사용하고 있지 않는 것으로 조사되었지만 실제 규모는 훨씬 더 컸을 것으로 추측하고 있다. 그러나 1991년 이후 북극권 유목 원주민 사이에서 모어를 사용해야한다는 의식이 생겨 모어를 적극적으로 사용하려는 경향이 생겼지만, 2010년 인구조사에서 소수민족 중 약 37%만이 모어를 사용할 수 있었고, 96%는 러시아어를 사용하고 있는 것으로 확인 되었다. 일반적으로 거의 모든 북극권 소수민족이 러시아어를 사용할 수 있고, 약 30%가 러시아어를 모국어

ru/home/napravleniya-deyatelnosti

로 인정하고 있다는 것이 현 상황으로 볼 수 있다.

소수민족의 사회 경제적 상황은 열악한 것으로 보고 있다. 우선 지리적으로 쉽지 않는 접근성으로 인해 상대적으로 발전할 수 있는 가능성이 높지 않고, 북극권에서 유목 생활을 하고 있는 소수민족 상당수가 러시아 평균보다 현저히 낮은 것으로 나타났다. 이 지역의 실업률은 러시아 연방 평균보다 1.5~2배 가량 높다. 여기에 북극권의 개발은 거주지의 파괴와 소수민족 공동체에 큰 부정적인 영향력을 미쳤다. 문제는 북극권 소수민족을 보호하기 위한 법률이 만들어지기 전부터 북극권의 개발이 시작되었다는 것이다. 개발만을 고려한 탓에 지역 소수민족과의 밀접한 접촉과 이해가 부족했다. 그래서 이들 만의 특별한 권리를 고려한 법률 및 정책이 필요성하다는 것을 인지하고 노력해야 할 것이다.

러시아 북극권 소수 민족의 법적 지위 및 사회 문화적 지위는 러시아 연방 헌법과 규정[15])에 의해 규제되고 있다. 이 법률들은 소수민족의 역사와 문화유산을 보존하고, 언어와 문화를 지원하는 것을 목표로 하고 있다. 문화에 대한 지원은 문화센터개설, 텔레비전 프로그램 상영, 다큐멘터리, 정기 간행물, 문화 축제, 스포츠 개최 등을 지원하는 것이다. 법률에 의한 이러한 특정 권리와 혜택은 북극권 개발과정에서 사회에 적응할 수 있는 중요한 요소로 보고 있다. 이러한 소수민족의 지원은 일회성에서 끝날 것이 아니라 이들 소수민족이 지속가능할 수 있는 수준에서 진행되어야 할 것이다.

---

15) ≪O гарантиях прав коренных малочисленных народов Российской Федерации≫ (1999 г.), ≪Об общих принципах организации общин коренных малочисленных народов Севера, Си-бири и Дальнего Востока Российской Федерации≫ (2000 г.), ≪O территориях традици-онного природопользования коренных малочисленных народов Севера, Сибири и Дальнего Востока Российской Федерации≫ (2001 г.).

Ⅲ. 결론

본 연구는 러시아 북극권의 정의와 이 지역에 거주하고 있는 소수민족의 현황과 전망에 대해 살펴보는데 그 목적을 두었다. 러시아 북극권의 정의는 과거 우리가 알고 있던 정의와는 다르다는 것을 밝혔다. 러시아 북극권의 범위가 동과 서, 남으로 점차 확대되었다고 해석할 수 있다. 그 이유가 과연 무엇일까? 북극권이 주목받기 시작한 것은 지구 온난화로 인해 북극권 해양의 얼음이 녹으면서 북극항로가 만들어지기 시작하면서 물류와 관광 등 다양한 국가사업의 연계성, 그리고 이 지역에 매장되어 있는 자원에 대한 확보 때문이었다. 그래서 북극권 거버넌스에 대한 문제가 대두되었고, 관련 국가들 간의 심도 깊은 논의가 진행 중이다. 이러한 환경에서 러시아는 북극권을 의도적으로 러시아 전 지역으로 확대하려고 하는 정책을 펴고 있는 것으로 본다.

본 연구의 결과에서 알 수 있듯이 러시아 북극권의 영역이 넓어지면서 북극권 소수민족의 수도 늘어나게 되는 상황이 되고 있다. 그러나 북극권 소수민족의 현황을 언급해야 한다면 현재 넓어진 북극권에 해당하는 소수민족 보다는 이전의 북극권 정의에 해당되는 영역에 거주하는 소수민족만을 다루는 것을 인정해야만 할 것으로 본다.

또한 이들 소수민족을 인정하는 것을 넘어서 이들을 삶의 터전에서 보호하고 유지시키는 역할은 인류의 다양성과 공존성 측면에서 우리가 고민해야 할 부분이다. 소수민족은 인류의 대단한 문화유산이라고 볼 수 있다. 러시아 북극권에 인류의 대단한 문화유산들이 거주하고 있기 때문에 이들과의 공생과 협력을 통해 소수민족들의 언어, 문화를 이어나갈 수 있도록 해야 할 것이다.

러시아 북극권의 장기적인 개발 목표를 위해서는 참여자간 파트너 쉽을 구축해야 할 것이다. 국가의 통제도 필요하겠지만 북극권 소수민족의 활동도 필요하다고 본다. 큰 경제의 틀에서 북극권 소수민족의 참여도 한 몫을 하고 있다고 볼 수 있지만, 이들을 위한 수익성 있는 사업은 없다고 보여 진다. 따라서 이들을 위한 건강, 교육 및 고용에 대한 문제 해결, 북극권 개발에 참여하고 있는 민간 기업의 합리적인 지원, 그리고 앞으로 발생할 수 있는 잠재적 피해에 대한 충분한 보상안이 마련되어, 북극권 개발과정 시스템에서 북극권 소수민족에 대한 사회적, 문화적 위험이 축적되지 않도록 해야 할 것으로 본다.

〈참고문헌〉

곽진석(2010), "시베리아 에벤족의 곰 축제에 대한 연구", 『동북아연구』, 25(25): 79-92.

김태욱(2022), "셀쿠프인의 전통축제 연구", 『소수민족연구』, 2(1): 17-31.

김태진(2012), "시베리아 지역 언어에 대한 고찰 - 소수민족 언어를 중심으로 -", 『언어학연구』, 23: 39.

김현진 · 제성훈(2020), "러시아 북극 원주민의 사회 안보와 위협의 안보화 과정", 『중소연구』, 44(2): 177-215.

문준일(2016), "시베리아 에벤족의 새해맞이 축제에 대한 연구". 『충북대학교 러시아학』, 12: 91-106.

엄순천(2016), "고아시아 코략족 홀롤로 축제 분석", 『충북대학교 러시아학』, 12: 107-130.

이경희(2021), "러시아 북극권 소수민족 축제 연구", 『소수민족연구』, 1(1): 13-26.

이영형 · 박상신(2020), "러시아 북극지역의 안보환경과 북극군사력의 성격", 『한국시베리아연구』, 24(1): 1-34.

이재혁(2020), "러시아 북극권의 생태관광 활성화를 위한 한 · 러 협력", 『한국시베리아연구』, 24(2): 69-71.

최우익(2018), "러시아 북극권 주민의 사회 · 경제적 변화와 특성", 『러시아 연구』, 28(1): 2, 210-215.

한종만 외(2010), 『러시아 북극권의 이해』, 서울: 신아사

Крюков В.А., Шишацкий Н.Г., Брюханова Е.А., Кобалинский А.М., & Токарев А.Н.(2014), "Потенциал устойчивого развития ареалов проживания и экономическая оценка качества жизни коренных малочисленных народов Севера", Новосибирск: ИЭОПП СО РАН, 16.

Тишков В.А., Новикова Н.И., Пивнева Е.А., & Степанов В.В(2014), "Коренные народ Российской Арктики: история, современный статус, перспективы"

러시아 북극권의 인구 이동과 경향

김정훈[*]

I. 서론

인구이동의 사전적 의미는 원래 거주하던 곳에서 일시적 또는 영구적으로 다른 곳으로 이동하는 행위를 뜻한다. 즉 경제적, 문화적, 지리적, 인구학적 요인에 의해 인구가 한 지역에서 다른 지역으로 이동하는 현상을 의미한다. 인구이동을 일으키는 요인으로는 크게 원시적 이동, 비자발적 이동, 자유이동과 대중이동 등 4가지가 있다. 원시적 이동은 자연재해, 자원의 고갈 및 기후변화 등과 같은 요인으로 인해 자연이 인간으로 하여금 이동하게 만드는 것을 의미하며, 이때 이들 자연적 요인을 생태학적 배출이라고 표현하기도 한다. 강제이동은 개인 의사와 무관하게 국가 정책상의 목적 하에 이루어지는 이주를 뜻한다. 대표적인 사례로 구소련 체제 하의 극동지역의 고려인을 중앙아시아 지역으로 이주시킨 것이다. 이와는 반대로 자유이동은 순전히 개인의 자유 의사에 따라 더 나은 삶을 영위하기 위해 이동하는 것이다. 대중이동은 소규모의 성공적인 개척으로 인해 커다란 인구이동의 물결이 형성되어 사람들이 그 물결에 휩싸여 이동하는 현상을 뜻하며, 이때 이동의 힘은 집합행동을 일

※ 이 글은 2022학년도 배재대학교 교내학술연구비 지원에 의하여 수행되어, 배재대학교 한국-시베리아센터가 발간하는『한국 시베리아연구』(제26권 4호)에 게재되었던 내용을 수정 보완한 것임.
　* 배재대학교 한국-시베리아센터 소장

으키는 사회적 동인이 된다.[1)]

특정 지역 개발은 인구 이동을 필연적으로 동반한다. 개발에 의한 인구이동 혹은 인구이동에 의한 개발의 필요성 등에 상관없이 개발과 인구이동은 하나의 연계성을 가지고 있다. 오랜 기간 인류의 접근을 어렵게 하던 공간이 여러 요인에 의해 개발이 준비되고 시작된다면 그 지역에 대한 인구변화 추이에 대한 연구가 이루어져야 하는 것은 당연하다. 이러한 상황에 적합한 공간이 바로 북극권이라 할 수 있을 것이다. 북극권은 남극권과는 달리 인간이 거주하고 생활을 영위할 수 있는 지역이기는 하지만, 혹독한 기후 조건 그리고 20세기 냉전체제 등으로 오랜 기간 인류에게 있어 거의 폐쇄 공간으로 존재해 왔다. 그러나 20세기 후반에 접어들면서 상황은 급변하여 북극권에 대한 국제적인 관심이 집중되고 있다. 그 대표적 요인으로는 풍부한 자원, 새로운 물류 유통 경로의 가능성, 기후 변화 및 생태 환경 등에 관련된 새로운 과학 연구 활동 그리고 영유권 확보 및 확장 등이 있다. 이는 해당 공간에 대한 개발 행위로 연결될 수 있는 직간접적인 동기를 부여하고 있다.

현재 상황에 있어 북극권 개발에 가장 적극적인 국가는 러시아연방공화국이다. 북극이사회 자료에 의하면, 러시아는 북극권 거주인구의 거의 절반 수준을 유지하고 있을 뿐 아니라[2)] 현재의 기후 및 과학 조건에 있어 개발 가능한 최대 면적과 환경을 갖추고 있다. 이와 더불어 2014년 크림반도 병합과 2022년 2월 발발한 러시아-우크라이나 사태로 인한 서방측의 대러 경제제재 등은 러시아 경제의 부흥을 위한 대표적인 새로운 활로 모색 공간이 바로 북

---

1) 최진호, "인구이동," 한국인구학회 편, 『인구대사전』(대전: 통계청, 2016), pp. 524-526.
2) 북극에는 현재 거주 인구수는 약 400만 명이며, 이중 약 200만 명이 러시아 영토에서 거주. "ARCTIC PEOPLES," https://www.arctic-council.org/explore/topics/arctic-peoples/ (검색일: 2022.11.05).

극권이라 할 수 있다. 이외에도 러시아 북극권에 관련된 관심의 직접적인 증가 요인으로는 지구온난화로 인한 북극권 접근 용이성을 포함, 풍부한 천연자원, 관광 및 운송항로 개발 전망 등과 같은 여러 요인들이 있다. 천연가스의 채굴, 비철금석의 생산과 순록 산업 등이 전개되고 있는 러시아 북극권 지역에서는 실질적으로 비중 높은 국가 경제 활동이 집중되어 있다고 할 수 있다. 실질적으로 북극권 내에서의 지역총생산(GRP)의 비중은 2014년 5%로부터 2018년 6.2%에 이르기까지 꾸준히 증가하고 있다[3].

이에 따라 러시아는 국가발전의 주요 전략으로 북극 개발을 채택하고 있다. 2020년 러시아 푸틴 대통령은 '2035러시아연방북극정책기본원칙(Basic Principles of Russian Federation State Policy in the Arctic to 2035)'을 발표했다. 주요 내용은 2020년부터 2035년까지 북극 온난화로 인한 자원개발 촉진과 북극 지역 인구 생활환경 개선 중심 등이다. 이를 실현하기 위해 러시아 북극의 사회개발, 경제발전, 인프라 개발, 과학기술 개발, 환경보호, 국제협력 강화, 인구 및 영토 보호, 공공안전 확보, 군사안보 보장, 국경 수비 등으로 분야를 구체적으로 분리했으며, 장기적인 측면에서 북극항로 구축과 영토 보호를 위한 군사력 유지 및 강화를 위한 계획을 제시하고 있다. 러시아 북극권의 공식적인 개발 기원은 '북극해에 위치한 대지와 도서지역들의 소비에트사회주의연방 영토선언(Об объявлении территорией Союза ССР земель и островов, расположенных в Северном Ледовитом океане)'에 관한 소연방 중앙집행위원회의 법령으로 시작된다[4]. 2014년 대통령의 '러시아연방 북극권 영토에 관한

---

3) В. В. Фаузер и А. В. Смирнов, "Миграции населения российской Арктики: модели, маршруты, результаты," *Арктика: экология и экономика* №4(40) (2020), с. 7 (DOI: 10.25283/2223-4594-2020-4-4-18).

4) Постановление Президиума Центрального исполнительного комитета СССР ≪Об

(О сухопутных территориях Арктической зоны Российской Федерации)' 법령
이 제정된 후[5], 러시아 북극 지역에서 개발활동이 시작되었으며, 이후 수년에
걸쳐 북극권의 경계는 두 배로 확장됐었으며[6], 2020년에는 기업 활동에 있어
국가 지원이 적용되는 새로운 영토들이 북극권에 포함되기도 했다[7].

　　현재 러시아 북극 지역은 약 530만㎢로 국가 총 면적의 31%정도를 차지한
다. 국가가 경제적으로 지원하는 영토를 포함하여 2020년 초 기준으로 동 지
역의 거주 인구는 약 2,618,700명(국가 총인구의 약 1.8%에 해당) 정도이다.[8]
이들은 주로 대도시를 포함한 중소형 도시에 거주하고 있다. 개발 목적 하의
러시아 북극지역의 새로운 배치를 위해서는 현재 사회적 요인에 의한 이주 유
출로 인해 설정된 계획을 실행하기에 부족한 상당수의 인적 자원과 양질의 노
동 잠재력의 확보가 필요하다[9]. 이에 따라 러시아 북극권의 인구 이주에 관련

　　объявлении территорией Союза ССР земель и островов, расположенных в Северном
　　Ледовитом океане≫ от 15 апреля 1926 г. https://goarctic.ru/news/15-aprelya-1926-
　　goda-byl-opredelyen-pravovoy-status-arkticheskikh-vladeniy-sovetskogo-soyuza/
　　(검색일: 2022.11.19).

5) Указ Президента РФ ≪О сухопутных территориях Арктической зоны Российской
　　Федерации≫ от 2 мая 2014 г. № 296 (ред. от 5 марта 2020 г.). https://webcache.
　　googleusercontent.com/search?q=cache:vsMKkiAJteAJ:https://rusarctic.com/wp-
　　content/uploads/2020/12/ukaz-prezidenta-296.pdf&cd=6&hl=ko&ct=clnk&gl=kr
　　(검색일: 2022.11.10).

6) Указы Президента РФ от 27 июня 2017 г. № 287 и от 13 мая 2019 г. № 220. http://
　　publication.pravo.gov.ru/Document/VIew/0001201905130027 (검색일: 2022.11.10).

7) Федеральный закон ≪О государственной поддержке предпринимательской деятельности
　　в Арктической зоне Российской Федерации≫ от 13 июля 2020 г. № 193-ФЗ. http://
　　publication.pravo.gov.ru/Document/VIew/0001202007130047 (검색일: 2022.11.10).

8) В. В. Фаузер и А. В. Смирнов (2020), op. cit., В. В. Фаузер и А. В. Смирнов (2020), op.
　　cit., c. 4-5.

9) В. Н. Лексин и Б. Н. Порфирьев, "Новое обустройство Арктики: вызов и социально-
　　экономический ресурс будущего России," *Проблемы теории и практики управления* № 6
　　(2015). c. 54-60.

된 연구는 러시아의 북극 개발 정책의 과정과 목표를 파악함에 있어 학술, 실용성 및 시사성에 있어서 매우 중요한 사안이라고 할 수 있을 뿐 아니라, 북극권 개발과 활용 그리고 보존 차원에서 관심을 확대해 나가고 있는 국제 사회에 있어서도 해당되는 사항이라 할 수 있다.

본 연구에서는 러시아 북극 지역의 이주 흐름을 지자체의 맥락에서 그 유형 및 방향, 성별 및 연령별 분석과 동시에 러시아 북극 지역의 이주 과정 연구에 대한 근원적인 접근 방식을 분석해 보고자 한다. 따라서 연구 지역에 해당하는 지자체 수준에서의 데이터를 활용하여 인구 이동을 연구한 러시아 논문[10]을 1차 자료로 활용하고자 한다. 본고의 토대가 되는 러시아 논문의 분석 기간은 2012-2019년 사이로, 이 시기의 러시아 북극의 이주 과정의 역학과 구조, 공간적 차이와 인구 이주의 주요 경로에 대한 고찰을 시도했으며, 연구 지역으로 러시아의 9개 북극 지역 행정 주체를 포함한 75개의 지자체 및 도시 지역을 대상으로 하고 있다. 이를 토대로 본고를 통해 파악하고자 하는 중심 내용은 러시아 북극권의 인구 이주 현황과 경향은 러시아 북극권 개발 과정 및 북극권 인구수에 직간접적 영향을 미치고 있음을 분석하는 것이다.

II. 본론

1. 인구 이동의 개념 및 선행 연구 분석

인구 이동에 관련된 여러 가지 정의 중 대표적인 이론 중 하나는 E.

---

10) В. В. Фаузер и А. В. Смирнов (2020), op. cit., с. 4-18.

Ravenstein의 개념이다. 1880년대에 발표된 'Laws of Migration'에서 Ravenstein은 인구이동을 '사람의 거주 장소의 영구적 혹은 일시적 변경'과 '지속적인 과정'으로 규정한다. '지속적인 과정'은 이주자의 최초의 장소(혹은 국가)에서의 행위 요인, 이주자의 이주 단계에서의 행위 요인, 이주자의 이주지에서의 행위 요인, 그리고 이주자 개인적인 선호 요인 등 4가지 주요 집단 요인을 포함하고 있다. 이러한 개념 하에 그는 다음과 같은 내용을 제시했다: 모든 이주 흐름은 귀환 또는 반(反) 이주 활동을 생성, 대부분의 이주민은 짧은 거리를 이동, 거리가 먼 이주 행위일수록 경제활동이 더욱 주요한 요인, 도시 거주자는 농촌 거주자보다 이동성이 약함, 국제 이주의 경우 젊은 성인보다 가족 단위 이주가 적음, 대부분의 이주는 성인에 의해 이루어 짐, 대도시의 경우 인구의 자연 증가보다 사회적 요인에 의한 이주가 많음, 장거리 이주의 경우 여성보다 남성이 더욱 많음, 그리고 장거리 이주의 경우 자녀가 있는 가족보다는 성인 개인의 경우가 더욱 많음[11]. 이를 요약해보면 단거리, 국제이주보다는 국내 이주, 여성보다는 남성의 이주 행위가 더욱 많으며, 대도시의 인구 증가 현상의 주된 요인은 사회적 전출입 그리고 이주 행위의 중요한 요인은 경제활동이라 할 수 있다[12]. 1958년에 발표된 UN 자료는 "이주(Migration)는 인구 통계학적 계획에 있어 가장 중요한 인구 이동성 측면 중 하나"라고 강조하고 있다[13].

20세기 러시아와 관련한 인구이동의 정의, 단계, 요소 및 요인에 관련된 대

---

11) Dennis Conway, "Step-Wise Migration: Toward a Clarification of the Mechanism," *International Migration ReVIew* No. 14 (1) (1980). pp. 3-14.

12) E. G. Ravenstein, "The Laws of Migration," *Journal of the Statistical Society of London* vol. 48, No. 2 (1885), pp. 167-235.

13) United Nations, *Multilingual Demographic Dictionary. English Section. Population Studies No. 29* (New York: United Nations, 1958); *Современная демография*, Под ред. А. Я. Кваши и В. А. Ионцева (М.: Изд-во Моск. ун-та, 1995), с. 102.

표적인 연구자로는 이주의 요인과 이주 인구 수의 예측을 시도한 르이바코프 (Л. Л. Рыбаковский)[14]와 이주활동이 유럽의 사회경제 발전과정에 미치는 영향을 분석한 랴잔쩨프(С. В. Рязанцев)[15] 등이 있다. 최근 들어 러시아 북극 지역 인구이동에 대한 연구 활동이 증가하고 있다. 연구자들은 주로 인구 이동성의 사회 경제적 요인을 분석하고, 이주의 집중성을 평가하고, 이주가 북극지역의 인구학적 발전에 미치는 영향 등에 집중하고 있다[16].

러시아는 북극권의 인구학적 문제와 정주 영토 관련 연구에 있어 독창적인 접근 방식을 체계화해 나가고 있다[17]. 러시아 북극권 이주 연구의 구체적인 접근 방법으로는 추위와 기후에 연관된 혹독한 자연환경, 주변성, 자연 가용성 및 민족 문제와 같은 북극 영토의 특성과 관련된 방식들이 주로 활용되고 있다[18]. 자연조건의 불편함 및 기후변화와 생태환경은 삶의 질, 특히 이를 배경으로 삶을 영위해 나가는 원주민들의 생활 방식에 본질적인 영향을 미칠 수 있다[19]. 주변성 역시 인구 이동 유인에 중요한 요인 중 하나이다[20]. 자원 가용성, 역시 북

---

14) Л. Л. Рыбаковский, *Миграция населения: прогнозы, факторы, политика* (М.: Наука, 1987), с. 132-146.

15) С. В. Рязанцев, *Влияние миграции на социально-экономическое развитие Европы: современные тенденции* (Ставрополь: Кн. изд-во, 2001), с. 18-31.

16) В. В. Фаузер и А. В. Смирнов, "Российская Арктика: от острогов к городским агломерациям," *ЭКО № 7* (2018), с. 112-130.

17) В. В. Фаузер, Т. С. Лыткина и А. В. Смирнов, "Население Мировой Арктики: российский и зарубежный подходы к изучению демографических проблем и заселению территорий," *Экон. и соц. перемены: факты, тенденции, прогноз* т. 13, № 3 (2020), с. 158-174.

18) В. Н. Лаженцев, "Актуальные проблемы Севера России (теория и рекомендации)," *Корпоратив. управление и инновац. развитие экономики Севера: Вестн. НИЦ КПУВИ СыктГУ* № 2 (2008), с. 67-78.

19) L. C. Hamilton et al., "Climigration? Population and Climate Change in Arctic Alaska," *Population and EnVIronment* Vol. 38(2) (2016), pp. 115-133.

극 영토의 천연 자원 개발 단계의 이주 프로세스에 큰 영향을 주고 있다[21]. 마지막으로, 이주 과정의 강도는 민족 구성 조직에 의해 달라질 수도 있다[22].

기존의 연구 내용과 연계된 러시아 북극권 인구 이동의 주요 특성 중 하나는 주기성이라 할 수 있다[23]. 특히 자원 개발의 긴 주기성은 노동 시장의 계절적 변동과 특수한 '교대(вахта)' 이주와 연관이 있다. 동시에 북극 영토 개발의 역사 및 사회 심리학적 측면 역시 이주의 주요 요소 중 하나이다. 20세기 러시아 북극권 인구 문제는 강제 이주와 정부 차원의 북부 영토의 개발 장려에 직결되어 왔으나, 현대의 이주 양태는 시장 및 북극 개발에 관련된 정부와 사회관계, 사회적 수요 방향성에 관련된 가치 지향 시스템의 변화 등 여러 가지 복합적 요소에 의해 결정되고 있다[24].

---

20) M. Berman & L. Howe, "Remoteness, Transportation Infrastructure, and Urban-Rural Population Movements in the Arctic," *Proceedings of the Internatinal Conference on Urbanisation of the Arctic, 2012* (Stockholm: Nordregio, 2012), pp. 108-122.

21) T. Heleniak, "Migration in the Arctic," *Arctic Yearbook 2014. Human Capital in the North* (Akureyri: Northern Research Forum, 2014), pp. 82-104; G. Saxinger et al., *Boom back or blow back? Growth strategies in mono-industrial resource towns - 'east' and 'west', Settlements at the Edge* (Cheltenham, UK: Edward Elgar Publ., 2016), pp. 49-74.

22) D. Bogoyavlenskiy & A. Siggner, "Arctic Demography," *Arctic Human Development Report* (Akureyri: Stefansson Arctic Inst., 2004), pp. 27-41; T. Heleniak & D. Bogoyavlenskiy, "Arctic Populations and Migration," *Arctic Human Development Report. Regional Processes and Global Linkages* (Copenhagen: Nordic Council of Ministers, 2014), pp. 53-104.

23) Н. Ю. Замятина и А. Н. "Пилясов, Новое междисциплинарное научное направление: арктическая региональная наука," *Регион: экономика и социология* № 3(95) (2017), с. 3-30.

24) Т. С. Лыткина и А. В. Смирнов, "Вытеснение на Российском Севере: миграционные процессы и неолиберальная политика," *Арктика и Север* № 37 (2019), с. 94-117; В. И. Ильин, "Человек на старом Русском Севере: между свободой воли и структурным

상기 연구 결과물들을 종합해 보면, 대체적으로 북극 지역의 인구 이동은 해당 지역의 지속적인 정주와 노동잠재력을 형성함에 있어 결정적인 역할을 수행해 왔고 수행해 나갈 것이라는 점에 대해서는 이견이 적을 것이라 생각한다. 이에 따라 인구 이동을 관리 및 통제하기 위해서는 통계자료를 기반으로 하는 사회학적 연구 방법들이 더욱 폭 넓게 활용되어야 할 필요도 있다는 주장도 있다[25].

2. 북극개발 정책과 인구 이동 분석 방법

2020년 7월 13일 '러시아연방 북극지역의 기업활동에 대한 국가 지원(О государственной поддержке предпринимательской деятельности в Арктической зоне Российской Федерации)'에 관한 연방법의 채택으로 러시아 북극 지역의 명확한 경계 규정이 다소 복잡하게 되었다[26]. 법령에 의하면, 북극 영토 목록에는 러시아연방 4개 주체 내의 새로운 9개의 도시 및 지자체가 보완되었으나, 이에 해당되는 일부 지역들은 2020년 9월 '러시아연방 북극지역 육지 영토에 관한(О сухопутных территориях Арктической зоны

принуждением (исторический очерк в терминах экзистенциальной социологии)," *Мир России* т. 29, № 3 (2020), с. 6-27.

25) *Демографические и миграционные процессы на Российском Севере: 1980—2000 гг.,* Отв. ред. В. В. Фаузер (Сыктывкар: Изд-во СГУ им. Питирима Сорокина, 2016), с. 158 (Б-ка демографа; вып. 18).

26) 러시아 북극권 포함: 코미 공화국의 코스토무크쉬스크(Костомукшский) 시와 칼레발스크(Калевальский) 및 세게쥐스크(Сегежский) 행정구, 아르한겔스크 주의 인타(Инта)와 우신스크(Усинск) 시 그리고 우스티-찔렘스크(Усть-Цилемский) 행정구, 크라스노야르스크 변강주의 레쉬콘스크(Лешуконский)와 삐네쥐스크(Пинежский) 행정구, 에벤키이스크 행정구의 북부 지역 일부(23개 촌락 중 10개) 등.

Российской Федерации)' 대통령령에는 포함되지 않았다. 따라서 러시아 북극 면적 및 인구 통계 지표를 산정함에 있어 새로운 영토를 고려해야 할 것 인지 에 대한 문제가 발생할 수 있다. 이에 대해 러시아 학자들은 대체적으로 새로 운 행정 영토 단위를 모든 지표의 분석 작업에 포함시키는 것이 합리적이라고 주장한다.

이러한 주장들을 바탕으로 2012년에서 2019년까지의 자료들을 분석해 보 고자 한다. 이 기간을 선택한 이유는 첫째로 2011년 이후 이주민 산정 방법 에 큰 변화가 없어 비교 가능한 데이터를 사용할 수 있기 때문이며[27], 둘째는 2012년 이후부터 이주에 관련된 지자체의 통계자료가 발표되기 시작했기 때 문이다. 통계 자료의 주요 출처는 이주 유형(지역 내, 지역 간, 해외), 성별 및 5년 차이 연령별 집단에 관한 지방자치단체별 인구이동 자료가 포함된 러 시아통계청(Rosstat, Russian Federation Federal State Statistics SerVIce)의 '지방행정단체 지표 데이터베이스(База данных показателей муниципальных образований)'이다[28].

러시아통계청의 '러시아연방 인구수와 인구이동(Численность и миграция населения Российской Федерации)'의 자료를 활용한 데이터베이스의 가장 큰 단점은 불완전성과 단편성에 있다[29]. 불완전성의 대표적인 사례로는 안보적

---

27) 이전에는 1년 이상 한 곳에 등록된 이주민만을 지속적인 거주민으로 고려했다면, 최근 들어 9개월 이상의 해당자도 포함하고 있다. 이러한 조정은 학생과 같은 특 정 인구 집단뿐만 아니라, 국제 이주 등과 같은 잠재적인 이주 규모의 증가를 고려 했기 때문이라는 주장이 있다. О. С. Чудиновских, "Административная статистика международной миграции: источники, проблемы и ситуация в России," *Вопр. статистики* № 2 (2016), с. 32-46.

28) "База данных показателей муниципальных образований," http://131fz.ranepa.ru/ post/2011 (검색일: 2022.10.20).

29) Т. Е. Дмитриева и И. А. Чупрова, "Возможности и ограничения современной

기능이 강조되고 있는 지역인 무르만스크로, 지역 자체가 보안상의 이유로 다섯 개의 '폐쇄 행정영토 구성'에 관련된 지표 등 적지 않은 사항이 누락되어 있기 때문이다. 단편성의 예로는 추코트카자치구를 들 수 있는데, 이 지역은 2017년부터 자료를 발표하기 시작했기 때문이다. 또 다른 단점으로는 지자체 내의 구체적인 이동 자료에 대한 설명이 부재하다는 점이다. 이는 러시아 내의 인구 유입 및 유출에 관련된 자료들은 공식적으로 러시아와 연방주체 간의 단면적인 통계치만 제공되고 있기 때문이다. 따라서 이 격차를 보완하며, 지자체 수준에서의 러시아 북극 지역에서의 이주 경로를 식별하기 위해서는 디지털 환경으로부터 도출된 간접데이터의 활용도 필요하다. 1차 자료로 활용한 러시아 논문의 경우, 부분적이기는 하지만 러시아지리학회 지원 하에 구현된 '러시아 가상 인구(The VIrtual Population of Russia)' 프로젝트의 자료를 부분적으로 활용하기는 했지만 '부분이 전체'를 설명할 수 없다는 점에서 아쉬움이 남는다. '러시아 가상 인구' 프로젝트의 자료는 러시아 국내에서 활용도가 가장 높은 SNS 'Vkontakte'의 사용자 정보를 처리하여 도출한 인구 이주 이동에 대한 데이터를 포함시켰다[30]. 일례로 2015년 1~3월 사이 데이터에는 도시 지역 및 지방자치단체 지역에 관련한 SNS 사용자의 당시 마지막 거주지에 대한 정보가 포함되어 있다[31]. 다만 아쉬운 점은 샘플이 해당 지역이나 연령 측면의 대표성을 내포하기에는 다소 무리가 있다는 것이다. 그러나 이주에 가장 취약한 사회 집단(청소년 특히 피교육자 등)의 이동 성향의 파악은 인적자

статистической базы анализа социально-экономического развития Арктической зоны Российской Федерации," *Роль статистики в современном обществе и эффективном управлении* (Сыктывкар: Комистат, 2019), с. 91-98.

30) "Интерактивный атлас," http://webcensus.ru/ (검색일: 2021. 06. 29).

31) Н. Ю. Замятина и А. Д. Яшунский, "Виртуальная география виртуального населения," *Мониторинг обществ. мнения: Экон. и соц. перемены* № 1 (2018), с. 117-137.

원의 공간적 재분배 패턴 형성을 용이하게 해 줄 수 있다[32].

이와 동시에 러시아연방 북극지역 행정주체의 단면적인 자료들은 불의의 사건들과 적은 인구수로 인해 발생할 수 있는 왜곡현상을 줄이기 위해 전체 연구 범위 기간의 지방자치단체 측면에서의 역동적 사항들이 고려됐다. 동시에 이주 인구의 연령과 성별 구성을 연구한 중대형 도시의 이주 과정 분석에 특별한 주의를 기울였다.

3. 인구 이동 현황과 경향

현재 러시아 북극 지역은 약 530만㎢로 국가 총 면적의 31%정도를 차지한다. 국가가 경제적으로 지원하는 영토를 포함하여 2020년 초 기준으로 동 지역의 거주 인구는 약 2,618,700명(국가 총인구의 약 1.8%에 해당) 정도이며, 이 중 도시 혹은 도시형 정착지(посёлок городского типа)에 약 2,269,000명(북극 인구의 약 86.6%) 그리고 그 밖의 지역(농촌 및 교외)에는 349,700명(13.4%)이 정주하고 있다. 50만 명 이상의 인구를 포함하고 있는 행정 주체로는 무르만스크주(741,400명 정도), 아르한겔스크주(711,700명 정도) 그리고 야말로-네네츠자치구(544,400명 정도) 세 곳이 있다. 2012년~2020년 사이 러시아 북극지역의 인구는 도시인구를 포함해 약 2,736,400명에서 약 2,618,700명으로 117,700명 정도가 감소했다. 그 중 이주를 포함한 사회적 요인에 의한 감소는 172,600명 정도이며, 사망 등 자연적 요인에 의한 감소는 54,900명 정도이다. 도시의 경우는 약 2,366,400명에서 2,269,000명으로 총 97,400명 정

---

32) N. Zamyatina & A. Yashunsky, "Migration cycles, social capital and networks. A new way to look at Arctic mobility," *New Mobilities and Social Changes in Russia's Arctic Regions* (London & New York: Routledge, 2017), pp. 59-84.

도가 감소했다. 러시아 북극 9개의 행정 주체(카렐리야공화국, 코미공화국, 사하공화국, 크라스노야르스크변강주, 아르한겔스크주, 무르만스크주, 네네츠자치구, 추코트카자치구, 야말로-네네츠자치구) 중 7개의 지역에서 인구 감소 현상이 나타났으며, 이에 반해 증가현상을 나타 낸 행정 주체로는 네네츠자치구와 야말로-네네츠자치구 두 곳이 있다. 러시아 북극권에는 6개의 대규모 도시, 4개의 중형 도시와 35개의 소형도시를 포함한 45개의 도시와 52개의 도시형 정착지가 있다. 대규모 도시의 평균 인구수는 약 203,900명, 중형 도시는 약 53,000명, 소형 도시는 약 18,800명 그리고 도시형 정착지는 약 3,400명 정도이다.[33] 이러한 통계치를 통해 이주 과정의 역동성 및 효율성, 북극 지역의 인구 이동 경로 등을 분석해 보고자 한다.

1) 이주 과정의 역동성 및 효율성

2012-2019년 이주 활동의 결과, 러시아 북극 지역 인구수는 약 172,600여 명 감소했으며, 이는 전체 북극 인구수의 0.8%로 매년 평균 21,600여 명씩 줄어든 셈이다. 이 시기를 두 부분으로 분류해 보면 2016-2019년 사이에 2012-2015년 대비 약 44% 정도 더 감소 현상이 발생했다. 이는 절대 인구 규모의 감소와 북극 영토의 이주 잠재력 축소 현상과 연계되었다고 볼 수 있다.

북극 지역 중 가장 큰 감소현상이 발생한 곳은 무르만스크주(연 평균 5,500여 명 감소)와 야말로-네네츠자치구(연 평균 4,500여 명 감소)이다. 이중 야말로-네네츠자치구의 경우 유전 및 가스전의 개발로 인해 심한 지표 변동이 발생했다(2015년 12,000여 명 감소로부터 2019년 1,300여명). 인구 감소 현상이 가장 적은 지역은 네네츠자치구와 추코트카자치구이다(표 1 참고).

---

33) В. В. Фаузер и А. В. Смирнов (2020), op. cit., c. 4-5.

<表 1> 2012-2019년 러시아 북극권 총 이주 증감 (단위: 명)

구분	2012	2013	2014	2015	2016	2017	2018	2019	총계
러시아 북극	-24,625	-35,946	-23,312	-26,774	-17,260	-17,691	-15,101	-11,904	-172,613
카렐리야공화국	-1,802	-1,602	-1,341	-1,077	-997	-1,373	-1,201	-533	-9,926
코미공화국	-5,940	-5,437	-3,847	-3,363	-2,664	-4,341	-3,636	-3,489	-32,716
사하공화국	-2,111	-2,232	-1,195	-791	-491	-700	-780	-369	-8,669
크라스노야르스크변강주	-2,370	-4,026	-3,284	-1,623	-2,103	-924	-526	-946	-15,802
아르한겔스크주(네네츠자치구 제외)	-3,064	-4,142	-2,431	-3,077	-2,335	-3,545	-2,666	-1,017	-22,277
무르만스크주	-7,925	-10,017	-4,998	-4,384	-4,343	-3,503	-4,402	-4,863	-44,435
네네츠자치구	50	-12	6	101	-320	-231	-392	77	-721
추코트카자치구	-336	-354	-154	-589	-516	-656	237	554	-1,814
야말로-네네츠자치구	-1,127	-8,124	-6,068	-11,972	-3,491	-2,418	-1,735	-1,318	-36,253

출처: Фаузер В.В., Смирнов А.В. Миграции населения российской Арктики: модели, маршруты, результаты // Арктика: экология и экономика. 2020 №4(40), с. 7.

북극권의 이주 상황은 '마이그레이션 강도 계수(migration intensity factor)'를 통해 다른 지역과의 이주 활동에 관련된 순위와 규모를 비교할 수도 있다. '마이그레이션 강도 계수'는 이주의 강도를 나타내는 지표로 특정 기간 동안 인구의 재배치 사례의 빈도를 특성화하는 작업에 사용되기도 한다. 대체로 2012년부터 2019년 사이 러시아 북극 지역에서의 이주 유출 강도는 절반 정도로 축소됐다. 이주 유출 강도가 가장 크게 변화한 지역은 코미공화국과 사하공화국이다. 코미공화국의 평균 마이그레이션 강도 손실 계수는 -24.4로, 이는 천 명당 -15.7명에 해당한다. 이에 대한 부분은 보르쿠타와 인타(Инта) 지역의 천연자원 개발 주기가 마지막 단계에 도달했다는 점으로 설명될 수 있다. 이미 인타의 모든 탄광이 폐쇄되었으며, 보르쿠타 역시 수많은 탄광들이 폐쇄됐다. 사하공화국의 경우, 북극 지역의 낮은 이주 유인도로 인해 주민들은 북극 지역에 해당되지 않는 공화국 내의 기타지역 혹은 도시로의 이주를 선호하고 있는 실정이다(표 2 참고).

〈표 2〉 2012-2019년 러시아 북극권 마이그레이션 강도 계수 (단위: 천 명당)

구분	2012	2013	2014	2015	2016	2017	2018	2019
러시아 북극	-9.0	-13.3	-8.7	-10.0	-6.5	-6.7	-5.7	-4.5
카렐리야공화국	-14.3	-12.9	-11.0	-8.9	-8.4	-11.7	-10.4	-4.7
코미공화국	-32.7	-30.8	-22.3	-19.9	-16.0	-26.6	-22.9	-22.4
사하공화국	-29.3	-31.8	-17.3	-11.5	-7.2	-10.2	-11.5	-5.5
크라스노야르스크변강주	-9.9	-17.0	-13.9	-6.9	-8.9	-3.9	-2.2	-4.0
아르한겔스크주 (네네츠자치구 제외)	-4.4	-6.0	-3.5	-4.5	-3.4	-5.2	-4.0	-1.5
무르만스크주	-10.1	-12.9	-6.5	-5.7	-5.7	-4.6	-5.9	-6.5
네네츠자치구	1.2	-0.3	0.1	2.3	-7.3	-5.3	-8.9	1.8
추코트카자치구	-6.6	-7.0	-3.0	-11.7	-10.3	-13.2	4.8	11.1
야말로-네네츠자치구	-2.1	-15.0	-11.2	-22.3	-6.5	-4.5	-3.2	-2.4

출처: Фаузер В.В., Смирнов А.В. Миграции населения российской Арктики: модели, маршруты, результаты // Арктика: экология и экономика. 2020 №4(40), с. 8.

러시아 북극 지역의 인구 역동성에 있어 가장 중요한 부분은 인구 감소의 약 86.3%와 이주 회전율의 60.7%에 해당하는 지역 간 이주 현상이다. 지역 내부에서의 이주 활동은 인구 감소의 약 13.7%와 이주 회전율의 약 29.9%에 해당된다. 해외 이주는 긍정적인 성장을 보이고 있으며, 이는 2012년-2019년 사이 이주 회전율의 약 9.4%를 차지하고 있다(표 3 참고). 이러한 현상은 지역 개발을 위해 외국 기업들의 자신의 기술과 노동력을 활용함에 있어 해당 지역의 입장과는 다른 부분이 존재하고 있음을 설명해 준다. 비용감소를 위해 지역의 광산회사는 기계 및 설비에 관련된 해외 공급 업체를 유치하고 상대적으로 저렴한 외국인 노동력을 고용하려는 경향이 강하다[34].

〈표 3〉 2012-2019년 러시아 북극권 이주 흐름 유형 (단위: 명)

이주유형	2012	2013	2014	2015	2016	2017	2018	2019	총계
증감 총계	-24,625	-35,946	-23,312	-26,774	-17,260	-17,691	-15,101	-11,904	-172,613
지역 내	-4,057	-5,619	-3,678	-3,195	-3,186	-3,395	-3,221	-2,186	-28,537
지역 간	-26,922	-35,669	-26,433	-24,766	-18,535	-17,637	-13,792	-15,682	-179,436
해외	6,354	5,342	6,799	1,187	4,461	3,341	1,912	5964	35,360
전입	127,290	129,418	135,676	130,925	133,687	133,910	137,488	127,692	1,056,086
지역 내	40,235	40,611	40,386	40,603	41,575	41,935	4,799	39,782	3327,926
지역 간	71,467	71,762	75,464	73,751	78,241	79,218	81,528	71,799	603,230
해외	15,588	17,045	19,826	16,571	13,871	12,757	13,161	16,111	124,930
전출	151,915	165,364	158,988	157,699	150,947	151,601	152,589	139,596	1,228,699
지역 내	44,292	46,230	44,064	43,798	44,761	45,330	46,020	41,968	35,6463
지역 간	98,389	107,431	101,897	98,517	96,776	96,885	95,320	87,481	782,666
해외	9,234	11,703	13,027	15,384	9,410	9,416	11,249	10,147	89,570
유동인구총계	279,205	294,782	294,664	288,624	284,634	285,511	290,077	267,288	2,284,785
지역 내	84,527	86,841	84,450	84,401	86,336	87,265	88,819	81,750	684,389
지역 간	169,856	179,193	177,361	172,268	175,017	176,073	176,848	159,280	1,385,896
해외	24,822	28,748	32,853	31,955	23,281	22,173	24,410	26,258	214,500

출처: Фаузер В.В., Смирнов А.В. Миграции населения российской Арктики: модели, маршруты, результаты // Арктика: экология и экономика. 2020 №4(40), с. 8-9.

러시아 북극지역에서의 이주 지표는 공간적으로 매우 심한 차이를 나타내고 있다. 70여 곳의 도시 및 지자체 중 2012년부터 2019년까지의 이주 관

---

34) В. А. Крюков и Я. В. Крюков, "Как раздвинуть рамки арктических проектов," *ЭКО № 8* (2017), с. 28.

런 통계를 살펴보면 단지 7개의 지자체(살레하르드; Salekhard, 구빈스키: Gubkinsky, 아나디르: Anadyr, 에그베키노트: Egvekinot, 코스토무크쉬스크: Kostomukshsky, 나리얀-마르: Naryan-Mar, 노바야 제믈랴: Novaya Zemlya) 와 추코트카자치구의 거의 절반 이상을 차지하고 있는 2개의 도시형 지역(아나디르 및 빌리빈스키: Bilibinsky)에서 증가추세를 보였다. 이들 중 연평균 통계치가 가장 높게 나온 지역은 두 곳의 지자체 행정 중심지인 살레하르드 (284명)와 나리얀-마르(152명)이다. 반면에 가장 큰 인구 손실이 발생한 지역은 무르만스크(-3,013명), 보르쿠타(-2,471명) 및 노야브르스크(-1,320명) 등이다(그림 1 참고).

그 중 지역 내 이주에 관련된 긍정적인 지표는 70여 개 주체 중 10곳에서 나타타고 있다. 이들 중 지배적 우위를 나타내고 있는 지역은 2,126명이 증가한 아르한겔스크, 526명의 세베로드빈스크와 392명이 늘어난 무르만스크 이며, 이들 지역의 공통적인 특징은 인구 대비 학생 비율로 각각 5.9%, 2.4% 와 4.1%의 상대적으로 높은 수치를 보이고 있다. 지역 간 이주에 있어 긍정적인 지표를 보이는 지역은 총 6곳으로 지자체(살레하르드, 에그베키노트, 노바야 제믈랴) 세 곳과 도시 형(아나디르, 아나바르: Anabar. Oleneksky: 올레뇨크스키) 세 곳이다. 반면에 지역 간 가장 높은 감소치를 나타내는 지역은 -3.085%의 보르쿠타, -2.3%의 페벡과 -2.25%의 인타(Inta) 이다. 높은 인구 유출수를 나타내는 도시로는 무르만스크(3,947명), 보르쿠타(2,528명)와 아르한겔스크(2,500명)가 있다. 압도적으로 다수의 지자체(65 개)에서 해외 이주 인구 증가현상이 나타나고 있다. 해외 이주 측면에서 두각을 보이고 있는 도시로는 노릴스크(연평균 714명 증가), 무르만스크(543명), 노야브르스크(397명)이며, 부정적 현상을 보이는 지자체로는 타조프스키(Tazovsky, -24명)와 벨로모르스키(Belomorsky, -3명)가 있다.

[그림 1] 2012-2019년 러시아 북극권 이주 흐름 유형 (단위: 명)

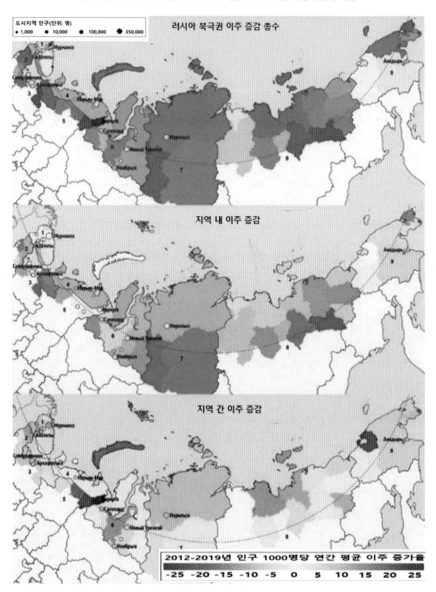

출처: Фаузер В.В., Смирнов А.В. Миграции населения российской Арктики: модели, маршруты, результаты // Арктика: экология и экономика. 2020 No.4(40), с. 10.

이와 같이 러시아 북극지역에서는 이주 지표에 관련된 공간적 차별성이 크게 나타나고 있다. 이는 자연 및 기후 조건 등 여러 요인에 의해 발생될 수도 있으며, 이와는 상관없이 경제 및 사회적 조건에 의해 나타날 수도 있다. [그림 1]의 지도를 살펴보면, 이주로 인한 전출입 수의 증감 현상은 지역의 위치와 자연-기후조건과의 상관관계가 그리 높지 않음을 보여주고 있다. 이주 지표와 관련된 모자이크 표시는 거의 전 지역에서 나타나고 있다. 그럼에도 불구하고 유리한 자연조건과 이주 지표 사이에는 어느 정도 관계가 존재하고 있다[35]. 이를 위해 추위, 천문, 영구동토층, 열, 바람, 습도, 대기압, 고도, 늪 등과 같은 자연 현상에 관련된 18가지 지표를 기반으로 만들어진 러시아과학아카데미지리연구소(Institute of Geography of the Russian Academy of Sciences)의 '인간생활을 위한 자연조건에 의거한 러시아 영토 구획화(Зонированием территорий России по природным условиям для жизни населения)'에 의하면, 러시아 북극지역은 4가지 자연조건에 포함된다(표 4 참고).

〈표 4〉 생활을 위한 지리적 자연 환경 조건에 따른 이주 지표의 차별

자연 환경 조건*	2020년 초 인구 수	2012-2019년 러시아 북극권 이주 증감 계수 (단위: 천 명당)				2012-2019년 이주 이동성(단위: 천 명당)
		총계	지역 내	지역 간	해외	
매우 불리	425,890	-11.4	-3,1	-11.0	2.7	120.3
약간 불리	1,189,929	-9.0	-2,6	-8.7	2.4	126.0
불리	240,490	-8.3	-2,1	-7.5	1.3	87.9
조건적 불리	762,405	-4.6	1.8	-7.0	0.5	62.7

* 부정적인 순: 매우 불리 〉 약간 불리 〉 불리 〉 조건적 불리

출처: Фаузер В.В., Смирнов А.В. Миграции населения российской Арктики: модели, маршруты, результаты // Арктика: экология и экономика. 2020 №4(40), с. 11.

---

35) В. В. Виноградова, А. Н. Золотокрылин и А. Н. Кренке, "Районирование территории Российской Федерации по природно-климатическим условиям," *Изв. РАН*. Сер. геогр № 5 (2008), с. 106-117.

보르쿠타와 노릴스크 등과 같은 자연조건이 절대적으로 불리한 도시에서 유출현상이 크게 발생했다. 의료 및 지리적 지표에 의하면, 이지역의 신규 유입 인구 최적 거주 기간은 1-2년으로 추정되며, 인구 감소 현상의 경우 아르한겔스크와 세베로드빈스크 등과 같이 조건적으로 자연 여건이 불리한 도시에 비해 약 2.5배 정도의 수치를 나타내고 있다. 후자의 도시들은 상대적으로 북극 지역에서 최고의 조건을 보유하고 있다고는 하지만, 이곳 역시 정상적인 삶을 유지하는 데 있어 자연으로부터 받는 스트레스가 상당히 높기에 추가적인 지원이 필요한 지역이기도 하다. 지역 내 혹은 지역 간 이주와 자연조건 사이의 관계가 긍정적이라면, 이는 해외 이주에 있어서는 부정적이라 할 수 있다. 가장 유리한 지역에서 가장 높은 증가율이 나타났다. 이러한 지역에서는 인구 이주 활동도 더 활발하게 전개됐다.

자연 및 기후 조건 외에도 북극지역에서의 이주 활동은 천연자원 개발 단계의 영향을 받고 있는데 이의 대표적인 지역으로는 보르쿠타와 인타이다. 또 다른 결정 요인으로는 경제적 특수성이 있다. 제조업이 특화되었거나 노동 시장이 다각화로 발달된 지역에서는 사회 및 인프라 시스템이 발전된 지역보다 인구 유출 현상이 더 적게 나타났다.

아울러 북극 지역에서의 이주 지표는 물질적 수준 및 질적인 삶의 수준과 상관관계가 있다. 질적인 삶의 높은 수준(평균 교육 수준 및 기대 수명 등)은 지역을 더 매력적으로 만들 수 있으며, 그로 인해 인구 유출 현상을 축소시킬 수 있다. 그럼에도 불구하고 북극 지역에서의 이주과정의 특성은 단일 요인이나 지표만으로는 설명할 수 없다. 인구 이동의 성격과 장기적인 결과를 이해하기 위해서는 이주 경로와 방향을 자세히 분석할 필요가 있다.

2) 북극권의 인구 이동 경로

북극 지역에서의 이주 선호도는 '러시아의 가상 인구(Виртуальное население России)' 프로젝트의 데이터를 활용하여 분석할 수 있다. 데이터는 각각의 북극 지역 75개 도시 지역과 지자체의 가장 인기 있는 이주 방향을 분류하고 있다. 그 중 23개 지방 자치단체의 주민들은(31%) 가장 빈번하게 모스크바와 상트페테르부르크로 이동하고 있다. 이들 도시는 상대적으로 최대 규모의 큰 도시로 지역 주민들은 자원 및 연방 중심으로 이주할 수 있는 가능성을 보유하고 있다. 유럽 북극 거주자들에게 있어 매력적인 장소는 상트페테르부르크이며, 모스크바는 아시아 거주자들이 선호하는 도시이다. 예외적으로 러시아 북극의 유럽 지역에 위치하고 있는 우신스크와 노바야 제믈랴는 모스크바를 그리고 아시아 지역의 노릴스크는 상트페테르부르크를 더욱 선호하고 있다(그림 2 참고).

대부분이 시골 지역인 52개 지방자치단체의 경우, 지역의 중심지가 가장 주

[그림 2] 러시아 북극권의 이주 주요 경로, 2015년 기준

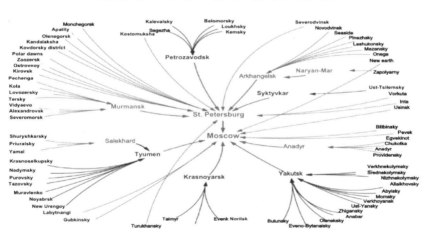

출처: Фаузер В.В., Смирнов А.В. Миграции населения российской Арктики: модели, маршруты, результаты // Арктика: экология и экономика. 2020 №4(40), с. 12.

된 이주방향이 되고 있다. 일례로 야말-네네츠자치구에는 살레하르드와 튜멘 두 곳의 중심지가 존재하며, 상대적으로 튜멘이 조금 더 우위를 점하고 있다. 러시아 북극 지역 내에는 아르한겔스크, 무르만스크, 살레하르드, 나리얀 마르와 아나디르 5개의 지역 중심지가 존재한다. 이들 지역 중심지와 대도시들은 연방의 중심지와 북극 지역을 연결하는 이주 활동의 허브 역할을 수행하고 있다.

2020년 초 기준 러시아 북극에는 250,000명을 초과하는 2개(아르한겔스크, 무르만스크)와 100,000~250,000명 사이의 4개의 대형도시(세베로드빈스크, 노릴스크, 노브이 우렌고이, 노야브리스크) 그리고 50,000~100,000명 사이의 4개의 중형 도시(보르쿠타, 세베로모르스크, 아파티티, 살레하르드)가 존재하고 있다. 이들 도시에 러시아 북극 인구의 약 56.3%에 해당하는 1,475,300명 정도가 거주하고 있다. 따라서 이들 도시와 관련된 이주 흐름은 러시아 북극의 인구 통계학적 역학 분석에 있어 매우 중요하다(표 5 참고).

〈표 5〉 2012-2019년 러시아 북극권 중대형 도시 이주 증감 계수

도시	인구 수(연초, 천명)		2012-2019년 러시아 북극권 이주 증감 계수 (단위: 천 명당)			
	2012년	2020년	총계	지역 내	지역 간	해외
아르한겔스크	355,623	354,103	-0.3	5.9	-7.0	0.7
무르만스크	305,034	287,847	-10.1	1.3	-13.2	1.8
세베로드빈스크	193,135	182,970	-5.0	2.8	-8.4	0.6
노릴스크	178,139	182,496	-5.5	-0.6	-8.9	4.0
노브이 우렌고이	112,192	118,033	-4.5	-2.2	-5.1	2.9
노야브리스크	109,236	106,911	-12.3	-5.3	-10.7	3.7
보르쿠타	91,400	73,123	-30.1	-0.8	-30.8	1.5
세베로모르스크	67,663	63,870	자료 없음			
아파티티	59,239	54,670	-5.8	2.2	-9.2	1.2
살레하르드	44,633	51,263	6.1	-0.2	2.7	3.5

출처: Фаузер В.В., Смирнов А.В. Миграции населения российской Арктики: модели, маршруты, результаты // Арктика: экология и экономика. 2020 №4(40), с. 12.

동시에 중대형 도시에 있어서 특이할 사항은 내부 이동이 상대적으로 높은 성장률을 나타내고 있다는 점으로, 이들 도시들은 인접 지역의 인구를 끌어들이고 있다. 고등 교육 기관을 보유하고 있으며, 상대적으로 유리한 자연 및 기후 조건을 가지고 있는 아르한겔스크 및 무르만스크 주의 도시들은 지역 내 인구 이동에 있어 긍정적인 지표를 보이고 있다. 그러나 살레하르드를 제외한 대부분의 도시들은 러시아 내 타 지역과의 인구 이동 부분에 있어 부정적인 상황을 보이고 있다. 그럼에도 불구하고 중대형 도시들은 국제적인 차원(주로 구 소련권에 포함되어 있던 국가들)에 있어서는 긍정적인 증가 현상이 나타나고 있다.

북극권 도시들의 이주 프로세스는 다음과 같은 세 가지 유형으로 분류될 수 있다. 첫 번째 유형은 기후와 교통접근성 측면에서 상대적으로 유리한 조건을 보유하고 있는 러시아 북부 유럽지역의 대도시들로 아르한겔스크, 무르만스크, 세베로드빈스크, 아파티트와 살레하르드가 이에 해당한다. 이들 도시의 이주 역동성의 최고점을 보이는 연령층은 15-29세 사이로, 이들은 주로 인근 지역의 교육기관의 학생 및 졸업생들이다. 이들 청년층의 이주 역동성에 관련된 특이한 사항은 여성의 비중이 다소 높게 나타나고 있다는 점이다. 두 번째 유형은 노동자원이 집중적으로 필요한 개발 초기 단계에서 형성된 자원 도시들로, 그 대표적인 도시로는 노브이 우렌고이를 들 수 있다. 이 도시의 특이점은 남성의 이주 역동성이 여성보다 약 1.5배 정도 높게 나타나고 있으며, 이주자 수가 전 노동 연령에 거의 고르게 분포되어 있다는 것이다. 마지막으로 세 번째 유형은 개발 후기 단계의 자원도시에서 나타나는 현상으로 대표적인 도시로는 보르쿠타와 노릴스크가 있다. 이들 두 도시는 대표적인 전출 연령층이 20-34세와 50-64세 사이에 형성되어 있다는 특성을 나타내고 있으며, 대중의 중심인 성인 인구는 단기 순환 근무 체제보다는 은퇴 연령에 도달한 후 전출하는 것을 목표로 하고 있다(그림 3 참고).

[그림 3] 러시아 북극권 도시의 전입자와 전출자의 평균 연령 및 성별(2012-2019년 기준)

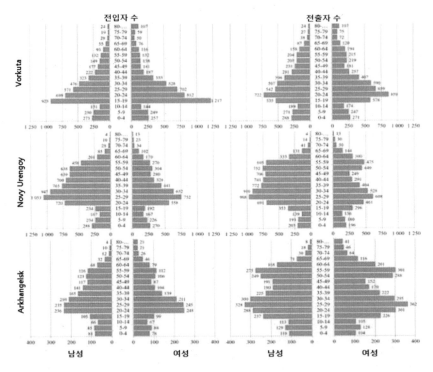

출처: Фаузер В.В., Смирнов А.В. Миграции населения российской Арктики: модели, маршруты, результаты // Арктика: экология и экономика. 2020 №.4(40), с. 13.

인구통계학적 예측에 따르면 향후 수십 년 동안 러시아 북극 지역의 인구는 지역 간 이주의 결과로 감소 추이를 보이면서 지속적으로 줄어들게 될 것이다 [36]. 그러나 유전, 가스전의 개발과 북방항로의 발전 등의 매력적인 요소를 보유한 일부 자치구들은 예외가 될 수 있다. 하지만 이러한 지역조차도 코미공

---

36) T. Heleniak & D. Bogoyavlenskiy (2014), op. cit., pp. 53-104; T. Heleniak, "The future of the Arctic populations," *Polar Geography* vol. 44(2) (2021), pp. 1-17.

화국 북부에서 관찰되고 있는 자원 순환 감소의 영향으로 종국에는 인구 유출의 위기 상황에 직면할 가능성이 있다[37]. 이와는 반대로 북극권의 서부 지역에서는 시간이 경과함에 따라 인구 안정화를 기대할 수도 있을 것 같다. 이는 적어도 생명을 위한 매력적인 영토 내에서의 이주 잠재력의 제거와 북극 발전을 위한 수많은 프로그램의 운용을 통해 촉진될 것이다.

Ⅲ. 결론

인구이동은 사회적 변화를 가져오는 동인인 동시에 결과이다. 한 지역의 인구, 사회, 경제적 특성은 인구이동의 흐름에 의해 영향을 받으며, 지역 간 인구이동의 흐름은 지역의 변화과정을 분석하는 기틀이 된다.[38] 특히 국가의 발전과 국토의 합리적 개발을 위해 추진되고 있는 지역개발사업들은 국가 혹은 지역 정책 및 대규모 재정투자가 동반되며, 이에 따른 투자의 파급효과는 사회 전반에 걸쳐 상당한 영향을 미치게 된다. 특히 재정투자로 유발되는 변화 가운데 인구 부문에서의 변화는 해당지역의 토지 개발과 사회 환경에 상당한 영향을 끼친다.[39]

21세기 들어 러시아의 북극권 개발이 주요 국가전략으로 채택되면서, 개발에 의한 인구이동이 가속하고 있다. 이때 발생하는 인구이동은 원시적 이동을 제외한 국가 정책에 의한 비자발적 이동, 그리고 사회경제적 요인에 의한

---

37) В. В. Фаузер и Е. В. Климашевская, Человеческие *ресурсы энергетического комплекса Республики Коми* (Сыктывкар: Коми кн. изд-во, 2004), c. 176.

38) 이희연,『인구이동 확장모형 개발 및 실증분석』(안양: 국토연구원, 2008), p. 8.

39) ibid, p. 1.

자유 이동과 개발 드라이브로 인한 이동의 물결이 형성되어 그 물결에 휩싸여 이동하는 대중이동에 해당될 것이다. 이동의 동기 혹은 요인은 지역사회를 넘어 해당 국가 및 이와 이해관계가 중첩되는 국제 사회에 적지 않은 영향을 줄 수 있다. 특히 북극권의 경우, 자연 및 기후 환경 등 여러 분야에서 인류 공동의 운명을 결정할 수 있는 공간이기에 이 지역에서 발생하고 있는 인간 활동에 대한 분석은 매우 중요하다 할 수 있을 것이다.

상기에서 러시아 북극권의 인구 이동과 그 경향에 대해서 살펴보았다. 그 중 지방 자치 단체의 맥락에서 러시아 북극의 이주 과정을 분석해 본 결과 지역 간 이주의 구체적인 역할을 확인해 볼 수 있었다. 역내 이주는 인구 총 수의 변화 없이 정착 패턴에 영향을 미쳐 기후적으로 불리한 지역에 위치한 정착촌 인구를 더 나은 생활 조건이 조성되어 있는 지역으로 인구를 재분배하는 역할을 하고 있으며, 대표적인 예로 극지의 보르쿠타 주민을 들 수 있다. 그들은 종종 거주지를 역내에서 상대적으로 기후적 여건이 나은 시크티브카르 (Сыктывкар)로 선택하고 있음을 확인할 수 있었다.

다음으로 소셜 네트워크의 데이터 분석을 통해 러시아 북극 거주자들의 이주 선호도를 확인해 본 결과를 통해 75개의 도시 및 지자체의 조사자들의 약 31% 정도가 모스크바와 상트페테르부르크가 이주를 위한 가장 인기 있는 목적지로 나타났다. 상트페테르부르크는 유럽에 위치한 북극 주민들에게 매력적인 장소로, 모스크바는 아시아 지역에 위치한 북극 주민들이 더욱 선호하는 것으로 나타났다. 예외적으로 모스크바를 더욱 선호하는 유럽지역에 위치한 우신스크, 노바야 제믈랴와 상트페테르부르크 방문이 잦은 거주자들이 많은 아시아 지역의 노릴스크 경우도 있기는 하다. 하지만 실질적으로는 북극 지역의 시골에 거주하는 지역 주민들의 대부분은 해당 지역의 중심 도시(행정 수도)로 이주하는 경향을 보이고 있다.

공간 분석에 따르면 북극의 현대 이주 프로세스는 자연 및 기후, 역사적, 사회적 그리고 경제적 이유들에 의거한 복잡한 조합 하에서 진행되고 있다. 북극 지역의 이주 과정에서 중대형 도시는 북극 영토에서 북극권 외부에 위치한 연방 및 행정 구역 수도인 모스크바, 상트페테르부르크, 크라스노야르스크, 튜멘, 페트로자보드스크, 시크티브카르와 야쿠츠크 등으로 향하는 이주 경로의 중간 링크를 하는 등 매우 중요한 역할을 수행하고 있다.

상기한 내용을 정리해 보면, 러시아 북극권 개발 과정과 현재의 사회 경제적 상황을 바탕으로 세 가지 유형의 이주 성별 및 연령 모델을 제시해 볼 수 있을 것이다. 첫 번째는 젊은이들을 집중시켜 도시의 장기적인 지속 가능한 발전을 촉진하는 모델을 개발하고 구축하는 것이다. 다음으로는 자원이 풍부한 도시들이 동적으로 성장할 수 있도록 하는 것으로 이는 궁극적으로 인구 구성의 불균형을 초래할 수 있는 모델이기도 하다. 세 번째로는 '압축 모델'로 도시가 개발 후기 단계에서 잉여 인구를 분촌(큰 마을에서 작은 마을로 재정착)하거나, 노령 인구를 북극 외부로 이주시키는 등의 중요한 사회적 기능을 수행하게 하는 모델이다. 이러한 모델들의 장단점을 분석하고 정확한 계획을 수립하여 실행하게 된다면, 러시아 북극 개발을 위한 예측 시나리오를 구축하는 데 있어 효과적인 결과를 얻을 수 있을 것이라고 생각한다.

여러 정책 및 전략을 통해 러시아는 북극 지역에 대한 영토권 강화와 국익 실현을 두고 있음을 표명해 왔다. 하지만, 현재의 러시아의 북극권은 인프라 개발과 실질적인 경제 개발 효과 등에 있어 적지 않은 어려움에 직면해 있다. 특히 체제 전환 이후인 1990년부터 현재까지 종합적인 수치에 있어 인구 감소 양상을 나타내고 있다.[40] 즉 인구 감소 문제는 러시아 북극 정책 및 전략을 통

---

40) 러시아 북극권 인구 변화 추이에 의하면, 1990년 9,718,000명에서 2019년 7,744,000

해 개발 과정에 있어 반드시 해결해야할 부분이라고 할 수 있다. 과거 소비에트 시대라면 국가의 강제적 이동 및 이주 정책으로 이를 해결하고 보완할 수 있었을 것이나, 현재의 시장경제 체제 하에서는 주민의 생활 및 일자리 보장을 비롯한 경제 및 사회적 여건 개선 등과 같은 다른 방법을 모색해야 할 것이다. 아울러 러시아 북극권 내에서 발생하고 있는 인구 이동의 현황과 경향을 정확하게 분석하고 대처해 나가야 할 것이다.

명으로 감소. 최우익, "러시아의 북극 개발과 노동력 감소 대안으로서의 교대노동 정책," 『EMERiCs』 (세종: 대외경제연구원, 2021), https://csf.kiep.go.kr/aif/ (검색일: 2022.11.08).

〈참고문헌〉

〈국문자료〉

이희연, 『인구이동 확장모형 개발 및 실증분석』, 안양: 국토연구원, 2008.

최우익, "러시아의 북극 개발과 노동력 감소 대안으로서의 교대노동 정책," 『EMERiCs』, 세종: 대외경제연구원, 2021.

최진호, "인구이동," 한국인구학회 편, 『인구대사전』, 대전: 통계청, 2016.

〈영문자료〉

Berman, M. & Howe, L. "Remoteness, Transportation Infrastructure, and Urban-Rural Population Movements in the Arctic," *Proceedings of the Internatinal Conference on Urbanisation of the Arctic, 2012*, Stockholm: Nordregio, 2012.

Bogoyavlenskiy, D. & Siggner, A. "Arctic Demography," *Arctic Human Development Report*, Akureyri: Stefansson Arctic Inst., 2004.

Conway, Dennis. "Step-Wise Migration: Toward a Clarification of the Mechanism," *International Migration ReVIew* 14 (1), 1980.

Hamilton, L. C. et al. "Climigration? Population and Climate Change in Arctic Alaska," *Population and EnVIronment* Vol. 38 (2), 2016.

Heleniak, T. "Migration in the Arctic," *Arctic Yearbook 2014. Human Capital in the North*, Akureyri: Northern Research Forum, 2014.

_____. "The future of the Arctic populations," *Polar Geography*, 2020.

Heleniak, T. & Bogoyavlenskiy, D. "Arctic Populations and Migration," *Arctic Human Development Report. Regional Processes and Global Linkages*, Copenhagen: Nordic Council of Ministers, 2014.

Ravenstein, E. G. "The Laws of Migration," *Journal of the Statistical Society of London* vol. 48, No. 2, 1885.

Saxinger, G. et al. "Boom back or blow back? Growth strategies in mono-industrial resource towns - 'east' and 'west'," *Settlements at the Edge*, Cheltenham, UK: Edward Elgar Publ., 2016.

Zamyatina, N. & Yashunsky, A. "Migration cycles, social capital and networks. A new way to look at Arctic mobility," *New Mobilities and Social Changes in Russia's*

Arctic Regions, London & New York: Routledge, 2017.

〈노문자료〉

Виноградова, В. В., Золотокрылин, А. Н., Кренке, А. Н. "Районирование территории Российской Федерации по природно-климатическим условиям," *Изв. РАН. Сер. геогр* № 5, 2008.

Демографические и миграционные процессы на Российском Севере: 1980—2000 гг., Отв. ред. В. В. Фаузер, Сыктывкар: Изд-во СГУ им. Питирима Сорокина, 2016.

Дмитриева, Т. Е. и Чупрова, И. А. "Возможности и ограничения современной статистической базы анализа социально-экономического развития Арктической зоны Российской Федерации," *Роль статистики в современном обществе и эффективном управлении*, Сыктывкар: Комистат, 2019.

Замятина, Н. Ю. и Пилясов, А. Н. "Новое междисциплинарное научное направление: арктическая региональная наука," *Регион: экономика и социология* № 3 (95), 2017.

Замятина, Н. Ю. и Яшунский, А. Д. "Виртуальная география виртуального населения," *Мониторинг обществ. мнения: Экон. и соц. перемены* № 1, 2018.

Ильин, В. И. "Человек на старом Русском Севере: между свободой воли и структурным принуждением (исторический очерк в терминах экзистенциальной социологии)," *Мир России* т. 29, № 3, 2020.

Крюков, В. А. "Крюков Я. В. Как раздвинуть рамки арктических проектов," *ЭКО* № 8, 2017.

Лаженцев, В. Н. "Актуальные проблемы Севера России (теория и рекомендации)," *Корпоратив. управление и инновац. развитие экономики Севера: Вестн. НИЦ КПУВИ СыктГУ* № 2, 2008.

Лексин, В. Н. и Порфирьев, Б. Н. "Новое обустройство Арктики: вызов и социально-экономический ресурс будущего России," *Проблемы теории и практики управления* № 6, 2015.

Лыткина, Т. С. и Смирнов А. В. "Вытеснение на Российском Севере: миграционные процессы и неолиберальная политика," *Арктика и Север* № 37, 2019.

Рыбаковский, Л. Л. *Миграция населения: прогнозы, факторы, политика*, М.: Наука, 1987.

Рязанцев, С. В. *Влияние миграции на социально-экономическое развитие Европы: современные тенденции*, Ставрополь: Кн. изд-во, 2001.

Фаузер, В. В. и Климашевская, Е. В. *Человеческие ресурсы энергетического комплекса*

Республики Коми, Сыктывкар: Коми кн. изд-во, 2004.

Фаузер, В. В., Лыткина, Т. С. и Смирнов, А. В. "Население Мировой Арктики: российский и зарубежный подходы к изучению демографических проблем и заселению территорий," *Экон. и соц. перемены: факты, тенденции, прогноз* т. 13, № 3, 2020.

Фаузер, В. В. и Смирнов, А. В. "Российская Арктика: от острогов к городским агломерациям," *ЭКО* № 7, 2018.

_____. "Миграции населения российской Арктики: модели, маршруты, результаты," *Арктика: экология и экономика* №4(40), 2020.

Чудиновских, О. С. "Административная статистика международной миграции: источники, проблемы и ситуация в России," *Вопр. статистики* № 2, 2016.

〈인터넷 자료〉

"ARCTIC PEOPLES," https://www.arctic-council.org/explore/topics/arctic-peoples/ (검색일: 2022.11.05).

"База данных показателей муниципальных образований," http://131fz.ranepa.ru/post/2011 (검색일: 2022.10.20).

"Интерактивный атлас," http://webcensus.ru/ (검색일: 2021.06.29.).

"Постановление Президиума Центрального исполнительного комитета СССР ≪Об объявлении территорией Союза ССР земель и островов, расположенных в Северном Ледовитом океане≫ от 15 апреля 1926 г.," https://goarctic.ru/news/15-aprelya-1926-goda-byl-opredelyen-pravovoy-status-arkticheskikh-vladeniy-sovetskogo-soyuza/ (검색일: 2022.11.19).

"Указ Президента РФ ≪О сухопутных территориях Арктической зоны Российской Федерации≫ от 2 мая 2014 г. № 296 (ред. от 5 марта 2020 г.)," https://webcache.googleusercontent.com/search?q=cache:vsMKkiAJteAJ:https://rusarctic.com/wp-content/uploads/2020/12/ukaz-prezidenta-296.pdf&cd=6&hl=ko&ct=clnk&gl=kr (검색일: 2022.11.10).

"Указы Президента РФ от 27 июня 2017 г. № 287 и от 13 мая 2019 г. № 220," http://publication.pravo.gov.ru/Document/VIew/0001201905130027 (검색일: 2022.11.10).

"Федеральный закон ≪О государственной поддержке предпринимательской деятельности в Арктической зоне Российской Федерации≫ от 13 июля 2020 г. № 193-ФЗ," http://publication.pravo.gov.ru/Document/VIew/0001202007130047 (검색일: 2022.11.10).

한국과 일본의 인문사회분야 북극 연구성과 비교연구

백영준* · 바실리예바 조야 안드레예브나**

Ⅰ. 서론

이전 세기의 북극은 국가의 위신이나 개인의 도전 대상으로서 역할을 해왔으며, 냉전 시기에는 자연적으로 만들어진 장벽으로서 접근이 차단되어왔다. 그러나 현대의 북극은 지구온난화로 인한 환경변화로 생태계의 변동, 지역주민의 삶에 큰 영향을 받고 있다. 뿐만 아니라 지구온난화는 지금까지 접근할수 없었던 북극이라는 공간에 접근을 가능하게 하고 있으며, 개발을 용이하게 만들어주고 있다.

현재 급속한 환경변화로 북동항로는 하절기에는 상시 이용이 가능한 상태가 되었고, 멀지 않은 미래에는 상시 이용이 가능한 항로로 이용될 것이 유력하며, 동쪽과 서쪽을 잇는 새로운 항로로서의 가능성은 꾸준히 시험되고 있으며, 이 항로와 연결된 미개발지에 대한 개발 수요가 늘어나고 있는 실정이다.

동북아시아 국가들에게 북극항로의 이용과, 미개발 자원의 개발가능성은

※ 이 글은 배재대학교 한국-시베리아센터가 발간하는 『한국 시베리아연구』(제26권 4호)에 게재된 글을 수정 보완한 것임.
 * Baek Young Jun 러시아 시베리아연방대학교 비즈니스 프로세스 관리학부 교수
** Vasilyeva Zoya Andreevna 러시아 시베리아연방대학교 비즈니스 프로세스 관리학부 학장, 교수

매력적으로 다가오고 있다. 이런 관심은 2013년 한국, 중국, 일본이 북극이사회(AC)에 상임 옵서버 가입으로 가시화 되었다.[1]

이렇게 북극에 대한 이용가능성이 현실화되는 가운데 한중일의 대북극전략이 나타나고 있으나 각 국가들의 북극전략은 서로 다른 방식으로 나타나고 있으며, 어떻게 북극에 접근할 것인가에 대한 논의도 지금도 활발하게 이루어지고 있는 상황이며, 각국이 처한 정치적인 입장에 따라서 그 양상은 다르게 나타나고 있다.

이전의 연구활동 결과에 의하면 정치적인 입장 문제로 한국의 경우 러시아 북극지역에 직접투자 보다는 간접투자방법으로 리스크를 피해 북극에 접근하고 있으며, 중국의 경우 북극에 공격적인 직접투자를 통해서 새로운 자원개발 및 이익을 얻기 위해 노력하고 있으며, 일본도 한국과 비슷한 정치적인 입장을 가지고 있지만, 장기적으로 구축된 일러관계를 이용해서 러시아 북극권 자원개발에 타국이 껴들지 못하게 만들었으며, 더욱이 2011년 일본 대지진 이후 탈 원전화 기조와 안정적인 자원수급을 위해 지리적으로 가까운 러시아로의 자원개발에 국가가 개입해서 직접투자 환경을 만드는 등 노력하고 있다.[2]

이렇게 각 국가들이 북극으로의 접근 방법에 차이점을 두고 있다는 것을 알 수 있다. 이 연구에서는 우선 기존의 학자들의 학문성과에 대한 선행연구로, 다음으로 북극으로의 접근방법에 대한 이론적인 측면에 대해 이해하고 더 나은 방법을 찾기 위해서 한국과 일본의 각각의 국가지원 프로젝트 수준의 북극 학술연

---

1) 외교부, "북극소개," https://www.mofa.go.kr/www/wpge/m_4045/contents.do (검색일: 2022.11.20).
2) 백영준, "한국의 러시아 북극개발 협력 가능성 모색: 일본과 한국의 대러시아 정책 비교분석을 중심으로,"『한국 시베리아연구』제25권 3호 (배재대학교 한국-시베리아센터, 2021), p. 79.

구 특히 인문사회분야 집단연구 중에서 도출된 북극연구 성과에 대해서 알아보고 마지막으로, 그 결과를 SWOT 분석방법을 이용하여 비교분석 할 것이다.

II. 선행연구

최근 이루어진 연구를 중심으로 이 논문의 주제와 비슷한 연구로 선행연구를 진행해 보았다. "중국과 일본의 북극정책 비교 연구"(서현교: 2018)[3], "일본의 북극정책: '연구개발' 부문의 인문·사회 분야 중요성 평가"(서현교: 2020)[4]; "중국의 북극 전략 연구: 한국과의 비교를 중심으로"(김단비, 이상만: 2022)[5]; "북극 정책 추진과 전략 연구: 일본 사례를 중심으로"(박종관, 이상철: 2022)[6]; "중국의 북극 진출 정책과 일대일로 '빙상 실크로드' 전략의 내용 및 함의"(표나리: 2018)[7]; "북극해 영유권 갈등의 정치학: 동아시아 지역에 주는 시사점"(박영민: 2019)[8]; "日本·中国·韓国の北極政策の比較：法の支配·国際協力·ビジネス·先住民族への取り組み"(デルヴォヴィッチ メディ, 柴田

---

3) 서현교, "일본의 북극정책: '연구개발' 부문의 인문·사회 분야 중요성 평가,"『아태연구』27권 4호 (국제지역연구원, 2020), pp. 95-125.

4) 서현교, "중국과 일본의 북극정책 비교 연구,"『한국 시베리아연구』제22권 1호 (배재대학교 한국-시베리아센터, 2018), pp. 119-152.

5) 김단비·이상만, "중국의 북극 전략 연구: 한국과의 비교를 중심으로,"『현대중국연구』23권 4호 (현대중국학회, 2022), pp. 1-34.

6) 박종관·이상철, "북극 정책 추진과 전략 연구: 일본 사례를 중심으로,"『인문사회21』13권 5호 (아시아문화학술원, 2022), pp. 4005-4014.

7) 표나리, "중국의 북극 진출 정책과 일대일로 '빙상 실크로드' 전략의 내용 및 함의,"『중소연구』42권 2호 (한양대학교 아태지역연구센터, 2018), pp. 149-189.

8) 박영민, "북극해 영유권 갈등의 정치학: 동아시아 지역에 주는 시사점,"『대한정치학회보』27권 3호 (대한정치학회, 2019), pp. 19-42.

明穂: 2022)[9].

　조사한 7편의 논문들은 한중일의 북극정책에 대한 연구가 많았고, 단독 국가의 북극정책에 대한 연구(4건)나 두 국가(2건) 혹은 세 국가(1건)를 묶어서 비교해보는 연구가 주류를 이루고 있었고 그 내용은 다음과 같다: (서현교:2018) 이 논문은 1990년대부터 2018년도까지의 중국과 일본의 북극정책에 대해서 내용을 검토한 다음 기후환경, 생태계, 과학기술, 자연개발, 북극항로, 국제협력, 원주민, 안보 등의 키워드별로 양국의 정책과제 내용을 비교하였으며 도출된 결론으로는 북극에 대한 관심이 점차 커지고 있으며, 북극정책이 도출되기 전까지 다른 정책을 통해 북극정책이 공통점을 가지고 있다는 점을 도출했으며, 차이점으로는 정책범주나 논조 접근방식이 다르다는 점을 확인했다., (서현교:2020) 이 논문은 기존의 연구에서 일본의 북극정책 내에서 수행하는 연구개발 부문에 관한 분석이 없었던 것을 지적하면서 일본의 북극정책 전개과정에 대해서 그리고 북극정책 내에서 연구프로그램이 어떻게 실현되었는지를 검토하였고, 일본의 북극연구에서 융복합 형태의 연구가 진행되지 않으면 당면이슈를 해결하기 어렵다는 결론을 도출해 내었다., (김단비, 이상만: 2022) 이 연구에서는 한국과 북극의 북극 연구의 방향 및 북극정책, 그리고 북극 연구의 목표와 전망이 어떻게 다른가에 대한 문제의식에서 출발하여, 실제 양국의 북극 연구 성향 차이를 비교·분석하여 구체적으로 북극에 대한 양국의 전략과 접근방식, 정책목표 등 전반적인 북극 정책에 대한 차이점들을 살펴본 연구이다., (박종관, 이상철: 2022)이 연구에서는 일본의 정책 도표 및 인터넷에서 자료를 수입 및 분석하여 일본의 북극정책의 진행해

---

9) デルヴォヴィッチ メディ, 柴田 明穂, "日本・中国・韓国の北極政策の比較：法の支配・国際協力・ビジネス・先住民族への取り組み", ArCS II 国際法制度課題ブリーフィングペーパー・シリーズ 4, (2022.01), pp. 1-11.

온 배경에 대해서 분석했고, 그 결과로 일본의 북극정책은 해양정책본부를 컨트롤타워로 두고 연구분야와 북극정책제안 등의 2가지 방향성을 가지고 추진되고 있으나 전자는 큰 영향력을 가지고 있는데 반해 후자는 그렇지 못하다는 결론을 도출했다., (표나리: 2018) 이 연구는 1925년부터 2018년까지 전체적으로 중국이 북극에 참여하는 과정에 대해서 알아보고 중국의 북극 진출 정책에 대한 배경과 의미, 그리고 중국과 북극권 국가들의 관계에 대해서 살펴보고 있다., 특히 2018년 발간된『중국의 북극정책 백서』를 예를 들면서 기존의 북극연구에서는 물류 자원 등 경제 이슈만 강조했기 때문에 국제사회에서 견제를 받지 않았지만 북극개발이 '일대일로' 전략의 '빙상 실크로드'로 편입됨에 따라서 국제사회에 견제를 받는 다는 점에 대해서 지적했고, 북극에 영유권이 없는 중국의 북극전략의 성패는 다른국가와의 협력에 있다는 점을 도출해 냈다., (박영민, 2018) 이 글에서는 북극지역의 영토갈등 해결 문제를 다루고 있다. 특히 북극지역의 영토갈등과 아태지역의 영토갈등에서 어떤 유사점이 있는지 해결 가능성을 탐구하고 있으며 해결을 위한 모델로는 1920년 체결된 스발바르조약이 가진 의의를 검토하고 있다., (デルヴォヴィッチ メディ, 柴田明穂: 2022) 이 글은 한중일 삼국의 정책의 유사점과 유의점에 대해서 다루고 있다. 특히 삼국은 국제협력과 북극 생물자원 개발에 대해서는 공통점이 많지만 국제법의 역할 및 북극에서의 비즈니스 기회를 파악하는 방법 그리고 원주민과 관련된 정책에 참여하는 방법에서 차이를 보인다고 지적했다.

선행연구 결과 북극정책에 대한 각 국가별 비교연구는 진행되고 있지만 연구성과물에 대한 직접적인 비교분석은 이루어지지 않았다. 이 연구의 기존 연구와의 차별성은 한일 각 국가들의 정책비교 뿐만이 아니라 실제로 진행된 연구프로젝트에서 도출된 한국과 일본의 연구결과물을 비교해서 그 결과를 도출해 내는 것에 있다.

Ⅲ. 일본의 북극연구

일본의 북극사업은 1990년 북극환경연구소(AERC)가 설립되면서 시작되었다. 그 후 얼마 지나지 않아 국립극지연구소는 대기물리학, 빙하학, 기상학, 해양학 및 육상 생물학 분야의 연구를 수행하기 위해 노르웨이 스발바르의 뉘올레순(Ny-Ålesund)에 일본 연구 기지를 설립했다.[10]

1990년대에 국제북극과학위원회(IASC)에 초대되었고 북극항로의 가능성을 연구하기 위해 일본, 노르웨이, 러시아가 공동으로 연구기간 총 6년인 국제북극해 항로 프로그램(INSROP)[11]의 설립하여 프로젝트를 진행하였다. 지금 이 프로그램은 일본 단독으로 북극해 항로 프로그램(JANSROP)이 되었으며 이후에도 북극 해운 연구에 전념하고 있다.

일본은 2009년 북극이사회에 옵서버 자격을 신청하였고, 일본외교부는 이 신청을 뒷받침 하기 위해 "국제법적 측면을 포함한 북극 외교정책에 대해 범분야적 접근을 하기 위해" 북극 태스크포스를 설치했으며, 일본이 '해양정책기본계획'을 채택한 2013년 일본은 북극이사회에서 상임 옵저버 자격을 얻었다.[12]

2012년 일본의 국제문제연구소는 일본 외무성의 지원을 받아서 2013년에 『북극의 거버넌스와 일본의 외교전략』이라는 보고서를 발표하였다. 이 보고서에서는 일본의 미래 성장동력이 될 수 있는 북극에 대해서 어떻게 접근해야 하는가에 대해서 논의하고 있다.

---

10) 일본 북극환경연구센터, "연구소 소개," https://www.nipr.ac.jp/aerc/research/index.html (검색일: 2022.10.30).
11) "International Northern Sea Route Programme," https://www.fni.no (검색일: 2022.10.30).
12) 일본 외무성, "일본의 국제정세 북극관련 자료," https://www.mofa.go.jp/mofaj/press/pr/wakaru/topics/vol107/index.html (검색일: 2022.10.10).

특히 북극에 대한 접근방법에 대해서 북극에 직접적인 영유권을 가지고 있지 못한 일본이기 때문에 북극지역에 영향력을 미치기 위한 방법으로 국제 기구에 일본인 기관장(국제해사기구나 북극과 관련이 있는 국제기구 등)을 적극 추천하여 북극 상황에서 발언력을 높이는 것 그리고 북극 상황에서 사용할 수 있는 기술 개발이나 연구 진행 그리고 인도적인 측면에서 북극의 주민들을 지원해서 일본의 발언권을 높이는 등의 제안을 하고 있다.

이후 2013년 일본은 북극 문제 관련 장관 및 기관 연락 회의를 설립하였고, 정보 공유 및 일본의 북극 정책 초안 작성을 위해 총 10회의 회의를 개최되었다 이렇게 일본은 2015년 국가차원의 '북극정책'을 채택했다.

〈표 1〉 북극에 관한 일본의 대처[13]

일본 정부에 의한 대처	일본의 주요연구기관에 의한 대처
○ 새로운 "해양기본계획(2013년 4월 26일 내각 결정)에 포함된 북극해로의 대처에 관한 정책 ○ 외무성에 의한 "북극테스크포스(ATF)[14] (2010년 9월 2일 결성) ○ 북극담당대사 임명[15] (2013년 3월 19일) ○ 문부과학성에 의한 "북극연구검토작업부회"(2010년 5월 10일)[16] 및 "북극연구전략소위원회"(2011년 2월 28일)[17] 주도 ○ 국토교통성에 의한 "북극해항로에 관한 성내검토회의"[18] (2012년 8월 3일)주도 ○ 내각관방*(총합해양정책본부이사국) "북극해에 관한 모든 문제에 대한 관계부처연합회의" 주도. *내각관방은 한국의 대통령비서실과 비슷한역할을 하는 곳임	○ 일본 국립극지연구소(NIPR) 일본에의한 북극연구의 중핵연구기관 1991년 노르웨이 스발바르제도에 관측기지를 설립. ○ 해양연구개발기구(JAMSTEC) 북반구한랭권의 해양/설빙/대기/육지지역 시스템의 실태 및 변동과 프로세스를 파악하는 북반구한랭권연구 프로그램을 실시. ○ 우주항공연구개발기구 (JAXA) 지구관측위성 장기계획을 기초로 소유하는 관측위성의 관측데이터를 북극권의 육지 및 해양지역 쌍방으로 제공 및 활용하는 것에 공헌. ○ 알래스카대학 국제북극권연구센터(IARC) 1999년에 일미양국이 공동으로 설치한 북극권의 기후변동연구기관. 일본으로부터는 JAMSTEC, JAXA 등이 참가.

---

13) 일본 외무성, "북극에 대한 일본의 대처," https://www.mofa.go.jp/mofaj/press/pr/wakaru/topics/vol107/index.html (검색일: 2022. 10. 10).

일본의 문부과학성은 2011년부터 북극 관련 프로젝트에 특별예산을 배정하고 있으며, 일본 2013년 지정된 북극해양기본계획에 기초하여 북극이사회 틀 안에서 진행되는 각종 프로젝트 및 틀 밖에서 진행되는 여러 가지 북극지역에서 진행되는 연구프로젝트를 꾸준히 지원하고 있으며, 이러한 연구사업을 진행함으로서 북극에서의 영향력을 높이는 것과 국제기구 등의 기관장을 일본인으로 추천함으로써 자신들의 북극에서의 영향력을 높이려고 꾸준히 노력하고 있다.

일본 문부과학성은 북극지역을 대상으로 하는 학제간 연구 프로젝트를 지원하고 있으며 그 지원 내역은 다음과 같다(〈표 2〉 참조)[19]:

〈표 2〉 일본의 북극 연구프로젝트

` GRENE 북극기회변동 프로젝트(2011-2015) * 북극지역의 기후변화 대한 연구를 지원하는 프로젝트
` Arctic Challenge For Sustainability - ArCS (2015-2019) ` ArCS II (2020-2025) * ArCS 프로젝트는 북극지역 문제 해결을 위한 국제적 제휴 및 협력을 목표

14) 일본 외무성 보도자료, "북극테스크포스 관련 내용," https://www.mofa.go.jp/mofaj/press/release/22/9/0902_01.html (검색일: 2022.12.19).

15) 일본 외무성 보도자료, "북극담당대사 임명," https://www.mofa.go.jp/mofaj/press/release/25/3/press6_000016.html (검색일: 2022.12.19).

16) 일본문부과학성 보도자료, "북극연구검토작업부회(안)," https://www.mext.go.jp/b_menu/shingi/gijyutu/gijyutu2/021-2/shiryo/attach/1300164.htm (검색일: 2022.12.19).

17) 일본 문부과학성 보도자료, "북극연구전략소위원회," https://www.mext.go.jp/b_menu/shingi/gijyutu/gijyutu2/053/shiryo/attach/1323674.htm (검색일: 2022.12.19).

18) 일본 국토교통성 보도자료, "북극해항로에 관한 성내검토회의 창설안," https://www.mlit.go.jp/sogoseisaku/ocean_policy/sosei_ocean_fr_000004.html (검색일: 2022.12.19).

19) 일본 문부과학성, "북극관련 프로젝트 설명 페이지," https://www.mlit.go.jp/sogoseisaku/ocean_policy/sosei_ocean_fr_000004.html (검색일: 2022.12.19).

2015-2019년까지 기간동안 ArCS(이하 일본북극연구)는 일본극지연구소, 일본해양연구개발기구, 북해도대학 3개 기관이 연계하여 프로젝트를 진행하였고, 이 프로젝트의 목적은 급변하는 북극지역의 기후변화 해명과 환경변화 등이 사회에 주는 영향을 밝히고 내외의 이해당사자가 지속가능한 북극의 이용 등 여러 과제에 대해 적절한 판단을 가능하게 하는 정밀도 높은 미래 예측이나 환경영향 평가 등을 실시하는 것에 목표를 두고 있으며, 이 프로젝트를 통해 모여진 정보는 북극이사회나 국제기구 또는 원주민 커뮤니티와 같은 이해 관계자에게 정보를 제공하고자 하고 있다고 그 방향성을 밝히고 있다.

2022년 현재 후속연구로 ArCS II(2020-2025)가 진행되고 있으며,[20] 2015-2019에 진행된 일본북극연구의 연구성과는 크게 과학적 성과, 연구 기반 구축, 인재육성 및 전문가 파견, 데이터 관리 등 4가지로 나눌 수 있다:

〈표 3〉 ArCS 2015-2019의 성과

과학적 성과	연구기반 구축	인재육성 · 전문가 파견	데이터 관리
북극의 환경변화에 대해 탐구 (1-6주제), 자연과학분야와 인문 과학 · 사회 과학을 연결시키는 매니지먼트 실시 (7주제), 마지막으로일본 연구쇄빙선 미라이를 이용하여 얻어진 데이터를 활용해 국제학회 및 논문발표(8주제) 각 주제는 아래 (표 4 참조)	북극지역(노르웨이 및 그린란드)에서 연구 및 관측 거점 확보 및 구축으로 미국과 러시아 등과 연구성과 공유	일본의 젊은 연구자의 해외파견을 지원하여 다른 국제단체와의 교류 및 공헌을 적극적으로 나타내고 있음	*북극 관련 프로젝트에서 얻은 각종 연구데이터의 수집 및 보관 데이터 활용을 진행 이 데이터를 활용해 국제협력의 강화를 실천*

일본의 북극연구 프로젝트는 국제 공동연구라는 점과, 북극지역에서 연구 및 관측 거점 정비 및 인재파견을 했다는 점, 이러한 활동으로 말미암아 일본

---

20) "ArCS 프로젝트 소개," https://www.nipr.ac.jp/arcs2/about/ (검색일: 2022.07.08).

이 북극문제 해결에 과학적으로 공헌하고, 북극지역에서 질서 있고 지속가능한 발전에 주도력을 발휘하는 것을 보여주고자 하고 있으며, 이 성과들을 모아서 체계적으로 관리하는 것, 마지막으로 이 프로젝트가 2015년 일본의 북극정책에 근거하고 있다는 점을 강조하고 있다. (〈표 3〉 참조).

일본의 북극연구 안에는 8개의 소주제가 있고, 그 소주제 중에서 인문사회과학분야 연구는 7번째 주제인 "북극의 인간과 사회: 지속적인 발전 가능성"이다.

〈표 4〉ArCS 2015-2019 일본북극연구 소주제 목록

주제 1 : 기상 · 해빙 · 파랑 예측 연구와 북극 항로 지원 정보의 통합
주제 2 : 그린란드의 빙상, 빙하, 해양, 환경 변동
주제 3 : 북극 기후에 관련된 대기 물질
주제 4 : 북극 해양 환경 관측 연구
주제 5 : 북극 기후변화 예측 연구
주제 6 : 북극 생태계의 생물 다양성과 환경 변동에 대한 응답 연구
주제 7 : 북극의 인간과 사회 : 지속적 발전의 가능성
주제 8 : 북극역 데이터 아카이브 시스템

ArCS프로젝트(2015-2019)의 요약보고서『미래 일본정책의 전망』의 내용은 다음과 같다. [21]

이 연구보고서 머리말에서 연구책임자인 타바타 신이치로(田畑伸一郎) 북해도대학 슬라브연구센터 소장은 급격한 환경변화에 북극지역 생태계나 지역사회의 변동이 점점 커질 것이라고 예상하고 있으며, 이 일이 남의 일이 아니라 일본에도 영향을 미칠 수 있다는 점에 대해서 그리고 북극이라는 공간이

---

21) "ArCS프로젝트(2015-2019)의 요약보고서『미래의 일본의 정책의 전망』," https://www.nipr.ac.jp/info/notice/20200228-2.html (검색일: 2022.11.30).

새로운 경제활동의 기회가 될 수 있는 것 그리고 2013년 일본이 북극이사회 옵서버국가로 지정되었고, 2015년 일본 북극정책이 발표되는 등 일본이 북극활동에 활발하게 참여하겠다는 의사를 표방하고, 2018년 3기 해양기본계획을 통해서 일본의 북극활동에 대한 입장을 공공히 하고, 2019년 총합해양정책본부참여회의 의견서에서 이 방향성이 확고하게 정해졌다고 말했다. 또한 문부과학성은 2015년부터 시작된 이 사업을 두고는 8개의 연구주제 중 하나로서 인문/사회과학계열의 소주제로 조직되었다는 것을 명시했으며, 이것은 북극지역에서 발생하는 문제 대응에 대해서는 자연과학뿐만 아니라 인문사회과학에 의한 대처가 필요하다는 인식이 일본에도 퍼지고 있다는 것을 의미한다고 말했으며, 마지막으로 이 보고서가 일본북극연구 전체의 연구성과가 이해당사자와 정책결정자에게 폭넓고 효과적으로 이용되기를 바란다고 말했다.

이 보고서는 지구환경문제, 북극원주민문제, 과학기술, 법의지배의 보장과 국제협력추진, 북극해 항로, 자원개발, 안전보장 등 총 7장으로 이루어졌으며, 각 장의 내용을 축약해서 정리해 보았다:

제1장 지구 환경문제

북극지역의 환경문제는 심각하고 지역주민에게 큰 영향을 미치고 있다.

일본은 환경 모니터링이나 대책기술에서 성과와 정치적 중립성을 타국에서 높이 인정받고 있고, 이러한 배경으로 지속적인 연구추진과 전문가 파견으로 지구환경문제에 공헌하고 국제적 평가를 높이고자 노력한다.

제2장 북극원주민문제

북극원주민은 북극지역에서 국가에 준하는 정치적 주체이다. 또한 원주민은 언어/문화/민족적으로 여러 가지 집단으로 구성되어 있고, 선주권이나 소수민족의 권리는 소속하는 국가와의 관계에서 오는 큰 차이가 있는 한편, 기후변동은 극지생태문제에 따라서 여러 가지 영향을 받고 있고, 학제간 융합연구를 통해서 이들을 돕는 방법을 찾는 것이 필요하다.

제3장 과학기술

2015년에 책정된 "일본의 북극정책"에서도 일본의 과학기술을 더욱 북극지역의 과제에 공헌하는 것이 제언되어 있다. 일본은 과학기술은 높이 평가되어 있다.

북극관측 네트워크 구성원으로서 지속적으로 활동하는 것 그리고 과학기술개발로, 국제사회에 공헌하고 지속가능한 북극을 목표로 활동을 제안한다.

제4장 "법의지배" 의 확보와 국제협력의 추진

"법의지배"와 국제협력을 추진하겠다는 일본의 북극정책은 북극지역 상황에 맞는 국제법정책의 입안/촉진에 공헌 할 수 있음. 특히 해양법상의 권리행사나 북극자원 개발에 대한 대처는 북극해의 생태계보전이나 원주민의 권리를 배려한 북극지역 특수한 상황으로 지속가능한 발전의 원리에 따라서 움직일 필요가 있다. 이것을 위해서 북극해양생태학 같은 과학적 의견이나 북극원주민 등에 관한 문화인류학적 의견을 포함한 학제적인 국제법 정책연구가 기대된다. 나아가 북극과학협력을 촉진하기 위해, 과학적 의견이 국제무대에서의 반영에 머물지 않고, 북극과학협력의 저해요인을 없애고, 특정분야의 과학협력을 추진하는 국제법 정책적 의론에도 적극적으로 관여할 수 있도록 노력한다.

제 5장 북극해항로

북극해양항로의 이용은 국제적으로 확대되고 있고, 그곳에서 발생하는 과제는 비북극권을 포함 국제적으로 확대되고 있다. 일본은 여러 분야에서의 다양한 방법으로 북극해항로가 미치는 영향의 파악과 지속적가능한 미래로의 전략을 구축하는 것과 동시에 국제사회로의 공헌과 북극문제해결을 선도하는 것을 목표하고자 한다.

제 6장 자원개발

자원량을 정확하게 파악하기 위한 과학 연구 · 조사가 요구된다. 또한 이러한 자원개발이 자원환경이나 원주민환경에 어느정도의 영향을 미치는가에 대한 정확히 조사가능한 제체를 북극권국가와 같이 시스템을 구축하는 것이 필요하다고 판단된다. 이것은 관광이나 통신 등 이외의 비즈니스의 분야에서도 똑같이 적용되기 때문에, 북극지역에서의 비즈니스에서 기업이 사회적 책임을 다하기 위한 체제를 만들어내는 것이 시급하다.

제 7장 안전보장

북극지역의 국제정세가 한층 더 긴장이 높아지거나 군비확장경쟁으로 전환하지 않는 것이 모든 국가의 공통 이익이라는 인식과 같이, 일본정부는 북극지역에서의 미중러의 동향에 충분한 주의를 기울이는것과 동시에 국제 협조주의에 기초로한 "적극적평화주의"의 이념을 실현하기 위해서 북극지역의 국제질서의 유지 및 한층 더 발전을 향해 보다 적극적인 역할을 완수해 나가는 것이 요망된다. 더해서 최근의 북극지역에서는 이른바 국익에 기초한 이익의 공유나 대립뿐만이 아닌, 원주민(단체)나 그린란드 같은 하위국가적 (subnational)인 주체가 안전보장영역에서 영향력을 행사나가는 것 같은 국가 안전보장의 상대화가 진행되고 있다. 일본의 북극정책도, 여러 가지 움직임을 상정하고, 그 영향력이 여러 가지 형태로 북극지역 더 나아가서는 일본의 주변을 포함한 글로벌한 안전보장환경과 상호작용하고 있는가(또는 아닌가)를 파악할 수 있는 시점을 가질 필요가 있다.

위와 같이 일본은 북극지역에서 자국의 영향력을 높이기 위해서 여러 가지 방향성을 도출해 냈다. 우선 북극문제를 해결하기 위한 전문가 파견(인적교류) 및 과학기술지원(모니터링) 다음으로, 북극 영유국들의 사유화를 막기 위한 북극상태의 국제법 및 안보 보장을 위한 연구활동 마지막으로 학제간 융합연구를 통해서 북극 상황에서 영향력을 행사하기 위한 여러 가지 방법 연구 등이다.

이렇게 북극지역에 영유권을 가지고 있지 않은 일본은 북극이 가진 잠재력을 파악하고 북극에 대한 영향력을 높이기 위해서 지속적인 연구활동을 하고 있다.

IV. 한국의 북극연구

〈표 5〉 한국의 북극관련 정책의 흐름

북극정책기본계획'(2013-2018) 〉 '북극활동진흥기본계획'(2018-2022) 〉 **극지활동진흥법 (2021년 4월 13일 제정, 2021년 10월 14일 시행)**

한국의 북극정책의 시작은 2013년 북극이사회 가입 이후 시작되었다고 할 수 있다. 이에 탄력을 받아 동년 12월 해양수산부를 중심으로 범부처 '북극정책기본계획'(2013-2018)이 수립되었다. 이 기본계획의 기본적인 목표는 국제협력강화와 북극지역의 과학조사 및 연구활동 강화, 북극 비즈니스 발굴 및 추

진 북극관련 제도기반 확충의 목적을 가지고 있었다.[22) 성과로는 한 · 중 · 일 외교부 고위급 북극협력대화 운영(16년~), '중앙북극해 공해상비규제 어업 방지협정'15)에 원초서명국 참여 등의 국제협력 성과를 거두었다. 2016년부터 는 매년 12월 국내 북극협력주간(Arctic Partnership Week)16) 개최, 2015 년 한국북극연구컨소시엄(KoARC)17) 발족, 한국북극아카데미(Korea Arctic Academy)18) 운영 등의 성과도 도출되었다. [23) ([그림 1] 참조).

이후 후속 계획으로 해수부는 달성하지 못한 계획과 새로운 계획들을 종합하여 2018년 '북극활동진흥기본계획'(2018-2022)을 수립했다. 이 시기에는 극

[그림 1] 북극정책 기본계획 2013-2017[24)

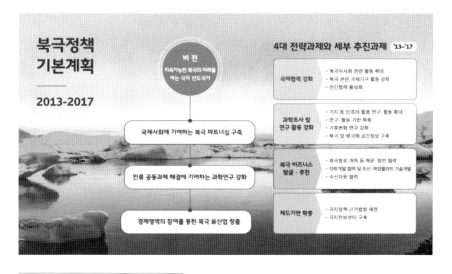

22) 해양수산부, "북극정책 기본계획," https://www.mof.go.kr/article/VIew.do?articleKey=4638&boardKey=22&menuKey=386&currentPageNo=1 (검색일: 2022.08.22).
23) 서현교, "한국의 북극정책 과제 우선순위에 대한 평가와 분석," 『한국 시베리아연구』 제23권 1호 (배재대학교 한국-시베리아센터, 2019), p. 50.
24) "극지연구소 극지이야기포털," https://www.koreapolarportal.or.kr/poli/promotionOfArcticActIVities.do (검색일: 2022.11.20).

[그림 2] 북극활동 진흥 기본계획 2018-2022[25]

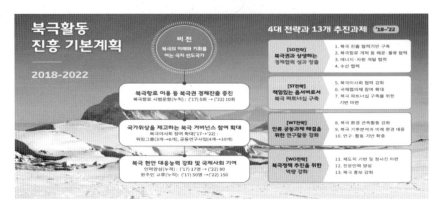

지활동지원을 위한 아라온 2호 건조를 위한 예산타당성심사 통과[26] 및 북극
활동에 법적 근거가 될 수 있는 극지활동진흥법[27]을 만들어내는 성과를 얻었
다. 이로서 북극관련 연구활동에서 국가주도의 컨트롤타워가 만들어질 수 있
는 여건이 조성되었다고 생각된다.[28]([그림 2] 참조).

아직까지 한국정부는 아직 북극을 특정해서 연구지원을 해주고 있지 않다.
따라서 2018년부터 2022년까지(5년) 한국연구재단이 지원한 연구사업 중에
서 연구주제어나 연구명에 '북극'이 들어가는 주제를 특정하여 조사를 진행하
였다. 그 결과 해당 기간동안 800건의 연구 지원사례가 있었고, 이 중에서 인
문사회분야 북극관련 연구는 총 10건으로 (개인연구 7건, 공동연구 2건, 집단

25) ibid.
26) "'아라온호'보다 2배 큰 제2쇄빙선 건조한다," 「동아사이언스」, 2021년 6월 28일,
    https://www.dongascience.com/news.php?idx=47548 (검색일: 2022.10.10).
27) "극지연구소 극지이야기포털," https://www.koreapolarportal.or.kr/poli/
    promotionOfArcticActIVities.do (검색일: 2022.11.20).
28) "해양수산부 정책해설자료집," https://eiec.kdi.re.kr/policy/materialVIew.do?
    num=179137 (검색일: 2022.11.30).

연구 1건)[29][30] 나타났다. (아래 〈표 6〉 참조).

〈표 6〉 한국연구재단의 연구지원을 받은과제 목록 2018-2022

번호	연구명	연구기간	사업명	소속/연구책임자명
1	북극 원주민 사회의 주요 현안 분석과 한국의 협력방안 모색	'22-'24	중견연구 (개인연구)	배재대학교 김정훈
2	기후변화와 연계된 북극의 확장적 연구: 안보, 지속가능한 개발, 원주민의 전통 지식과 문화 사업연도	'21-'23	공동연구지원사업 (공동연구)	경희대학교 김준엽
3	러시아 시베리아 공간발전과 '물류 클러스터' 정책 분석을 통한 시베리아 지역 복합물류 체계 발전방안 연구	'21-'22	신진연구자지원사업 (개인연구)	한국외국어대학교 남가영
4	한국의 북극활용 로드맵 : 통합물류 수송망을 통한 러시아 북극자원 도입 방안 연구	'21-'23	인문사회학술연구교수 (개인연구)	경북대학교 박종관
5	'청색문화' 중심으로서의 러시아 북극권 소수민족 축제 연구	'20-'23	공동연구지원사업 (공동연구)	배재대학교 김태진
6	러시아 시베리아·북극권 소수민족의 정체성 연구 : 문화 일반성, 다양성, 상대성 및 특수성을 중심으로	'20-'21	인문사회학술연구교수 (개인연구)	(사)한국대학교육협의회 계용택
7	북극의 글로벌 거버넌스 분석과 한국의 북극정책	'20-'21	인문사회학술연구교수 (개인연구)	(사)한국대학교육협의회 유시현
8	유라시아 통합물류운송 시스템 구축전략 연구: 북극항로를 중심으로	'20-'21	인문사회학술연구교수 (개인연구)	경북대학교 박종관
9	우랄-시베리아 자원지대와 북극항로 연계된 러시아 북극 철도회랑 개발정책 연구	'19-'20	시간강사지원사업 (개인연구)	경북대학교 박종관
10	러시아 시베리아·북극 연계 융합 연구: 지정, 지경, 지문화 및 생태환경관광학적 분석	'19-'22	인문사회연구소지원사업 (집단연구)	배재대학교 김정훈

이 연구 중에서 집단연구로 지원받은 연구는 인문사회연구소지원사업 - "

---

29) "한국연구과제 선정과제 현황," https://www.nrf.re.kr/selectionTask/list?menu_
no=459 (검색일: 2022.11.30).

30) 한국연구재단은 학자들의 연구를 연구활동을 지원하는 재단으로서 매년 한국연구자
들의 연구지원을 해주고 있다. 개인연구는 연구책임자 1명이 진행하는 연구를 말한
다. 공동연구는 연구책임자 이외에 수명의 공동연구원이 같이 진행하는 연구를 말한
다. 집단연구는 연구소단위연구를 말한다.

19-'22 러시아 시베리아 · 북극 연계 융합 연구: 지정, 지경, 지문화 및 생태환경관광학적 분석"이다. (이하 한국북극연구) 한국연구재단의 인문사회연구소 지원사업은 집단연구 사업으로 연구소 단위로 지원해주는 사업이고 연구기간은 3년 이후 연구결과물 심사를 통해서 3년 더 연구 연장이 되는 사업이다.

한국북극연구의 1단계 사업은 2022년 8월 31일에 종료되었으나 아직 연구 성과물에 자세한 내용은 알수가 없었다. 다만 한국연구재단에서 지원하는 성과포탈에서 연구제안서에 대한 내용에 대해서 파악할 수 있었고, 그 내용은 정리한 것은 다음과 같다:[31]

한국북극연구의 연구제안서에 의하면 한국북극연구는 러시아의 시베리아 및 북극권에 대한 국제적인 관심이 지구 온난화와 이상기온으로 고조되고 있으며, 시베리아 · 북극지역의 정치, 경제, 생태, 문화공간으로써의 분야별 연구와 각 공간들 사이의 상관관계에 대한 연구는 정치, 경제, 사회적 의미에서 각국이 그 권리를 선점하기 위해 치열한 경쟁을 벌이고 있는 동 지역의 이해를 높이고, 4차 산업혁명의 시대에 한국의 성장동력 모색에 있어 새로운 정책방향을 본 연구지역과 함께 연계하여 제시함으로써 장기적으로 정치, 경제적 유익을 확보하는데 이 연구의 목적이 있다고 밝히고 있다. 따라서 연구지역을 4가지 공간 생태 · 정치 · 경제 · 문화 공간으로 나누어 접근할 필요가 있다고 말하고 있다.

첫 번째 정치공간(지정학)에서는 국제정치경제의 중심지가 아 · 태로 이동되면서 시베리아 · 북극권을 둘러싼 국가 간 경쟁 및 협력, 현재와 미래의 인류생존을 위

---

31) "기초학문자료센터," https://www.krm.or.kr/krmts/search/detailVIew/research.html?metaDataId=&m201_id=10093167&local_id=10093167&dbGubun=SD&m310_arti_id=&dataTypeCd=&category=Research (검색일: 2022. 11. 20).

한 공동개발, 초국가적 행위자들의 시베리아 · 북극권 개발 · 보존에 관련된 제반 행위가 발생하는 공간의 의미, 두 번째로 경제 공간(지경학)에서는 천연자원과 에너지(석탄, 석유, 천연가스, 풍력, 수력, 원자력, 지열 등), 농림수산 자원의 보고지역 개발권 선점과 대륙과 대양을 연결시킬 수 있는 물류이동로와 이에 상응하는 인적자원 교류의 공간, 세 번째 문화 공간(지문화학)에서는 슬라브 문화와 시베리아 및 북극지역의 전통적 문화와 관습에 따라 살고 있는 다양한 원주민의 시공간적 문화를 아우르는 공간 의미, 이로 인한 그들의 주거문화, 민족이동, 언어변화, 사회제도변화 등과 같은 요소 등 주요 연구대상 공간으로서의 의미, 마지막 네 번째는 생태 공간(생태환경관광학)에서는 지구 온난화와 무분별한 개발의 위협 속에서 생물적 다양성과 온실효과 문제에 대한 인식 그리고 지구상 몇 안 되는 산소공급원, 친환경 농업, CDM(Clean Development Mechanism: CO_2 배출시장), 생태관광 등의 역할에 따르는 공간을 뜻한다.

이 연구의 필요성으로는 우선 첫 번째는 연구 및 연구역량 강화가 필요, 다음으로 한국의 정책자료 및 연구공간에 대한 성과물이 미흡한 것, 마지막으로 한국북극연구는 시베리아 · 북극문제에 관련한 혁신적인 '북방정책'이 나올 수 있는 정보의 근간을 제공해 줄 것으로 기대되며, 궁극적으로는 미래 한국사회의 성장공간으로 북극의 가능성과 활용성을 파악할 수 있는 토대가 될 수 있을 것을 지적했다.

연구 창의성은 연구대상지역과 연구주제의 핵심성과 연계/통합 연구: 연구대상지역의 수평적 연계와 연구주제의 수직적 통합을 통해 확보하며, 구체성 및 독창성은 연구대상 및 주제의 연계는 시스템적 연구(Systemic Approaches), 즉 연구 대상 및 주제 모두가 러시아의 미래 발전 전략에 의해 상호 긴밀하게 연계되어 있으며, 상호 긴밀하게 연계된 지정학적, 지경학적, 지문화적, 환경생태관광 접근법들에 의해 복합적으로, 즉 횡적 종적으로 연구되는 통합연구를 지향한다.

한국북극연구는 연간 한권 이상의 연구성과물을 출판하고 있다. 지금까지 출판된 연구성과물 서적과 그 연구목차를 통해서 연구연도별(2019-2021) 연구내용을 파악해 보자면 다음과 같은 연구성과물이 출판되었다는 것을 알 수 있다.

〈표 7〉 연구성과물 리스트

> `2020년 지금 북극은 1권: 북극 개발과 생존의 공간[32]
> `2021년 지금 북극은 2권: 북극, 인문 지리 공간[33]
> `2021년 지금 북극은 3권 북국, 지정 지경학적 공간[34]
> `2022년 지금 북극은 4권 북극, 경쟁과 협력의 공간[35]

연도별 연구성과물은 지정, 지경, 지문화, 생태 · 환경 등의 주제로 나누어서 공동연구원 및 전문가의 글을 담고 있다. 연도별로 2020년 18편(지정8편, 지경4편, 지문화4편, ,생태 · 환경 2편), 2021년 2권 출판 각 10편으로 구성되어 총 20편(지정 8편, 지경 4편, 지문화 5편, 생태 · 환경 3편), 2022년 10편(지정 5편, 지경 1편, 지문화 3편, 생태 · 환경 1편) 이다. 총 48편의 글이 출판되었으며, 분야별로 지정이 21편, 지문화가 12편, 지경이 9편, 생태 · 환경이 6편 순으로 조사되었다.

가장 마지막에 출판된 연구성과물인 "지금 북극은 4권 북극, 경쟁과 협력의 공간(2022)"에서 논문으로 발표된 연구를 대상으로 성과물을 축약해서 소개

---

32) 김정훈 외 10명, 『지금 북극은 1권: 북극 개발과 생존의 공간』(서울: 학연문화사, 2020).
33) 김정훈 외 11명, 『지금 북극은 2권: 북극, 인문 지리 공간』(서울: 학연문화사, 2021).
34) 김정훈 외 11명, 『지금 북극은 3권 북국, 지정 지경학적 공간』(서울: 학연문화사, 2021).
35) 김정훈 외 11명, 『지금 북극은 제4권 북국, 경쟁과 협력의 공간』(서울: 학연문화사, 2022).

해 보고자 한다.

1. 한국의 신 북극전략 모색: 미중경쟁에 따른 중견국 외교전략과 북극 5G 거버넌
스 구축[36]

북극 개발로 접근성이 가능해지자 강대국들의 경쟁이 심화하고 있다. 2018년 중
국은 북극정책백서를 발표하였고, 일대일로를 정책을 확장하여 '빙상 실크로드'로
확장했다. 미국과 안보 동맹, 중국과 경제적인 유대를 이어온 한국은 양자택일 외
교 전략에서 벗어나, 새로운 무대인 북극공간에서 미국과 중국 그 어느 국가도 반
대 입장을 표명할 수 없는 미개발 영역을 발견하고 발전시켜야 한다. 이를 통해 패
권갈등 속에 있는 한국의 중견국으로서의 입장을 다시 세우고 그 역할을 견지해서
국익을 실현시켜야 한다고 주장한다. 이러한 관점에서 선진기술인 5G를 통해 북극
전략의 다양성을 분석하여 한국 북극전략에 새로운 행보를 제안하고자 한다.

2. 러시아 북극의 전략적 발전 지역: 쎄베로-야쿠스키 중심[37]

2021년 새롭게 북극이사회의 의장국이 된 러시아는 적극적으로 북극개발 정책을
추진하고 있다. 특히 북극 개발을 촉진하기 위한 대규모의 투자와 법률 개정등을
진행하고 있고, 기존의 지정학적 관심과는 다른 북극공간의 새로운 지위를 확보해
나가면서 뜨거운 지역으로 변하고 있다. 이와같은 변화를 세베로-야쿠츠키 지역을
중심으로 분석해 볼 것이다.

---

36) 성지승 · 김정훈, "북극권 미중 경쟁 속 한국의 중견국 외교전략 모색: 북극 5G 거버넌
스,"『한국 시베리아연구』제26권 1호 (배재대학교 한국-시베리아센터, 2022), pp. 34-
72.
37) 양정훈, "러시아 북극의 전략적 발전 지역: 쎄베로-야쿠스키 중심,"『한국 시베리아연
구』제25권 4호 (배재대학교 한국-시베리아센터, 2021), pp. 69-96.

3. 한국의 러시아 북극개발 협력 가능성 모색: 일본과 한국의 대러시아 정책 비교 분석을 중심으로[38]

2014년 우크라이나 사태 이후 러시아에 대한 서방의 경제제재가 현재까지 계속 이어지고 있다. 이 경제제재로 러시아는 기존의 국가주도의 북극 개발계획에서 컨소시엄을 통한 개발계획으로 선회하였고 그 첫 번째 결과가 야말 LNG 프로젝트이다. 이곳은 세계적인 주목을 받고 있는 북동항로와 북극개발의 중심지역이다. 그러나 이 지역을 두고 한국, 중국, 일본의 전략 및 정책방향성은 다르다. 이 글에서는 일본이 어떻게 러시아 북극 개발에 자유롭게 참여할 수 있는가에 대해서 알아보고, 한국과 일본의 러시아 정책에 대해서 비교 분석한다.

4. 스웨덴의 북극정책과 대러시아 경계심[39]

스웨덴은 북극권 국가이며, 북극이사회의 정규회원국가이다. 스웨덴은 역사적, 지리적 인접으로 북극에 대한 국가적인 관심을 오래전부터 가지고 있다. 더욱이 지난해에는 『2020 북극 전략』를 발표했고, 스웨덴이 북극에 가지고 있는 정책적 지향점을 잘 보여주는 일례라고 할 수 있다. 이 글에서는 스웨덴이 가지는 6가지 북극관련 핵심목표분야를 선정해서 북극에서 국가의 이익과 전략적인 목표를 어떻게 이루어 나갈지가 명시되어 있다. 또한 스웨덴의 북극전략은 이전과는 다르게 전략목표에 대해서도 구체적으로 나타내고 있다. 이 글에서는 스웨덴의 북극전략을 분석한다.

---

38) 백영준, "한국의 러시아 북극개발 협력 가능성 모색: 일본과 한국의 대러시아 정책 비교분석을 중심으로," 『한국 시베리아연구』 제25권 3호 (배재대학교 한국-시베리아센터, 2021), pp. 79-110.
39) 곽성웅, "스웨덴의 북극정책과 대(對)러시아 경계심의 발현: 스웨덴의 『2020 북극 전략』을 중심으로," 『한국 시베리아연구』 제26권 2호 (배재대학교 한국-시베리아센터, 2022), pp. 1-34.

5. '유람시아(Euramsia: Europe-America-Asia)'의 꿈: 베링해협 해저터널 프로젝트의 가능성과 한계성[40]

본 연구는 베링해협 해저터널 프로젝트의 가능성과 한계성을 분석한다.

이 프로젝트는 평화를 가져올 수 있으며 경제 통합을 위한 인센티브 역할을 담당한다. 베링해협 터널의 건설은 또한 시베리아와 알래스카의 집약적인 경제 발전과 주민을 위한 전제 조건이 될 것이며, 연중 내내 물류 접근을 제공하고 운송 비용을 절감하며 제조를 위한 경쟁 우위를 제공할 것이다. 여러 가지 장애요인도 러시아와 미국의 실천 의지만 있다면 가능하다. 중단기적으로 어렵다고 생각되지만 역발상으로 이 사업이 이루어진다면 러미 간 혹은 세계 평화 달성뿐만 아니라 세기의 뉴딜 정책으로 정체된 세계 경제를 활성화시키면서 세계 경제의 선순환 구조로 발전될 수 있을 것으로 기대된다.

6. 북극 소수민족에 대한 러시아 언론의 보도내용 및 성향 분석: '타스 통신사'의 뉴스 기사 텍스트를 중심으로[41]

이 논문은 러시아에서 발행되는 뉴스를 이용하여 러시아 정부와 국민이 북극에 거주하는 소수민족들에 어떤 생각을 가지고 있는지에 대해 분석 및 고찰하였다. 방법론으로 뉴스기사 텍스트마이닝 기법에서 R 소프트웨어의 TM 패키지를 이용하였으며, 내용 분석을 위하여 단어 빈도수(워드클라우드 제시) 분석, 단어 간의 네트워크 분석, 상관분석(Correlation Analysis), 엔그램(n-gram, 바이그램 및 트라이그램) 분

---

40) 한종만, "'유람시아(Euramsia:Europe-America-Asia)'의 꿈 - 베링해협 해저터널 프로젝트의 가능성과 한계성 - ,"『도서문화』제58집 (국립목포대학교 도서문화연구원, 2021), pp. 135-170.

41) 계용택, "북극 소수민족에 대한 러시아 언론의 보도내용 및 성향 분석: '타스 통신사'의 뉴스 기사 텍스트를 중심으로,"『아태연구』29권 2호(경희대학교 국제지역연구원, 2022), pp. 83-107.

석 방법 등으로 '북극 및 민족'으로 검색된 '타스 통신사' 뉴스 기사 텍스트 본문을 분석하여 기사 내용의 본질적인 의도를 추론하였다. 분석결과 북극소수민족 단어들의 상관도는 낮은 수준으로 분석되었다. 이 연구결과로는 전체 기사의 핵심 키워드는 '러시아 북극지역 사회경제적 개발' 및 '북극지역 소수민족 언어 권리'이며, 전체 텍스트 문맥상 북극의 소수민족 문제는 러시아의 북극개발 과정에 있어 아주 작은 부분에 지나지 않다는 점을 보여주고 있다. 북극토착소수민족들에 대한 러시아 국민 및 정부의 태도를 감안하면, 이러한 정책시행으로 북극에 거주하는 토착소수민족들의 인구감소 및 민족문화의 해체나 소멸이 더욱 가속화될 것으로 보인다.

7. 지속 가능한 러시아 북극 원주민의 미래 - 청소년 미술 공모전 출품작을 통해서 본 사하공화국 북극 원주민의 삶 -[42]

이 연구는 지구온난화로 변화하는 지구환경에서 러시아 북극원주민들의 삶에 대한 인문 및 문화적 특징을 탐색하기 위함이다. 러시아 북극원주민들은 척박한 환경속에서 삶을 이어나가고 있지만 여러 가지 방법으로 그들의 전통과 생활양식을 지키며 이어나가고 있다. 북극이 개발 가능성이 높아지면서 개발에 선점효과를 노리려는 국가들이 열띤 경쟁을 벌이고 있다. 이러한 이유는 북극의 가치가 개발에 초점이 맞춰져 있기 때문이다. 이렇게 개발이 활성화되면서 북극원주민들의 전통과 생활양식을 지키기 위한 논의도 활발하게 진행되고 있다.

이 연구에서는 북극원주민들을 중심으로한 인문 및 사회적인 문제로 접근을 시도하고자 한다. 북극원주민의 삶과 여러 가지 소재로 표현된 러시아 청소년들의 그림을 보면서 그들에게 관심을 가져야할 이유를 인식하였고, 이 글을 통해 북극원

---

42) 박종관 · 최주화, "지속 가능한 러시아 북극 원주민의 미래 - 청소년 미술 공모전 출품작을 통해서 본 사하공화국 북극 원주민의 삶 -,"『슬라브研究』38권 1호(한국외국어대학교 러시아연구소, 2022), pp. 49-70.

주민의 문화를 단편적이나마 소개하는 것에 의의를 둔다.

이렇게 한국의 북극연구에 대해서 알아보았다. 물론 이렇게 단편적인 정보로 쉽게 판단을 내릴 수는 없지만 한국에서 북극연구의 입지가 자연과학쪽에 치우쳐 있다는 사실과 인문과학분야에서의 북극연구의 중요함에 대해서 다시한번 강조하고 싶다. 또한 한국과 일본의 연구목적이나 방향성이 다르기 때문에 비교하는데에 어려움이 따른다.

V. 결론

우선 도출된 결과를 한국과 일본 각각 SWOT 분석을 해보고 결론을 내고자 한다.

〈표 8〉SWOT분석 일본의 경우

강점	약점
○ 북극에서 도움이되는 기술을 소유하고 있다 ○ 빠른 정책결정으로 동북아 국가중에 북극연구를 선도하는 입장이다 ○ 북극관련 컨트롤 타워를 가지고 있고, 정부부처와 연구기관의 유기적인 연결	○ 북극에 영유권이 없다 ○ 북극연구가 이공분야에 치우쳐 있다 ○ 북극에 대한 큰관심이 부정적인 인식을 줄 가능성
기회	위협
○ 북극이라는 공간이 새로운 성장동력이 될 수 있다 ○ 이해당사자와 정책결정자에 직접적으로 도움이되는 정보를 제공함으로써 국제적인 영향력 증가 ○ 북극에 기여해서 개발에 따르는 리스크 감소가능	○ 일본이 주장하는 "법의지배"와 국제협력을 추진이라는 아젠다에서 북극권국가의이권의 침해에 대한 견제 ○ 정치적인 요소가 북극연구를 방해할 가능성 ○ 북극과 관련된 안보는 미국과 북극개발은 러시아라는 이중성

우선 일본의 강점은 북극에서 도움이 되는 기술을 많이 소유하고 있다는 것

이다. 환경변화에 따른 모니터링이나 이공분야에서 북극에서 사용할 수 있는 정보를 소유하고 있고 그 결과를 제공하고 있다. 그리고 빠른 북극관련 정책결정으로 현재 일본은 동북아 국가 중에서 북극연구를 선도하는 입장이다. 일본의 북극연구는 2015년 지정된 '일본의 북극정책'에 의거해서 정부기관과 학술기관의 유기적인 연결을 가능하게 하는 컨트롤 타워를 가지고 있으며, 그 컨트롤 타워를 이용해서 활발한 연구활동을 이어나가고 있다.

다음으로, 약점은 일본이 북극에 영유권을 가지고 있지 않다는 것이다. 따라서 물리적으로 어떠한 권리를 행사할 수 없는 상태이다. 그리고 일본의 북극연구는 이공분야에 치우쳐 있다. 이것은 이전의 연구에 결과에 따르면 일본에서 이공계열 연구 결과물은 연간 200-300건의 연구성과물이 나오고 있으나, 인문사회분야의 연구결과는 15건 안팎으로 연구성과물의 차이가 크다.[43] 그리고 중국의 경우와 마찬가지로 일본이 북극에 관심을 가지면 가질수록 북극에 영유권을 가지고 있는 국가들에게 부정적인 인식을 심어줄 수 있는 가능성이 있다.

일본의 기회는 지리적인 요인으로 북극이 개발된다면 일본이 그 혜택을 크게 볼 수 있기 때문이다. 따라서 일본은 북극항로나 북극개발로 새로운 성장동력이 될 수 있다. 그리고 현재 일본은 북극에서 일어나는 자연현상에 대한 연구나 북극에서 사용할 수 있는 기술연구 등과 인문사회분야의 학제간 융합연구에 대해서 많은 관심을 가지고 있고 ArCS 사업을 통해서 그 가능성을 시험해 보고 있는 상황이다. 학제간 융합연구로 도출되고 있는 결과로 이해당사자와 정책결정자에게 직접적으로 도움이 되는 정보를 제공함으로써 일본의

---

43) 김정훈·백영준, "한국과 일본의 북극 연구 경향 및 전략 비교,"『한국 시베리아연구』 제21권 2호(배재대학교 한국-시베리아센터, 2017), p. 125.

국제적인 영향력의 증가와 국제 기구등의 수장을 일본인으로 임명하는 것에도 많은 관심을 가지고 있다. 뿐만 아니라 북극에 기여하면서 북극 개발에서 오는 부정적인 인식이나 리스크를 감소시키는 것도 가능하다고 판단된다.

마지막으로 일본에게 위협은 일본이 주장하는 법의지배와 국제협력 추진이라는 아젠다에서 북극권 국가들의 이권 침해에 대한 소지가 있고, 이것에 대한 견제이다. 그리고 현재 일본은 북극관련 안보는 미국과 개발은 러시아와 같이 협력하고 있다. 최근의 국제정세에서 균형있는 외교가 어려운 상황이기 때문에 정치적인 요소가 북극연구활동을 방해할 가능성이 크다.

〈표 9〉 SWOT분석 한국의 경우

강점 ○ 북극에서 도움이되는 기술을 소유하고 있다 ○ 인문사회분야의 북극연구에서 강점을 가지고 있다 ○ 일본에 비해서 한국의 북극참여가 부정적인 영향을 적게 줄 수 있다	약점 ○ 북극에 영유권이 없다 ○ 북극관련한 컨트롤 타워의 부재 ○ 북극연구가 이공분야에 치우쳐 있다
기회 ○ 북극이라는 공간이 새로운 성장동력이 될 수 있다 ○ 북극에 기여하여 개발에 따르는 리스크 감소가능 ○ 북극개발에서 선점효과를 누릴 수 있는 가능성	위협 ○ 북극참여에 따르는 리스크 회피 ○ 정치적인 요소가 북극연구를 방해할 가능성 ○ 느린정책결정

한국의 강점도 우선 북극에서 도움이되는 기술을 소유하고 있다는 것이다. 특히 쇄빙 기능을 가진 LNG 운반선의 건조는 한국이 경쟁력을 가지고 있는 분야로 그 수요가 점점 늘어나고 있다. 다음으로 인문사회분야의 북극연구에서 일본보다 더 나은 성과를 내고 있다는 것이다. 기존의 연구에 따르면 자연과학분야는 연도별로 100-200건의 연구가 이루어지고 있어서 일본보다 연구결과물의 수가 적으나 인문사회분야 연구성과물은 연간 20건 안팍으로 일본

보다 유의미하게 더 성과를 내고 있다.[44] 일본의 경우에는 컨트롤 타워를 가지고 진행하고 있고 한국의 경우에는 컨트롤 타워가 없는데도 불구하고 개인 연구자들의 연구로 이루어지고 있는 샘이다. 그리고 앞으로 한국이 더욱 활발하게 북극정책을 펼친다면 주변 동북아시아 국가에 비해서 북극권 국가들에게 덜 위협이 되는 것도 사실이기 때문에 북극에 대한 접근에서 상대적으로 덜 부정적인 영향을 줄 수 있기 때문에 강점이다.

다음으로 약점은, 우선 일본과 마찬가지로 북극에 영유권이 없다는 것이다. 다음으로 일본과 같은 시기에 북극이사회의 상임 옵서버 국가가 되었고 '북극정책 기본 계획'의 입법도 2013년으로 빠르게 진행되었지만 국내 정치적인 문제로 북극관련 계획 지정이 지체되었다. 2021년 지정된 '극지활동진흥법'이 활성화 된다면 북극활동에 대한 법적인 근거가 생길 뿐만 아니라 범정부 부처 간 컨트롤 타워 지정과 효율적인 자원의 분배로 더 나은 북극연구 가능할 것을 기대해 본다.

한국의 기회는 일본과 마찬가지로 북극이라는 공간이 새로운 성장동력이 될 수 있다는 것이다. 또한 새로운 항로와 미개발된 자원에 대한 선점효과(Occupation Effect)를 누릴 수 있다면 공업국가인 한국에게 매력적이고 북극에 기여하여 개발에 따르는 리스크를 줄이기 위한 여라방향성을 가진 연구는 더욱 활성화 되어야 할 것이다.

마지막으로 한국에게 위협은 느린정책결정으로 북극에서의 선점효과를 누릴 수 없을지도 모르는 점과 한국이 북극 참여에 따르는 리스크를 피하는 방향성을 가지고 있다는 점이다. 단적인 예로 한국은 중국이나 일본이 '야말 LNG 프로젝트'나 '아르티카 2 LNG 프로젝트'등의 개발사업에 직접 혹은 간

---

44) ibid, p. 122.

접적으로 투자하는데 반해 한국은 쇄빙 LNG 운반선 수주로 만족하고 있다. 물론 여기에는 국제정치적인 요소가 포함되어 있지만 하이리스크 하이리턴 (High Risk, High Return)을 생각한다면 리스크를 줄이고 참여할 수 있는 방법을 찾아야 할 것이다.

이렇게 일본과 한국의 SWOT분석을 진행해 보았다 상호 같은점도 있고 다른점도 있지만 일본의 북극연구는 국가정책에 기여하는 측면보다는 국제기구나 원주민 커뮤니티 같은 이해당사자에게 직접 정보를 제공하고자하는 방향성이 강하고 한국의 북극연구는 아직 국가정책에 기여하고자하는 방향성이 강하다.

그러나 주목할만한 점은 한국과 일본의 북극연구 방향성에서 같은 점은 학제간 융합연구를 지향하고 있다는 측면이다.

한국과 일본 각각 처해 있는 연구 상황이 다르지만 국익을 위해서 북극에 어떻게 기여할 수 있는지를 찾아내고 조화시킬 수 있는 방법에 대한 연구가 필요한 것은 공통된 부분이다.

위에서 언급한 것과 같이 이전 연구에서 한국과 일본의 북극연구 결과물의 수량을 비교해본 결과 이공계 연구에서는 일본이 앞서지만 인문사회분야 연구에서는 한국과 일본이 비슷하거나 앞서는 수준인 것으로 나타났다.[45] 향후 효율적으로 연구자원을 분배할 수 있는 컨트롤 타워가 만들어지고 그것을 통해서 학제간 융합연구가 이루어진다면 한국의 북극연구가 한단계 더 발전할 수 있을 것이라고 생각된다.

---

45) ibid, p. 130.

〈참고문헌〉

〈논문자료〉

계용택, "북극 소수민족에 대한 러시아 언론의 보도내용 및 성향 분석: '타스 통신사'의 뉴스 기사 텍스트를 중심으로,"『아태연구』29권 2호, 경희대학교 국제지역연구원, 2022.

곽성웅, "스웨덴의 북극정책과 대(對)러시아 경계심의 발현: 스웨덴의『2020 북극 전략』을 중심으로,"『한국 시베리아연구』제26권 2호, 배재대학교 한국-시베리아센터, 2022.

김단비 · 이상만, "중국의 북극 전략 연구: 한국과의 비교를 중심으로,"『현대중국연구』23권 4호, 현대중국학회, 2022.

김정훈 외 10명,『지금 북극은 1권: 북극 개발과 생존의 공간』, 서울: 학연문화사, 2020.

_____ 외 11명,『지금 북극은 2권: 북극, 인문 지리 공간』, 서울: 학연문화사, 2021.

_____ 외 11명,『지금 북극은 3권 북국, 지정 지경학적 공간』, 서울: 학연문화사, 2021.

_____ 외 11명,『지금 북극은 제4권 북극, 경쟁과 협력의 공간』, 서울: 학연문화사, 2022.

김정훈 · 백영준, "한국과 일본의 북극 연구 경향 및 전략 비교,"『한국 시베리아연구』제21권 2호, 배재대학교 한국-시베리아센터, 2017.

박영민, "북극해 영유권 갈등의 정치학: 동아시아 지역에 주는 시사점,"『대한정치학회보』27권 3호, 대한정치학회, 2019.

박종관 · 이상철, "북극 정책 추진과 전략 연구: 일본 사례를 중심으로,"『인문사회21』13권 5호, 아시아문화학술원, 2022.

박종관 · 최주화, "지속 가능한 러시아 북극 원주민의 미래 - 청소년 미술 공모전 출품작을 통해서 본 사하공화국 북극 원주민의 삶 -,"『슬라브硏究』38권 1호, 한국외국어대학교 러시아연구소, 2022..

백영준, "한국의 러시아 북극개발 협력 가능성 모색: 일본과 한국의 대러시아 정책 비교분석을 중심으로,"『한국 시베리아연구』제25권 3호, 배재대학교 한국-시베리아센터, 2021.

서현교, "일본의 북극정책: '연구개발' 부문의 인문 · 사회 분야 중요성 평가,"『아태연구』27권 4호, 경희대학교 국제지역연구원, 2020.

_____, "한국의 북극정책 과제 우선순위에 대한 평가와 분석,"『한국 시베리아연구』제23권 1호, 배재대학교 한국-시베리아센터, 2019.

_____, "중국과 일본의 북극정책 비교 연구,"『한국 시베리아연구』제22권 1호, 배재대학교 한국-시베리아센터, 2018.

성지승 · 김정훈, "북극권 미중 경쟁 속 한국의 중견국 외교전략 모색: 북극 5G 거버넌스," 『한국 시베리아연구』제26권 1호, 배재대학교 한국-시베리아센터, 2022.

양정훈, "러시아 북극의 전략적 발전 지역: 쎄베로-야쿠스키 중심," 『한국 시베리아연구』제25권 4호, 배재대학교 한국-시베리아센터, 2021.

표나리, "중국의 북극 진출 정책과 일대일로 '빙상 실크로드' 전략의 내용 및 함의," 『중소연구』42권 2호, 한양대학교 아태지역연구센터, 2018.

한종만, "'유람시아(Euramsia:Europe-America-Asia)'의 꿈 - 베링해협 해저터널 프로젝트의 가능성과 한계성 - ," 『도서문화』제58집, 국립목포대학교 도서문화연구원, 2021.

デルヴォヴィッチ メディ, 柴田 明穂, "日本 · 中国 · 韓国の北極政策の比較：法の支配 · 国際協力 · ビジネス · 先住民族への取り組み", ArCS II 国際法制度課題ブリーフィングペーパー · シリーズ 4, 2022.

〈인터넷 자료〉

"극지연구소 극지이야기포털," https://www.koreapolarportal.or.kr/poli/promotionOf ArcticActIVities.do (검색일: 2022.11.20).

"기초학문자료센터," https://www.krm.or.kr/krmts/search/detailVIew/research. html?metaDataId=&m201_id=10093167&local_id=10093167&dbGubun= SD&m310_arti_id=&dataTypeCd=&category=Research (검색일: 2022.11.20).

"'아라온호'보다 2배 큰 제2쇄빙선 건조한다," 「동아사이언스」, 2021년 6월 28일, https:// www.dongascience.com/news.php?idx=47548 (검색일: 2022.10.10).

외교부, "북극소개," https://www.mofa.go.kr/www/wpge/m_4045/contents.do (검색일: 2022.11.20).

일본 국토교통성 보도자료, "북극해항로에 관한 성내검토회의 창설안," https://www. mlit.go.jp/sogoseisaku/ocean_policy/sosei_ocean_fr_000004.html (검색일: 2022.12.19.).

일본문부과학성 보도자료, "북극연구검토작업부회(안)," https://www.mext.go.jp/ b_menu/shingi/gijyutu/gijyutu2/021-2/shiryo/attach/1300164.htm (검색일: 2022.12.19.).

일본 문부과학성 보도자료, "북극연구전략소위원회," https://www.mext.go.jp/b_menu/ shingi/gijyutu/gijyutu2/053/shiryo/attach/1323674.htm (검색일: 2022.12.19.).

일본 문부과학성, "북극관련 프로젝트 설명 페이지," https://www.mlit.go.jp/sogoseisaku/ ocean_policy/sosei_ocean_fr_000004.html (검색일: 2022.12.19).

일본 북극환경연구센터, "연구소 소개," https://www.nipr.ac.jp/aerc/research/index.html (검색일: 2022.10.30).

일본 외무성 보도자료, "북극담당대사 임명," https://www.mofa.go.jp/mofaj/press/release/25/3/press6_000016.html (검색일: 2022.12.19).

일본 외무성 보도자료, "북극테스크포스 관련 내용," https://www.mofa.go.jp/mofaj/press/release/22/9/0902_01.html (검색일: 2022.12.19).

일본 외무성, "북극에 대한 일본의 대처," https://www.mofa.go.jp/mofaj/press/pr/wakaru/topics/vol107/index.html (검색일: 2022.10. 10).

"한국연구과제 선정과제 현황," https://www.nrf.re.kr/selectionTask/list?menu_no=459 (검색일: 2022.11.30).

"해양수산부 정책해설자료집," https://eiec.kdi.re.kr/policy/materialVIew.do?num=179137 (검색일: 2022.11.30).

해양수산부, "북극정책 기본계획," https://www.mof.go.kr/article/VIew.do?articleKey=4638&boardKey=22&menuKey=386&currentPageNo=1 (검색일: 2022.08.22).

"ArCS 프로젝트 소개," https://www.nipr.ac.jp/arcs2/about/ (검색일: 2022.07.08).

"ArCS프로젝트(2015-2019)의 요약보고서『미래의일본의정책의전망』," https://www.nipr.ac.jp/info/notice/20200228-2.html (검색일: 2022.11.30).

"International Northern Sea Route Programme," https://www.fni.no (검색일: 2022.10.30).

시베리아 북극의 야쿠트어와 돌간어의 어순 비교: 유표성(Markedness) 이론을 중심으로

I. 서론

타이미르 반도는 러시아 시베리아 크라스노야르스크 지방의 최북단에 위치한 크고 아름다운 반도이다. 반도 북쪽에는 첼류스킨 곶이 자리 잡고 있으며 그 위에 세베르나야젬랴가 있다. 서쪽으로는 북극해의 일부인 카라 해, 동쪽으로는 랍테프 해가 있다. 반도의 넓이는 약 40만 km²이며 인구는 4천 명 정도 추산된다. 즉 인구밀도는 km² 당 0.01명이다. 타이미르 반도에는 원주민으로 튀르크 계통의 돌간인과 사모예드족 계통의 에네츠인과 응가나산인이 거주하고 있다. 인구 대부분이 중심지인 두딘카에 살고 있다. 타이미르 반도를 주 거주지로 하고 야쿠트공화국에 일부가 살고있는 돌간인들이 사용하는 돌간어는 북동튀르크어족에 속한 언어로 사용자는 5,000명이고 터키어와 밀접한 관계를 가지고 있다. 하지만 튀르크어족에 속한 언어이지만, 야쿠트어와 가까운 관계의 언어로 터키어와는 차이가 매우 커서 터키어 화자와는 대화가 통하지 않는다. 야쿠트어와 가까운 편이라서 야쿠트어 화자와는 어느 정도 대화가 통하는 편이다. 돌간인들도 야쿠트인들과 대화하는 경우에는 야쿠트어

※ 이 글은 배재대학교 한국-시베리아센터가 발간하는 『한국 시베리아연구』(제26권 4호)에 게재된 글을 수정 보완한 것임

시베리아 북극의 야쿠트어와 돌간어의 어순 비교: 유표성(Markedness) 이론을 중심으로 219

로 대화할 정도이다. 지리적으로도 야쿠트어 외에도 러시아어의 영향을 받았고 러시아어에서 유래된 어휘도 많이 쓰이고 있다. 한편, 야쿠트어는 러시아 연방 내의 야쿠트 공화국에서 야쿠트인들이 쓰는 언어로 튀르크어족 시베리아어파에 속한다. 야쿠트어는 돌간어와 매우 큰 연관성이 있을 뿐 아니라, 쇼르어나 몽골과 인접한 투바 공화국에서 쓰이는 투바어와도 어느 정도 연관이 있다.

핀란드어, 헝가리어, 터키어처럼 돌간어와 야쿠트어도 모음 조화를 보이는 등 많은 언어학적 공통점을 가지고 있다. 이처럼 돌간어와 야쿠트어는 언어학적으로 매우 가까운 친족어이지만 그들의 어순(Word Order)에서는 차이를 보이고 있다. 본 논문에서는 타이미르 반도에서 두 언어 발생의 기원에 대하여 알아보고 이들 언어가 보이는 어순의 차이점과 그 차이점에 대한 언어학적 배경 그리고 원인을 분석해 보고자한다.

II. 타이미르 반도의 언어

Stapert(2013)에 따르면, Taimyr 반도의 가장 초기 주민들은 아마도 Chukchi 또는 Yukaghir 사람들과 관련이 있었을 것이고 오늘날 시베리아에 있는 주요 어족 (즉,인도유럽어족, 퉁구스어족, 투르크어족, 몽골어족, 우랄어족)과 관련이 없는 언어를 사용했을 가능성이 크다. 이 초기 주민들이 사용하는 언어는 때때로 Paleosiberian(고대시베리아어)에 포함되지만 이 분류는 논쟁의 여지가 있는 만큼 일관성이 없다(Comrie, 1981: 10). 서기 2세기 이후부터 사모예드인(Samoyed)의 한 무리가 서쪽에서 타이미르 지역으로 이동했고 나중에는 퉁구스족이 뒤 따랐으며 아마도 사모예드 족과 퉁구스족 언어도 같

이 유입되었을 것이다. 사모예드 사람들의 유입이 심화 된 9세기 이후부터 이 그룹은 더욱 확산되었습니다. 따라서 17세기 후반에 튀르크인들(Turks)과 퉁구스인들(Tungus)의 새로운 이주 물결이 레나강(Lena)과 빌류이강(Vilyuy)에서 북서쪽으로 이동하기 시작했을 때, Taimyr 반도의 지배적인 언어는 주로 사모예드어족(응가나산어(Nganasan), 네네츠어(Nenets), 에네츠어(Enets))과 퉁구스어족(에벤키어(Evenki))이었다. 그 당시 러시아 모피 사냥꾼과 세금 징수원들이 타이미르반도에 있었지만 20세기까지는 그들의 언어적 영향이 미미했다. 러시아인들 대부분이 영구적으로 살지 않았고 원주민의 수가 러시아인들의 수 보다 엄청나게 많았다(Stern, 2009: 388).

튀르크어를 사용하는 사람들의 유입으로 언어의 균형이 다시 한번 바뀌었고 야쿠트족의 수가 이 지역에서 지배적으로 많아졌다. 이 기간 동안 돌간족의 조상 언어는 혼성 국제어(Lingua franca, 야쿠트어/돌간어(Yakut/Dolgan))의 형태로 특징 지워진다. 그러나 돌간어의 조상은 단순한 민족 간의 의사소통 수단 이상의 의미가 있음을 명심해야 한다. 하탕가 교역로(Khatanga Trading Way)를 따라 개방된 공동체에 편입된 사람들은 돌간족으로 확인된 새로운 공동체의의 회원 자격 표시로 돌간식 생활 방식과 돌간어를 사용했다. 이것은 또한 야쿠트어가 다른 민족적 배경을 가진 사람들에 의해 국내 에서 채택되어 결국 무역에 국한되지 않고 언어 전이(Language shift)로 이어지는 이유를 설명할 수 있다.

이러한 주장은 야쿠트어/돌간어(Yakut/Dolgan) 외에도 타이미르 피진 (Taimyr Pidgin[1])이라는 그룹 간 의사 소통을 위한 또 다른 언어가 있다는 사실에 의해 뒷받침된다. 야쿠트어/돌간어와 달리 이 타이미르 피진은 거래 상황에만 국한되어 있었으며 모국어로 채택되지 않았다. 타이미르 피진은 18세기 이후에 개발되어 야쿠트어의 영향을 크게 받은 러시아어를 기반으로 한 피진으로 현재 돌간족의 조상이 중요한 역할을 한 것으로 추정된다 (Stern, 2005: 291). Stern(2005)에 따르면 타이미르 피진은 러시아어와 함께 의사소통 수단으로 사용되었다.

> …20세기까지 명확하게 식별할 수 있는 두 종류의 언어가 타이미르 반도에서 사용되었는데, 첫 번째는 반 정주 신규 이민자 커뮤니티(즉, 돌간족)에 속한 이중 또는 삼중 언어를 사용하는 자툰드라(Zatundra[2]) 농민그룹이 사용하는 언어였다. 두 번째는 타이미르 반도에서 사회적으로 분리된 자기 분리 민족인 웅가나산족과 인종적으로 이질적인 차탕스키 트라크트족(Chatangskij trakt; 즉, 하탕가 교역로 남동부 지역)사이에 의사소통을 가능하게 하는 피진어 였다(Stern, 2009: 392).

---

1) 서로 다른 두 언어의 화자가 만나 의사소통을 위해 자연스레 형성한 혼성어를 부르는 말
2) "Zatundra"라는 단어는 뱌시나강(Pyasina), 혜타강(Kheta), 하탕가강(Khatanga)을 따라 타이미르 반도에 있는 숲-툰드라(Forest-tundra) 지역의 역사적인 이름에서 유래되었다. 서시베리아 평원을 가로질러 이동하는 러시아인들은 예니세이 강 우안에 있는 북부 타이가의 벨트를 만났다. 이 지역은 러시아어로 "툰드라 너머'라는 의미를 가진 Zatundra로 불렸다.

타이미르 피진은 주로 하탕가 교역로를 따라 활동한 상인들과 새로운 공동체에 속하지는 않지만 물물 교환을 위해 정착지를 방문한 응가나산 사람들 간의 의사소통에 사용되었다(Stern, 2009: 391-392). 따라서 혼성 국제어(Lingua franca)인 야쿠트어/돌간어가 민족 간의 의사소통 목적만을 위해 사용되었다면, 응가나산족과의 의사소통에는 왜 사용되지 않았는지 이해하기 어려울 것이다. 교역로를 따라 존재하는 커뮤니티에서의 야쿠트어/돌간어의 소통적 가치와 집단의 일원임을 표시하는 언어적 기능을 설명하면 다음과 같다. 요즘 타이미르 반도의 거의 모든 사람들이 러시아어를 기본적으로 구사하며, 피진은 주로 소수의 75세 이상의 응가나산 사람들에 의해서만 사용됩니다. 그러나 타이미르 피진은 돌간족 커뮤니티의 발전에서 미미한 역할을 했다. 그럼에도 불구하고 타이미르 피진이 오늘날 스스로를 돌간(러시아 툰드라 농민을 포함)이라고 부르는 민족들의 조상들에 의해 주로 발전되어 왔다는 사실은 러시아-야쿠트 이중언어주의가 러시아인들과 접촉하는 초기 단계부터 존재해 왔음을 보여준다. 이러한 이중언어는 타이미르 피진 러시아어의 형성뿐만 아니라 돌간어 자체의 발전에도 영향을 미쳤을 수 있다.

요약하면 시베리아 원주민 언어, 러시아어와 함께 상당히 다른 성격의 두 개의 혼성 국제어(Lingua franca)가 타이미르 반도에서 사용되었다고 할 수 있다. 그 중 하나인 타이미르 피진은 집단 내 의사소통을 위한 실질적인 목적에 불과했지만 다른 하나인 야쿠트어/돌간어는 새로운 사회 경제 공동체에서 사람들을 하나로 묶는 추가적인 정체성적 기능을 가지고 있었다.

예를 들어, 에벤키어가 아닌 야쿠트어/돌간어가 왜 이 역할을 맡았는지에 대한 정확한 동기는 그 당시의 사회 역사적 정보가 부족하여 알 수 없다. 그러나 상대적으로 권위있는 지위를 가진 많은 야쿠트어/돌간어 사용자들이 야쿠트어/돌간어를 혼성 국제어로 채택하는 것을 용이하게 했을 가능성이 있다.

17세기와 18세기 동안 야쿠트족은 북쪽의 타이미르 지역으로 확장했을 뿐만 아니라 레나강에서 부터 모든 방향으로 퍼져 나갔고, 그 결과 많은 경우에 그들의 언어가 새로운 지역을 지배하게 되었다 (Stern, 2009: 391).

따라서 하탕가 교역로가 상품과 사람들의 확산을 촉진하는 것처럼 무역 환경, 민족 간 접촉 및 결혼은 이 지역의 사회-경제적 환경에서 야쿠트어/돌간어의 확산과 정착을 촉진했다. 민족 간 결혼이 증가함에 따라 이 지역에 영구히 정착한 사람들(즉, 야쿠트족, 퉁구스족 및 툰드라 농노들)은 개인적으로도 혼성 국제어를 사용하기 시작하여 결국 비(非)야쿠트족으로 언어 전이가 이루어졌다. 이로 인해 에벤키어와 러시아어의 영향을 받은 다양한 형태의 야쿠트어들이 생겨났으며, 그 중에 하나를 현재 돌간어라고 부른다.

그러나 그럼에도 불구하고 돌간어와 야쿠트어는 형태 · 통사론적인 면에서 언어학적인 차이점을 보이고 있고, 이 차이점들이 돌간어와 야쿠트어를 별개의 언어로 간주하게 하는 지표 역할을 한다. 본 논문에서는 야쿠트어와 돌간어의 특징을 알아보고, 두 언어의 그 차이점들 중에 하나인 어순에 대하여 비교 · 분석 해보고자 한다.

Ⅲ. 야쿠트어와 돌간어의 기원과 연관성

야쿠트어와 돌간어는 북동부 튀르크계 언어로 분류되며, 이 이질적인 그룹은 언어학적 계통 보다는 지역적 연속성에 기반을 두고 있다(Johanson, 1998: 82-83). 이 두 언어는 매우 밀접하게 연관되어 있어서 돌간어는 때때로 야쿠트어의 방언으로 여겨진다(Voronkin, 1999: 154). 그러나 사회 · 문화적 및 정치적 요인에 근거하면 별개의 언어로 간주될 수 있다(Artemyev, 2001: 6;

Stapert, 2013: 62). 야쿠트어와 돌간어가 지리적으로 넓은 지역에서 사용되며, 17세기 후반과 18세기 초반에서야 두 언어가 독자적으로 언어 확장되었다는 것을 고려해 보면 두 언어는 언어학적으로 매우 동질적(Homogenous)이라고 할 수 있다(Dolgikh, 1960: 360; Wurm, 1996: 971-972; Pakendorf et al. 2006: 348, Stapert 2013 : 27).

야쿠트어는 야쿠트 공화국에서 가장 많고 사용되는 사회·정치적으로 지배적인 민족어이다. 야쿠트어의 지리적 분포는 시베리아 중부와 북동부의 넓은 부분을 차지한다. 반면 돌간어는 타이미르 반도의 남쪽 가장자리와 인접한 야쿠트 북서부에 주로 제한되어 있다.

돌간어는 튀르크어족 북시베리아어파에 속한 언어로 터키어와 밀접한 관계를 가지고 있다. 하지만 튀르크어족에 속한 언어이지만, 야쿠트어와 가까운 언어로 터키어와는 차이가 매우 커서 터키어 화자와는 대화가 통하지 않는다. 야쿠트어 화자와는 어느 정도 대화가 통하는 편이다. 그래서 돌간인들이 야쿠트인들과 대화하는 경우에는 야쿠트어로 대화할 정도이다. 지리적으로도 야쿠트어 외에도 러시아어의 영향을 받았고 러시아어에서 유래된 어휘도 많이 쓰이고 있다.

과거에 돌간인들의 국적이 논쟁의 대상이었던 만큼, 그들의 언어의 지위도 논쟁의 대상되었다. 지난 3세기 동안 돌간족이 사용하는 언어는 '퉁구스어(Tungusic)' (KrIVoshapkin, 1865; Middendorff, 1875), '야쿠트어의 방언'(Middendorff, 1875; Castrén, 1856), '야쿠트어를 기반으로 한 크리올어(Creole)'(Ziker, 1998: 102), '돌간어'(Ubryatova, 1985; Stachowski, 1993; Artemyev, 2001) 등으로 다양하게 불려졌다. 이러한 논의는 부분적으로 언어적 기준에 바탕을 두고 있으며, 또 다른 면에서는 돌간 민족을 형성한 정치적, 이념적 변화에 바탕을 두고 있다. 오늘날까지도 학자들은 돌간어가 야쿠트어의 방언인지 아니면 별개의 언어인지에 대해 명확한 입장을 취해야 할 필요성을 느낀다(Stachowski, 1993; Artemyev 2001). 현대적 견해는 언어학적 기준에 따르면 돌간어는 상호 이해할 수 있다는 점에서 야쿠트어의 방언으로 간주될 수 있지만, 사회·문화적 요소를 고려하는 순간 분명히 별개의 언어라는 것이다. 언어 접촉 연구의 관점에서 돌간어가 개별 언어인지 방언인지 분류하는 것은 대체로 무의미하다. 결국, '언어' 또는 '방언'이라는 특정한 규정은 접촉에 의한 변화의 성격이나 해당 민족의 역사적 변화에 영향을 미치지 않기 때문이다. 현재 돌간족의 조상은 레나강과 빌류이강에서 북서쪽으로 이주한 퉁구스족과 야쿠트족이 대부분이라는 것이 일반적인 견해이다. 현재 이 돌간족들이 과거에 사용했던 언어에 대한 문서화된 기록은 없다. 그러나, 그 당시 퉁구스족들은 퉁구스어족인 에벤키어나 에벤어를 사용했고, 튀르크족들은 야쿠트어를 사용했다는 것이 추정 가능하다. 그러나 돌간족이 퉁구스어 이름을 가지고 튀르크족 언어를 사용하고 있기 때문에 항상 부족과 언어 사이에 일치가 유지되는 것이 아니다. 이러한 불일치는 언어 이동의 시나리오를 통해 설명되었는데, 퉁구스 돌간 일족이 야쿠트어를 채택하여 더 넓은 지역에 퍼졌고 민족간 의사소통을 위한 국제 혼성어(Lingua franca)가 되었다. 이 가설을 뒷받침하는 증거는 17세기에 야쿠트족과 퉁구스족이 하나의 수장을 공유했다는 사실에 대한 우브랴토바의 언급에서 왔다. 이러한 사실이 퉁구스어파내에서 퉁구스어-튀르크어 이중언어화를 자극하였고, 잠재적으로 언어전이를 일으켰다(Stapert, 2013: 62). Dolgikh(1963)에 따르면 17세기 말 퉁구스족이 점령했던 올레네크(Olenek) 지역에서 인구의 60%가 야쿠트족이 되었다. Dolgikh는 이 지역의 퉁구스족들은 그 당시에 이미 이중언어 였다고 믿는다. 돌간족의 언어에 대한 최초의 명시적인 언급은 각각 1845-1849년과 1845년 Castrén과 Middendorff의 원정 기간이었다. 미덴도르프는 돌간족의 언어를 '순수한 야쿠트어(Pure

Yakut)'로 묘사하고 이전에 퉁구스어(KrIVoshapkin, 1865년)로 분류한 것에 반박하고 있다. KrIVoshapkin을 제외하고 돌간어는 특정한 퉁구스어의 영향을 받은 튀르크어족이라는 공감대가 형성되었고, 야쿠트어와 매우 유사하다. 그러나 돌간어가 야쿠트어와 얼마나 유사하고 상이한지에 대한 정도 차이는 학자에 따라 상당히 차이가 있다. 돌간어를 '야쿠트어 방언'(Middendorff, 1875), '야쿠트어 기반의 크리올어'(Ziker, 1998) 또는 '순수하게 언어학적 근거에 기초한 별개의 언어'(Ubryatova, 1985)에 이르기 까지 그 정의가 다양하다. 위에서 언급한 바와 같이, 가장 최근의 언어적 의견은 이 주장에 비판적이다. '돌간어'에 대한 그의 소개에서, Artemyev(2001)는 언어적 기준과 방언과 언어 사이의 구분에 역할을 하는 사회·문화적 요인들 사이의 구별을 만드는 것의 중요성을 강조한다. 즉, 야쿠트와의 역사적, 사회·문화적 차이는 돌간어를 별개의 언어(Artemyev 2001: 6)로 분류하기에 충분하다(Stapert, 2013: 65). 야쿠트어와 돌간어는 모두 특정 음소(Phoneme)에 대한 몇 가지 추가 글자체가 있는 키릴 문자 기반 맞춤법을 가지고 있다. 야쿠트어는 19세기에 최초의 참고 문법서(Böhtlingk, 1851)와 여러 권으로 구성된 사전(Pekarskij, 1907-1930)을 시작으로 하여 광범위한 연구의 대상이 되었다. 그후 출간된 두권으로 구성된 참고 문법서(Ubrjatova, 1982; Ubrjatova, 1985)가 주목할 만한 저서이고 기념비적인 야쿠트어 설명 사전(Slepcov, 1972)의 출판이 계속되고 있다. 야쿠트어 접촉에 관한 주요 자료 중에는 야쿠트어에서 몽골어의 요소를 다룬 Kałużyński(1962)와 야쿠트어/에벤키어의 접촉을 다룬 Romanova & Myreeva(1962)가 있다. 야쿠트어와 비교하여 돌간어는 덜 연구되었다. 돌간어에 대한 가장 중요한 문법서는 Ubrjatova(1985)와 Artemyev(2001)이며, Stachowski(1993, 1998)는 드물게 사전 편집상의 자료를 제공했다(Pakendorf and Stapert, 2020: 430-445).

야쿠트어의 경우 1960년대 러시아어 구사자들의 숫자가 증가함에 따라 학

<그림 2> 야쿠티야(사하 공화국)

(https://en.wikipedia.org/wiki/List_of_rural_localities_in_the_Sakha_Republic)

교에 러시아어 교육이 도입되고, 야쿠트어의 기능이 축소되었다. 러시아어의
영향이 커짐에 따라 러시아어의 구문 구조가 야쿠트어의 구문에 침투하게 되
었다. 이에 따라 야쿠트어의 어법이 바뀌고 언어문화가 변질되어 크리올어가
생겨나게 되었다. 야쿠트어 대화에서 러시아어휘 사용은 심각한 부정적인 결
과를 낳았다. 야쿠트어의 문학어적 규범의 파괴는 언어 문화의 쇠퇴와 언어의
퇴보로 이어졌다. 그리고 정치적 이유와 국가적 이해관계로 인해 현재도 야쿠
트어의 기능은 계속 제한되고 있다.

IV. 돌간어와 야쿠트어의 어순

위에서 제시한 돌간어와 야쿠트어의 유사한 점들에도 불구하고, 돌간어가

야쿠트어와 언어학적 영역 중에 다른 하나는 어순이다. 돌간어는 타동사 구문의 구성 요소 배열에 있어서 표준 튀르크어족(야쿠트어 포함)보다 자유로운 어순을 보여주고 있다. 이것은 튀르크어족 언어의 어순이 거의 고정되어 있으며 돌간어 만이 튀르크어 계열 내에서 예외적으로 자유로운 어순을 가졌다는 의미는 아니다. 많은 튀르크 언어들은 일반적으로 화제화(Topicalization)와 같은 특정 담론의 실용적 기능과 관련하여 어순의 변형을 허용한다. 예를 들어, SOV가 실용적으로 가장 유표성[3]이 적은(Least marked) 어순이라는 사실에 관계없이, 일부 학자들은 터키어가 본질적으로 자유로운 어순를 가진 언어라고 주장한다(Kornfilt 1997 : 91). Non-SOV 어순에 대한 언어 내부적 이유 외에도, 다른 어족에 속하는 언어들(예, 슬라브어)과 이웃하여 사용되는 많은 튀르크어들은 이웃 언어들과의 접촉으로 인해 더 큰 유연성을 얻었다. 예를 들어, 하카스어(Khakas)의 어순은 러시아어의 영향으로 더욱 유연 해졌으며(Anderson, 1998: 71), 마케도니아에서 사용되는 터키의 서부 루멜 방언에서는 SVO가 마케도니아어의 영향으로 무표적인 어순이 되었다(Friedman, 2003 :66).

어순 변화 자체를 이색적인 현상으로 취급하기보다는, 본 연구에서 관심 있는 문제는 a) 돌간과 야쿠트의 어순 변화 차이에 대한 조사, b) 이 차이를 어떻게 설명할 수 있는가 하는 것이다. 첫째, Stapert(2013)의 어순 패턴의 양적 분

---

3) 유표성(Markedness)은 프라하 학파 언어학의 개념 중 하나로, '두드러지는 자질(DistinctIVe feature)'을 말한다. 즉, 유표성은 정규적이고 보다 일반적인 형태와 비교하여 비전형적이거나 일탈하는 상태를 의미한다. 그리고, 유표성을 지닌 자질은 '유표적'(marked), 그렇지 않은 것은 '무표적'(unmarked)이라고 한다. 예를 들어, Dog/German Shepherd 중 dog은 일반적인 '개'를 의미하므로 두드러지는 자질이 없다. 따라서 더 무표적이다. 그러나 German Shepherd는 개로서 여러 특징적인 자질을 가지므로 의미론적으로 더 유표적이라 할 수 있다. 형식적 유표성에 대하여 예를 든다면, look/looked에서 과거 시제는 'ed'로 표지되어 유표적이고 현재 시제는 무표적이라고 할 수 있다.

석을 바탕으로 돌간어의 융통성 정도가 높은 것은 우연에 의한 것이 아닐 가
능성이 매우 높다는 것을 보여준다. 이러한 어순 패턴의 경향은 특정 개인의
관용구에 기인할 수 없으며 특정 텍스트 장르 또는 연령 범주와 상관관계 없
이 전체 언어에 퍼져 있다.

1. 튀르크어족의 어순

튀르크어족의 구조는 주로 Head final[4]이기 때문에 대부분의 언어에서 무
표적인(Unmarked) 어순은 SOV이다. 이 문장에서 O는 단순히 직접목적어
가 아니라 어떤 종류의 대상으로 이해되어야하며, V는 동사가 아닌 일종의 술
어로 이해되어야 한다. 이것은 정형(定形, Finite)절 뿐만 아니라 비정형(非
定形, Non-finite)절에도 적용되며 특히 후자의 범주에서 엄격하게 관찰된다
(Johanson, 1998: 57). 다음의 예들에서 목적어는 굵게 표시되므로 어순을 보
다 쉽게 찾을 수 있다.

---

4) 언어학에서 머리(Head)의 방향성은 Head initial인지 Head final인지에 따라 언어
를 분류하는 제안된 매개변수입니다. 머리는 구의 범주를 결정하는 요소입니다. 예
를 들어 동사구에서 머리는 동사입니다. 따라서 Head initial 언어는 "VO" 언어가 되고
Head final 언어는 "OV" 언어가 됩니다.

(Head initial 언어)   (Head final 언어)

(1) 터키어

Hasan   kitab-ı   oku-du

               book-ACC   읽다-PST (Kornfilt, 1997: 89)

"하산은 책을 읽었다."

(2) 하카스어

min   taŋda   paba-zina   pu   kniga-ni   pir-e-m

나-NOM   내일   아버지-3.DAT   이   책-ACC   주다-FUT-1

"나는 내일 이 책을 그의 아버지에게 주겠다." (Anderson, 1998 : 72)

(3) 위구르어

saen   suet   ich-t-ing

당신-NOM   우유-ACC   마시다-PST-2.SG

"당신은 우유를 마셨습니다." (De Jong, 2007: 101)

(4) 우즈벡어

Åybek-niŋ   bu   kitåb-ni   yåz-ɣàni-ni   bilà-màn

Aybek-GEN   이   책-ACC   쓰다-CV[5)]-ACC   알다-1.SG

"나는 아이벡이 이 책을 썼다는 것을 알고 있다." (Johanson, 1998: 60)

---

5) CV는 converb의 약어로서 '왜냐하면~', '~후에', '~동안에'와 같은 개념으로 부사적 종속을 표현하는 비정형 동사 형태입니다. 예를 들면, "On being elected president, he moved with his family to Washington D.C.."의 being과 같은 분사 혹은 "Окончив десятилетку, я осенью был призван в Армию."의 Окончив와 같은 완료체부동사이다.

그러나 대부분의 튀르크어에서 어순의 변화는 드문 일이 아니다. 일반적으로 언어 구성요소의 비표준적 배열은 특정 담론이나 실용적 기능과 관련이 있다는 사실은 널리 알려져 있다. 문장의 앞쪽에 있는 구성 요소는 일반적으로 화제의 해석을 가지고 있는 반면, 초점 요소는 술어 바로 앞에 있다(Johanson, 1998: 58-59). 실용적으로 무표적인 문장에서 이러한 위치는 주어와 목적어의 문법적 기능과 대략적으로 관련이 있지만, (5)와 같이 다른 구성요소에 화제 또는 초점의 기능이 할당되면 이러한 패턴이 바뀔 수 있다. (5)에서 랍스터가 이 문장의 화제이기 때문에 주어 Hasan 대신 목적어 ıstakozu(랍스터)가 문두(文頭)를 차지한다.

(5) 터키어

ıstakoz-u   Hasan   Ali-ye   ver-di
랍스터-ACC   NOM   알리-DAT   주다-PST
"하산은 랍스터를 알리에게 주었다." (Kornfilt, 1997: 200).

무표적인 SOV 문장의 설명에 포함되지 않은 투르크어의 추가적인 술어[6] 뒤쪽의 위치(Post-predicatIVe position)는 이미 실행된 화제, 분산된 구성 요소 또는 추가 표현과 같이 새로운 것이 아닌 정보를 위해 예약되어 있다(Johanson 1998 : 58). 이것은 (6)의 터키어 예와 함께 설명됩니다. 문미의 주어 "하산"은 공유된 배경 정보를 나타낸다. Kornfilt는 이 언어에서 Post-predicatIVe 위치의 구성 요소가 추가 표현을 나타내는 것이 아니라 Johanson

---

6) 서술어라고도 하며 문장 구성의 기본 골격이 되는 요소로서, 주어의 동작 · 상태 · 성질 따위를 서술하는 말을 가리킨다.

이 튀르크어족에 대해 설명한 처음 두 기능(화제 및 분산된 구성 요소)과 만 호환되는 공유 지식 또는 "배경"을 암시한다고 명시적으로 말한다(Kornfilt 1997: 206).

(6) 터키어

Ali-ye   kitab-ı   ver-di   Hasan

알리-DAT   책-ACC   주다-PST

"그는 이 책을 알리에게 주었다. 그 사람이 하산이다." (Kornfilt 1997: 206)

2. 야쿠트어의 어순

야쿠트어의 표준 어순과 가능한 어순 변형은 앞에서 설명한 일반적인 튀르 크어 패턴과 매우 유사하다. 야쿠트어는 일반적으로 무표적인 타동사 절에서 는 표준 튀르크어 SOV 어순을 사용하지만(Stachowski & Menz 1998), 예(7) 에서 볼 수 있듯이 야쿠트어가 영주어(pro-drop[7]) 언어라는 사실 때문에 자주 O와 V만 표현됩니다. 세 가지 핵심 구성 요소가 모두 명백하게 표현되는 완전 한 SOV 문장은 자연스러운 서술에서는 사실 매우 드물다. Stapert(2013)의 데 이터에서 계산된 모든 타동사절의 0.8%에 불과하다.

(7) 야쿠트어

Bu   Uolba   hir-itten   süːrbe toɣus   kihi-ni

이   Uolba   장소-ABL[8].3SG   29   사람-ACC

---

7) 대명사 주어를 기본적으로 생략하는 언어를 말함.

ildʒi-bit-tere,   bu   kïrakïj   baɣajï   deriebine-tten

데려가다-PST.PTC[9]-POSS.3PL   이   작은   INTNS[10]   마을-ABL

"그들이 울바에서 스물아홉 명을 데려갔어, 이 아주 작은 마을에서."(ARR : 022)

이 문장에서 목적어인 süːrbe toɣus kihini(29명)와 동사 ildʒi-bit-tere(데리고 갔다)의 어순이 중립적인 것처럼 보이는 반면, 화제 Uolba는 문장 앞쪽에 위치하고, 더 나아가 bu kïrakïj baɣajï deriebinetten(이 아주 작은 마을로부터)라는 추가표현으로 구체화되었다.

다른 튀르크어와 마찬가지로 이러한 기본적인 어순 패턴의 변형이 화제화와 같은 담화-실용적인 이유로 발생한다. 이 경우 화제(Topic)는 절 앞쪽에 위치하게 된다(Stachowski & Menz, 1998). 이것은 야쿠트어의 구어체 자료와 일치한다. Stapert(2013)에 따르면, 목적어와 동사가 명백히 표현되어 있는 176개의 타동사 절에서 단지 3개의 VO절(1.7%) 만 발견되어, OV 어순이 전형적인 패턴임을 알 수 있다. 또한, 2개의 OSV 어순의 예가 보고된다. SOV가 아닌 어순을 가진 모든 문장은 실용적으로 유표적인 함축성을 가지고 있다. 이것에 대한 증거는 억양 패턴에서 가장 분명하게 나타나거나 들린다. 무표적인 진술에서, 야쿠트의 문장 강세(Stress)는 보통 마지막 문장성분에 온다. 일반적으로 동사가 마지막 문장성분이 되기 때문에 야쿠트어의 SOV 어순의 결과로 보통의 문장에서 동사가 약하게 강조된다. 이것이 무표적인 운율 패턴(Prosodic pattern)임에도 불구하고, 최종 동사가 초점[11] 위치에 있는 문장

---

8) AblatIVe case(탈격)의 약자로 이탈, 원인 등을 표시하는데, 간혹 처소나 수단을 의미하기도 한다.

9) Participle

10) Intensifier

은 여전히 명확하게 구별된다. 이 경우 마지막 동사에 대한 강세가 눈에 띄게 증가하고, 또한 목적어를 문장 앞쪽으로 이동하여 화제성(Topicality)을 강조할 수 있다. (8)은 이러한 OSV 순서를 보여주는 경우를 제시하고 있다. 녹음은 동사 körbütüm(보았다)에 대한 스트레스가 명백히 증가하는 것을 보여 주며, 문장의 초점은 '보는' 행위이며, 절의 앞쪽에 위치한 'En kergeŋ-ŋin(당신의 남편)'은 화제의 기능을 수행한다는 것을 보여준다. 이러한 현상은 이 문장이 만들어진 담화 맥락에 의해 더욱 뒷받침된다. 그것은 아내(나레이터이기도 한)와 남편의 참석이 일반적으로 전제된 결혼식에 관한 이야기에서 가능하다. 아파서 결혼식에서 남편을 만날 수 없었던 제3자는 남편을 지금 만날 수는 없지만 전에 그 남편을 본 적이 있다고 말하는 상황이다(Stapert, 2013: 245).

(8) 야쿠트어

En	kergeŋ-ŋin	min	kör-büt-üm	diːr.
2SG	배우자-ACC. 2SG	1SG	보다-PST.PTC-POSS.1SG	말하다.PRS.PTC

""나는 당신의 남편을 본적이 있습니다."라고 그가 말했다."(ARR : 273)

예(9)에서 절의 어순는 VO이며, Stapert(2013)의 녹음 데이터는 동사 emtiːr(그가 치료하다)와 목적어 tugu barïtïn(모든 것) 사이에 명확한 쉼(Pause)을 보여 준다. 즉, 동사를 강조하기위해 문두로 위치시키고, 그 강조를

---

11) 언어학에서 초점(Focus)은 어떤 문장에서 새롭거나, 이미 주어진 정보로 예측할 수 없거나, 기존의 정보와 대조적인 정보를 담은 부분을 가리킨다. 또는 그것을 표시하는 방식을 가리키기도 한다. 특히, 대조적 초점(영어: ContrastIve focus)은 대화 상대가 갖고 있는 전제와 대조적인 정보를 표시하는 방식을 가리킨다. 초점은 흔히 강세를 받는다. 어순의 측면에서 초점은 일반적으로 문장 뒤쪽에 나타나서 문장 앞쪽에 나타난 주제를 보충해 주는 경향이 있다.

쉼으로 나타낸다고 할 수 있다.

(9) 야쿠트어

Em-ti:r   tugu   barï-tïn.
치료하다-VBLZR.PRSPT   what.ACC   all-ACC.3SG
"그는 모든 것을 치료한다." (ARR: 256)

담화-실용적인 기능이 확실하게 무표적인 VO 문장은 야쿠트어에서 찾을
수 없다. 이 데이터로부터 우리는 무표적인 야쿠트어의 어순 패턴은 일반적으
로 투르크어와 일치한다고 결론 내릴 수 있다. 즉, 타동사 절은 엄격하게 SOV
이며, 이러한 패턴에 대한 예외는 특정한 담화-실용적인 이유로만 발생한다.

3. 돌간어의 어순

돌간어에서 무표적인 어순은 (10) 및 (11)에서 보여주는 것처럼 주로 SOV
이다. 아래 문장들은 이주(10)와 순록 가죽(11)을 어떻게 준비하는지에 대한
일반적인 설명이다. 야쿠트어의 무표적인 운율 패턴의 특징인 절의 마지막 논
항에 가벼운 스트레스를 주는 것을 제외하고는 돌간어도 어떤 논항에도 특별
한 강세를 주지 않는 중립적인 억양 패턴을 가지고 있다. 예 (10)과 (11)은 야
쿠트어와 마찬가지로 돌간어는 주어가 절 내에서 명백하게 표현되지 않는 영
주어(Null subject, pro-drop) 언어임을 보여준다.

(10) 돌간어

taba   tut-a-bït   buo   oččoɣo   buollaɣïna   boloχ-putugar

순록   잡다-SIM.CV-1PL   PRT   then   PRT   balok-DAT.1PL

aɣïs   taba-nï   kölüj-e-bit

여덟   순록-ACC   마구를 채우다-SIM.CV-1PL

"우리는 순록을 잡고, 그 다음에는 balok[12]을 위해 여덟 마리의 순록에 마구(馬具)를 채운다." (IMA : 10)

(11) 돌간어

tahaːra   giniler-iŋ   maŋnaj   iti   tiriː   üle-tin

밖에서   3.PL-POSS.2SG   먼저   이   가죽   작업-ACC.3SG

üle-liː-ler

일하다-VBLZR.SIM.CV-PRED.3PL

"밖에서 그들은 먼저 이 가죽으로 작업을 합니다." (ESB : 04)

그러나 자료에 따르면 돌간어가 야쿠트어보다 표준 어순에서 변형된 패턴을 더 잘 수용하며, 특히 SVO의 수용이 그 예이다. 중요한 것은, 튀르크어에서 설명한 바와 같이, 동사 다음에 오는 목적어가 다른 이미 활성화된 화제 또는 추가 표현을 반드시 의미하는 것이 아니라 실용적인 중립적 발언에서도 발생할 수 있다는 것이다.

이 진술을 입증하기 위해 돌간어의 경우 동사와 목적어가 명백하게 표현된 175개의 문장 중 41개의 문장의 어순이 VO임을 확인하였다. 이 돌간어의 VO 어순 23.4%는 야쿠트어의 VO 문장비율인 1.7%와 크게 대조된다.

(12)와 (13)은 목적어가 추가표현의 위치에 있는 명확한 예입니다. (12)에

---

12) 시베리아 북부에서 썰매 같은 데 연결하여 만든 움막

서는 후위에 있는 ińe-ŋ haŋa-tïn '너희 어머니의 말씀'이 동사 iste-gin '너는 듣는다'의 목적어이고, (13)의 ol tiri:-gin '그 가죽'은 동사 ïj-ï:l-lar '그들이 걸다'의 목적어이다. 이 해석은 두 경우 모두 동사 다음에 소사(小辭) buo가 따라 오는데, 그 소사가 절의 끝에서 발생하며 동사 다음에 항상 일시 중지가 뒤따르는 공통점이 있다. 그것은 일종의 단언적인 의미를 가지며, 억양의 감소를 나타내고 선행하는 절을 의미상 종결의 단위로 바꾼다. 이 소사 뒤에 오는 모든 성분들은 새로운 문장이나 추가표현을 구성한다.

(12) 돌간어

iste-gin   buo,   ińe-ŋ   haŋa-tïn

듣다.SIM.CV-PRED.2SG   PRT   어머니-POSS.2SG   언어 -ACC.3SG

"너희는 너희 어머니의 말씀을 들어라." (EBS: 42)

(13) 돌간어

iti...   kimieχe   taŋas   ïja:n-ar   kim-ner-ge

이...   관계대명사.DAT   옷   걸다-PRS.PTC 관계대명사-PRED.3PL-DAT

ïj-ï:l-lar   buo ol tiri:-gin,   taŋas   ïja:n-ar.

걸다-PRS.PTC-PRED.3PL   PRT   그 가죽-ACC.2SG   옷   걸다-PRS.PTC

"음... 그들은 그것을 옷걸이에, 그 가죽을 옷걸이에 걸어둔다." (ESB: 34)

반면에 (14)와 (15)와 같은 예가 있는데, 목적어가 절의 최종 위치에서 발생하더라도 목적어가 어떤 의미에서든 동사와 분리되어 있다는 표시가 없습니다. (14)의 kötötö ginini '그 남자는 그를 들어올렸다'라는 어구에서 목적어는 뒤에 위치하는데, 이는 명확한 통사론적이고 억양적인 단위이다. ginini의

해석은 의미론적, 구문론적 또는 억양적 단서가 없는 경우 매우 부자연스러워 보인다. 그러나 사실상 (14)의 변경된 어순(VO)은 무표적인 표현이며, 변경된 어순이 해석상 어떤 영향도 미치지 못한다. 따라서 kötötö ginini의 어순을 가진 (14)는 ginini kötöχtö를 가진 문장과 똑 같은 의미이다(Stapert, 2013: 248). (15)에 대해서도 마찬가지인데, 여기서 목적어 ontugun '그것'은 동사 tutuoχtaːχχïn '너는 잡아야한다'다음에 위치한다. (15)의 VO 어순(tutuoχtaːχχïn ontugun)은 표준적인 OV 어순(ontugun tutuoχtaːχχïn)과 의미상 차이가 없는 무표적인 표현이다.

(14) 돌간어

hïnńan-an	χanń-an	bar-an	ke	de	ol
relax-SQ.CV	음-SQ.CV	go-SQ.CV	CONTR	PRT	PRT
kötöχ-tö	gini-ni,	kötöχ-tüler	krïltso-χaːm-mït		
lift-PST.3SG	3.SG-ACC	lift-PST.3PL	doorstep-DIM-1PL		
ürdük-keːn	e-te	ürdük			
높은-DIM	~이다-PST.3SG	높은			

긴장을 풀고 나서, 음, 그는 그를 들어올렸고, 음, 그들은 그를 들어올렸고, 우리 현관은 높았다, 높았다. (TJP : 85)

(15) 돌간어

üčügej-dik	tut-uoχ-taːχ-χïn	on-tu-gun,
잘-ADVLZR	hold-FUT.PTC-PROP-PRED.2SG	그것-DER -ACC.2SG
ïːp-pat	kördük	
send-PRS.PTC.NEG	유사	

"너 그것 잘 잡아야해. 그렇게 하면 떨어지지 않을 거야."(ESB: 74)

그러다면, 이 관찰된 돌간어의 변경된 어순인 VO절의 빈도가 야쿠트어에 서는 어떻게 나타날까? 돌간어와 야쿠트어의 경우에 차이가 날까? 다음에 제 시하는 정량적 분석은 이러한 문제를 해결하기 위한 것이다. 여기서 세 가지 구체적인 질문이 제기됩니다. a) 돌간어와 Y야쿠트어에서 어순 패턴이 크게 다를까? b) 어순 패턴은 텍스트 장르에 따라 다를까? c) 변형된 어순에 영향을 미친 요인은 무엇인지 등에 대하여 알아보기로 한다.

V. 돌간어와 야쿠트어의 어순 패턴의 비교 연구

Stapert(2013)에 따르면, 두 언어에서 SOV와 SVO 어순을 정량적으로 비교 하기 위해 돌간어 야쿠트어의 무작위로 선택된 데이터에서에서 타동사 문장 을 코딩했다. 돌간어의 경우, 5개의 서사 텍스트와 6개의 스토리가 S, V 및 O 용으로 코딩되어 11명의 다른 돌간어 사용자가 제작한 512개의 발화를 산출 했다. 이 512개의 발화에는 자동사 문장, 직접목적어가 생략된 타동사 문장 및 명백하게 표현된 직접 목적어가 있는 타동사 문장이 포함된다. 마지막 경 우의 직접목적어가 있는 문장들만 V와 O 순서에 대한 현재 분석과 관련이 있 기 때문에 이러한 타동사 문장만 포함시켜 총 175 문장이 채택되었다. 직접목 적어가 생략된 타동사절((16)에서 예시된 바와 같이, 동사, 주어 iti '이 사람', 간접목적어 uol oɣoɣoːnugar '어린 아이에게'(직접목적어가 아님)로 이루어져 있는 경우)은 분석에서 제외되었다.

(16) 돌간어

iti	uol	oγo-χoːn-ugar···	kim···	ber-s-i-bit
이-NOM	소년	아이-DIM-DAT.3SG	관계대명사	주다-RECP-PST.PTC

'어린 아이에게 이 사람은 (그것을) 주었다' (TIS: 11)

야쿠트어의 경우, 2개의 긴 서사작품과 6개의 스토리에서 코드화된 575개의 발화를 추출했다. 그 중에서 176개의 발화는 목적어가 분명히 표현된 타동사절로 7명의 언어 사용자가 분석에 참여하였다.

타동사 절은 OV 및 VO의 어순으로 세분되었으며, 두 언어에서 그 빈도수는 계산되고 비교되었다. 그 후, 돌간어와 야쿠트어의 빈도 차이에 대한 통계적 유의미성을 통계 모델의 도움을 받아 평가하였다. 두 언어의 어순 비교에 대해 자세히 논의하기 전에 몇 가지 요점을 짚어볼 필요가 있다. 지금까지 돌간어와 야쿠트어의 어순은 주어, 목적어, 동사 측면에서 논의되었다. 그러나 앞에서 언급했듯이 일반적인 글이나 발화에서 주어, 목적어, 동사의 명백한 표현은 규칙이라기보다는 예외적인 경우이다. 특히 돌간어와 야쿠트어와 같은 영주어(pro-drop) 언어에서는 예외적 이다. 따라서 보다 일반적이지만 보다 유용한 분류는 OV와 VO로 이루어지며, 여기서 OV는 이론적으로 가능한 패턴들인 OV, SOV, OSV, OVS를 포함하며, VO는 VO, SVO, VSO 및 VOS를 포함한다.

〈그림 3〉은 돌간어와 야쿠트어의 OV와 VO 어순 분포에 대한 요약을 보여준다. OV와 VO 어순의 비율은 텍스트에서 V와 O가 명백하게 표현된 타동사절의 총 수에 비례하여 계산되었다.

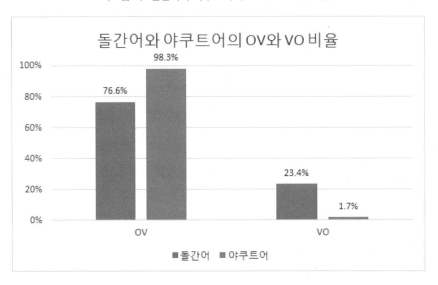

〈그림 3〉 돌간어와 야쿠트어의 OV와 VO 어순 비율

〈그림 3〉에서 볼 수 있듯이 두 언어에서 OV 및 VO 발생 비율에는 눈에 띄는 차이가 있다. 야쿠트어에서는 튀르크어족의 전형적인 어순인 OV의 비율이 98.3%인 반면, 돌간어의 경우 그 비율이 76.6%에 불과하다. 반면, 야쿠트에서는 VO 어순이 1.7%만 발생하는 데 반해 돌간어에서는 VO 어순이 23.4%로 비중이 훨씬 높다. 서사 작품과 이야기에 따른 텍스트 장르뿐만 아니라 언어에 대해 지정된 정확한 숫자는 별도로 아래 〈표 1〉에 나와 있습니다.

〈표 1〉 돌간어와 야쿠트어의 OV 및 VO 절의 수와 비율

어순	돌간어				야쿠트어			
	OV		VO		OV		VO	
	횟수	퍼센트	횟수	퍼센트	횟수	퍼센트	횟수	퍼센트
서사 작품	93	78.2	26	21.8	101	98.1	2	1.9
스토리	41	73.2	15	26.8	72	98.6	1	1.4
총 합계	134	76.6	41	23.4	173	98.3	3	1.7

<표 1>은 텍스트 장르(서사 직품, 스토리)가 OV 대 VO 어순의 빈도율에 큰 영향을 미치지 않는다는 것을 암시한다. 야쿠트어의 경우, OV 어순은 서사 작품의 타동사절에서 98.1%로 나타나고, 스토리에서 98.6%로 나타난다. VO 어순은 서사 작품에서 1.9%, 스토리에서 1.4%로 비율이 매우 낮다. 한편, 돌간어의 경우, OV 어순은 서사 작품의 타동사절에서 78.2%로 나타나고, 스토리에서 73.2%로 나타난다. VO 어순은 서사 작품에서 21.8%, 스토리에서 26.8%이다.

　　요약하면, 돌간어와 야쿠트어는 텍스트 장르에 관계없이 비표준적인 VO 어순의 빈도와 관련하여 서로 크게 다르다는 결론을 내릴 수 있다. 비표준적인 어순인 VO의 발생 빈도는 야쿠트어보다 돌간어에서 훨씬 높으며 돌간어의 지속적인 어순 변화를 예고할 수 있다.

VI. 토론 및 결론

　　돌간어의 변형된 VO 어순 증가의 요인에 대한 설명을 위해 세 가지 가능한 시나리오가 가능하다. 첫째, 언어 내적 발달이 될 수 있다. 둘째, 러시아어와의 접촉에 의해 동기 부여 될 수 있었고, 셋째, 이웃 소수민족 언어와의 접촉으로 인한 영향으로 변형된 VO 어순이 발달할 수 있다. 인접한 퉁구스어족(에벤키어)와 사모예드어족(응가나산어, 에네츠어, 네네츠어)이 돌간어와 동일한 (S)OV 기본 어순을 가지고 있기 때문에 이 세 가지 가능성 중 세 번째 가능성은 매우 낮다고 할 수 있다. 따라서 돌간어에서 (S)VO 어순의 증가와 관련하여 퉁구스어족 또는 사모예드어족 사용자의 자극적인 역할은 배제할 수 있다.

1. 언어 내적 발달에 의한 어순 변경

언어 내적 발달과 관련하여 SOV에서 SVO로의 변경은 언어학적으로 드문 일이 아니다. Dik(1997)은 이러한 어순 변화를 "복잡성 증가의 원리"의 관점에서 설명한다. 그의 말에 따르면, 어순 변화는 복잡성이 증가하는 순서로 문장 성분의 차례를 구성하는 것을 선호한다는 것을 의미한다(Dik, 1997: 404). 여기서 "복잡성"의 개념은 Behaghel(1909: 139)의 "증가하는 문장성분의 법칙(Law of increasing parts)" 또는 "무거움(HeaVIness)"(Hawkins, 1983: 90; Mallinson-Blake, 1981: 158)의 개념과 어느 정도 상통한다. Hawkins(1983)의 용어에서 "무거움"은 a)형태소의 길이와 양, b)단어의 양, c)하위 노드(Branching Node)의 구문론적 깊이, d)지배받는 문장 성분의 영역으로 정의된 복합 개념이다. Hawkins(1983)에 따르면, 문장성분이 무거울수록 절의 오른쪽에 배치될 가능성이 커진다. 즉, 동사구보다 구조상 단어와 형태소를 많이 포함할 수 있는 목적어구가 문장의 오른쪽에 오는 것을 선호한다고 주장했다. 여러 학자들이 내부 동기로 인한 언어 변화의 경향을 설명하기 위해 "무거움" 또는 "복잡성"과 같은 개념을 사용하는 것으로 나타났지만 이러한 원칙 자체의 존재에 대한 명확한 설명은 없습니다. 단지, 오랫동안 입증된 경향은 일반적인 언어심리학적 원리와 언어 처리에 대한 제약에 의해 동기 부여되었다고 가정하고 있다. 한편, 왼쪽 분기 구조는 일반적으로 언어 구사에서의 기억 뿐만 아니라 이해에 더 큰 부담을 주는 것으로 알려져 있다(Yngve, 1961; Johanson, 2002: 120). 그러나 이에 대한 논쟁도 있다. 언어 구사에서 화자가 Head가 오른쪽 최종 위치에 있다는 사실 때문에 말을 시작하기 전에 전체 문장을 계획해야 한다는 것이다. 마찬가지로, 청자(聽者)는 절의 끝에서 마지막 Head가 드러나기 전에 모든 세부 사항과 수정 사항을 기억해야 한다는 어려움이 있다고 주장한다(Frazier & Rayner 1988, Johanson 2002: 120).

이처럼 언어심리학 연구의 모순된 결과에도 불구하고, 언어가 문장의 끝으로 갈수록 더 길고 복잡한 구성 요소를 배치하는 경향이 있다는 것은 사실로 받아들여지고 있다. 이렇게 한쪽 방향으로 구성 요소 배치하는 경향 때문에, 언어 내적 발달로 인해서 반대 방향인 SVO에서 SOV로의 배치하는 언어 변화는 언어학적으로 덜 일반적이다. 심지어 Ross(1973)는 SVO에서 SOV로의 변경은 언어접촉의 결과로만 발생할 수 있으며 언어 내적 프로세스로는 결코 발생하지 않는다고 주장하였다.

2. 러시아어와의 접촉

러시아어와의 접촉 가능성 여부가 돌간어의 상대적으로 높은 변형된 어순인 VO 구조에 영향을 미칠 수 있다는 것이다. 타이미르 반도의 돌간어 사용자의 경우 VO 어순의 발생 빈도가 지리적 위치에 따라 러시아어와 돌간어를 사용하는 정도를 결정하는 사회 · 언어학적인 상황과 관련이 있다. 즉, 돌간어와 러시아어 사용 정도와 각 언어에 대한 지역민들의 인식에 따라 VO 어순 사용이 달라진다. 〈표 2〉에서 보는 것처럼, 도시 중심으로 갈수록 러시아어의 사용이 늘고, 돌간어의 사용은 감소한다. 특히, 최대 도시인 두딘카 지역에서 이러한 현상이 두드러진다. 이 지역에서 러시아어의 영향으로 (S)OV에서 (S)VO로 어순 변경이 활발함을 확인 할 수 있다. 한편, 러시아어의 지배력이 강한 도심으로부터 멀리 떨어진 마을에서는 돌간어가 상대적으로 활발히 사용된다. 이 지역들에서는 (S)OV에서 (S)VO로 어순 변경하는 경우가 적다.

<표 2> 지역에 따른 OV와 VO절 어순 비율

	OV(무표적 어순)	VO(유표적 어순)
신다스코(Syndassko)	90.1%	9.9%
헤타(Xeta)	70.0%	30.0%
두딘카(Dudinka)	70.7%	29.3%

<그림 4> 타이미르 반도의 돌간어 사용 도시들

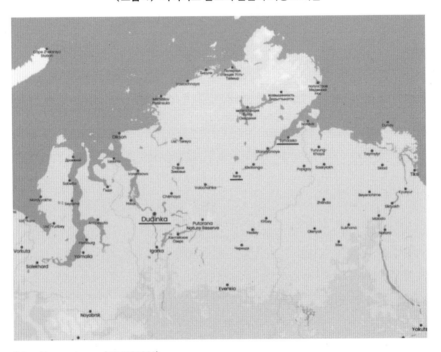

(https://mapcarta.com/W72231660)

　　<그림4>에서 보는 것처럼 동쪽에서 서쪽으로 이동하면서(신다스코⇨헤타⇨두딘카13)) VO 어순은 각각 30.0%와 29.3%이다. 러시아와 사회·언어학

---

13) 신다스코: 인구 553명의 러시아 크라스노야르스크 크라이에 있는 작은 정착지

적인 연대가 강한 지역에서 나타나는 VO 어순의 높은 빈도수는 지배력이 강한 러시아어의 언어구조가 지배력이 약한 돌간어에게 영향을 준 것 때문이다.

언어학에서 어순을 바라보는 하나의 시각인 Levshina, Namboodiripad, et al(2021)은 어순 변화의 유연성을 정도의 다양성으로 정의하고 점진적 접근법(Gradient approach)을 주장하였다. 그들의 점진적 접근법은 변이, 변화, 보편성과 같은 언어학적 현상에 대해 접근할 수 있는 방법론이다. 여기서 점진적 접근법은 어순의 패턴을 연속 변수로 처리해야 함을 의미한다. 예를 들어, 언어를 SO(주어-목적어) 또는 OS(목적어-주어)로 표시하는 대신 현장의 데이터(언어자료 및 실험)를 기반으로 SO와 OS의 비율을 계산하여 어순의 변동성을 표시하는 방법이다. 따라서 한 언어가 고정적(Fixed), 유연한(Flexible) 또는 자유로운(Free) 어순(Word order)이라는 개념 대신, 이 변동성의 정도를 정량적 측정치를 사용하여 측정한다. 단순히 주어와 목적어를 추론하기 위한 단서를 제공하는 어순을 언급하는 대신 현장의 데이터를 기반으로 이 변동성의 신뢰성과 강도를 측정한다. 이러한 점진적 접근법에 바탕을 두어 유표성과 관련한 돌간어와 야쿠트어의 어순 변형성에 관한어 말한다면, OV에서 VO로의 전환이 더 자주 일어나는 돌간어가 야쿠트어보다 더 유표적이라 할 수 있다.

헤타: 인구 362명의 러시아 크라스노야르스크 크라이에 있는 작은 마을

두딘카: 타이미르 반도의 중심지. 크라스노야르스크에서 북쪽으로는 2,021km에 위치. 인구는 2만5,300명 (2002년).

〈참고문헌〉

Anderson, G.D.S. Xakas. Vol. 251. München: Lincom Europa. 1998.

Artemyev, N.M. *Dolganskiy yazyk, chast' 1 (The Dolgan language, part 1)*. Saint Petersburg: RGPU im. A.I. Gerzena. 2001.

Behaghel, O. Beziehungen zwisschen Umfang und Reihenfolge von Satzgliedern. *Indogermanische Forschungen* Vol. 25, 1909.

Böhtlingk, O. N. *Über die Sprache der Yakuten*. Vol. 35, *Uralic and Altaic Series*. The Hague: Mouton & Co. 1851(1997).

Castrén, M.A. *Reiseberichte und Briefe aus den Jahren 1845-1849*, edited by A. Schiefner. 1856.

Comrie, Bernard. *The Languages of the SoVIet Union*, Cambridge UnIVersity Press, 1981.

De Jong, F. A *grammar of written Uyghur*. Utrecht: Houtsma. 2007.

Dik, S. C. *The theory of functional grammar: the structure of the clause*. Berlin:Mouton de Gruyter. 1997.

Dolgikh, B.O. *Rodovoy i plemennoy sostav narodov sibiri v XVII veke*. Moscow: Izdatel' stvo Akademii Nauk SSSR. 1960.

_____. "Proiskhozhdeniye dolgan." In *Sibirskiy etnograficheskiy sbornik*. Moscow: Izdatel'stvo Akademii Nauk SSSR. 1963.

Frazier, L. and Rayner, K. . Parametrizing the language processing system: left- vs. right-branching within and across languages. In *Explaining language unIVersals*, edited by J. A. Hawkins. Oxford: Blackwell. 1988

Friedman, V.A. *Turkish in Macedonia and beyond: studies in contact, typology, and other phenomena in the Balkans and the Caucasus*. Wiesbaden: Harrassowitz. 2003.

Hawkins, J.A. *Word order unIVersals*. San Diego: Academic Press. 1983.

Johanson, L. *The history of Turkic*. London and New York: Routledge, 1998.

_____. *Structural factors in Turkic language contacts*. Translated by V. Karam. Richmond, Surrey: Curzon. 2002.

Kałużyński, S. *Mongolische Elemente in der jakutischen Sprache*. Warszawa: Panstwowe

Wydawnictwo Naukow. 1962.

Kornfilt, J. Turkish. London: Routledge. KrIVoshapkin, M.F. 1865. *Yeniseyskiy okrug, i ego zhizn' (The Yenisey region and its life)*. St. Petersburg: Geograficheskoye obsh'estvo. 1997.

KrIVoshapkin, M.F. *Yeniseyskiy okrug, i ego zhizn'*. St. Petersburg: Geograficheskoye obsh'estvo. 1865.

Levshina, Namboodiripad, et al. "Why we need a gradient approach to word order," Preprint. 2021.

Mallinson, G. and Blake, B.J. *Language typology: cross-linguistic studies in syntax*. Amsterdam: North-Holland. 1981.

Middendorff, A. v. *Übersicht der Natur Nord- und Ost-Sibiriens: die Eingeborenen Sibiriens*. St. Petersburg. 1875.

Pakendorf, B., Novgorodov, I.N., Osakovskij, V.L, Danilova, A.P., Protod'jakonov, A.P., Stoneking, M. "Investigating the effects of prehistoric migrations in Siberia: genetic variation and the origins of Yakuts." *Human Genetics*, Vol. 120, No. 3, 2006.

Pakendorf, Brigitte and Stapert, Eugenie. Sakha and Dolgan, the North Siberian Turkic languages. Robbeets, Martine & Alexander Savelyev. *The Oxford Guide to the Transeurasian Languages*, Oxford UnIVersity Press. 2020.

Pekarskij, E. K. *Slovar' yakutskogo yazyka (Dictionary of the Yakut language)*. Yakutsk: Yakutskiy filial Akademii Nauk SSSR. 1907-1930(1958 -19590.

Romanova, A.V. and Myreeva, A.N. 1962. *Ocherki tokkinskogo i tommotskogo govorov*. Moskva - Leningrad: Izdatel'stvo Akademii Nauk SSSR. 1962.

Ross, J.R. The penthouse principle and the order of constituents. In *You take the high node and I'll take the low node, edited* by C. T. Corum, Smith-Stark T. C., Weiser, A. Chicago: Chicago Linguistic Society. 1973.

Sleptsov, P.A. *Yakutsko-Russkiy slovar'*. Moscow: izdatel'stvo sovetskaya entsiklopediya. 1972.

Stachowski, M. *Dolganischer Wortschatz, Zeszyty naukowe Uniwersytetu Jagiellonskiego*. Kraków: Nakl. Uniewersytetu Jagiellonskiego. 1993.

Stachowski, M. and Menz, A. Yakut. In *The Turkic languages*, edited by L. Johanson and Csató, E. London-New York: Routledge. 1998.

Stapert, Eugénie. *Contact-induced change in Dolgan: an investigation into the role of linguistic data for the reconstruction of a people's (pre)history.* Ph.D dissertation. Leiden UnIVersity. 2013.

Stern, Dieter. "Taimyr Pidgin Russian (Govorka)." *Russian linguistics*, Vol. 29, No 3, 2005.

_____. "The Taimyr pidgin Russian morphology enigma." *International journal of bilingualism*, Vol. 13, No 3, 2009.

Ubryatova, E. I. *Grammatika sovremennogo yakutskogo literaturnogo yazyka, fonetika i morfologiya (Grammar of the modern literary Yakut language, phonetics and morphology).* Moskva: Nauka. 1982.

_____. *Yazyk noril'skikh dolgan (The language of the Norilsk Dolgans).* Novosibirsk: Nauka, Sibirskoye otdeleniye. 1985.

Voronkin, M.S. *Dialektnaya sistema yazyka sakha, obrazovaniye, vzaimodeystVIye s literaturnym yazykom i kharakteristika.* Novosibirsk: Nauka: Sibirskaya Izdatel' skaya firma RAN, 1999.

Wurm, S.A. "Siberia 1650-1950 ethnic and linguistic changes." In *Atlas of languages of intercultural communication in the Pacific, Asia and the Americas*, edited by S. A. a. M. P. Wurm, Tryon, D.T. New York: Mouton de Gruyter. 1996.

Yngve, V.H. "The depth hypothesis." In *Structure of language and its mathematical aspects*, edited by R. Jacobson: ProVIdence. 1961.

Ziker, J. P. 1998. *Kinship, exchange, and ethnicity among the Dolgan and Nganasan of northern Siberia.* Ann Arbor: UMI

고고학 자료로 본 사할린섬의
전기 신석기시대 유적에 대한 일고찰

방민규[*]

I. 들어가는 말

사할린섬은 우리에게 사할린 징용 등 근현대사의 아픈 추억을 먼저 떠올리게 한다. 러시아에서 가장 큰 섬이자 천연가스 등 자원의 보고라는 사실에 대해서는 그다지 관심이 없는 것도 사실이다. 최근 러시아의 우쿠라이나 침공으로 인해 사할린프로젝트-2에 참여한 일본기업의 난처한 상황에 대한 언론 보도가 그나마 최근 사할린섬에 대한 우리의 관심 정도를 알려줄 뿐이다[1].

하지만 사할린섬은 타타르해협과 오호츠크해 사이에 위치한 북극해의 관문으로서 우리에게는 매우 중요한 경제적·지정학적 의미가 있는 곳이다. 그래서 필자는 올해 초 사할린섬의 이러한 점을 인식하고 사할린섬의 중기신석기시대에 대한 논문을 발표했다[2]. 사할린섬 소수 원주민들의 문화, 언어, 민속에

※ 이 글은 배재대학교 한국-시베리아센터가 발간하는 『한국 시베리아연구』(제26권 3호)에 게재된 글을 수정 보완한 것임

* 국립해양박물관 선임학예사

1) 김정훈, 북극권의 인문지리 현황 분석: 러시아를 중심으로, 『한국 시베리아연구』제 24권4호 (대전 : 배재대학교 한국-시베리아센터, 2020). pp. 61-96.

2) 방민규, "사할린섬의 신석기시대 원주민의 발자취와 자원 활용에 대한 연구 : 중기신석기시대 소니문화를 자료를 중심으로," 『아태연구』제29권 제2호 (서울 : 경희대학교국제지역연구원, 2022), pp. 5-29.

대한 연구는 동아시아의 문화교섭에 대한 새로운 문화구조의 가능성을 창출해 낼 수 있다. 또한 타문화와 접촉, 융화되면서 새로운 역사성을 만들어낸 과정을 이해한다면 기존의 연구들에서 벗어난 새로운 인문학 연구의 장이 될 것이다.

사할린섬의 최초 인류 발자취는 적어도 23만 년 이전으로 올라가는 것으로 보고 있다(바실리예프스키 2017). 지난 20년간 사할린에서 진행된 사할린-2 프로젝트(1994-2009)[3]는 장기간의 공사와 파이프라인 공사를 동반하기 때문에 러시아 정부는 개발 지역 내 문화재 발굴과 보존에 각별한 노력을 기울이며 공사를 진행했다. 구제발굴을 통해 구석기시대부터 중세시대에 이르기까지 다양한 시기의 유적들이 발견되었으며 사할린의 신석기시대 문화에 속하는 여러 유적들 또한 발견되었다(바실리예프스키 외 2016).

한국 고고학은 그간 러시아 고고학과 학문적인 교류를 꾸준히 해왔으며 최근 한국학계에 시베리아와 극동 연해주에 대한 신석기시대 문화에 대한 소개가(알킨 2014; 김재윤 2017) 간헐적으로 되고 있으나 관련 연구자가 절대적으로 부족한 상태에서 북극해 관문 지역 연안에 대한 신석기시대 연구는 아직도 진행 중이라고 할 수 있다. 러시아 자료에 대한 검토가 우선되어야 하지만 현실적 상황과 함께 한국학계의 러시아 고고학 자료에 대한 편년 등과 관련된 정확한 이해가 부족하기 때문일 것이다.

한반도의 선사문화는 시베리아, 극동 연해주 그리고 사할린을 포함한 동북아시아를 중심으로 전 시대에 걸쳐 교류가 있었을 것으로 보이지만 신석기시

---

3) 사할린의 석유 및 가스 개발 프로젝트로 오호츠크해의 필턴-아스토크스(Piltun-Astokhskoye) 유전과 룬스코예(Lunskoe) 천연 가스전 개발과 연안의 관련 기반시설 개발이다. 여기서 만들어지는 천연가스를 공급하기 위한 파이프라인(트랜스사할린 파이프라인) 건설을 위해 사할린에너지와 사할린국립대학교가 구제발굴을 진행했다 (2017).

대 고고학 연구성과들과 관련하여 한국학계는 러시아학자들의 최근 연구성과를 완전히 파악하지 못한 상태에서 우리 시각으로 러시아 연구를 바라보는 경향이 있었다(이헌종 2007). 이런 결과는 양 지역 간의 문화적인 교류를 확인하는데 있어서 그동안 양측이 제시한 시대 구분과 연대에 현격한 차이가 있다는 문제를 발생시켰다. 이 문제를 해결하는 데에는 무엇보다 양측의 연대 차에 대한 검토 및 정리가 우선적으로 있어야 할 것이며, 그러한 연구를 위해서는 우선 양 지역의 자료를 양측의 학자들이 공동으로 검토해야 한다. 특히 사할린의 고고학 발굴 연구성과는 그간 국내 학계에 간략하게 소개되어 전체적인 양상을 파악하는데 다소 어려움이 있었다(김재윤 2017). 이번 연구에서는 최근 발표된 사할린섬의 전기신석기시대 유적발굴 결과를 소개하고 시베리아, 극동 연해주 지역과의 편년 관계도 살펴보고자 한다.

본 연구의 목적은 사할린섬의 전기신석기시대 고고학 유적의 특징을 살펴봄으로써 이 지역의 신석기시대 문화적인 양상을 살펴보고 과거 사할린 원주민의 삶의 모습에 대한 정보를 제공하는 것이다.

Ⅲ. 사할린섬의 고고학 연구사

사할린섬의 고고학 연구는 시대적 배경에 따라 크게 4단계로 구분된다[4]. 러시아제국(1867~1905년), 일본(1905~1945년), 소련(1945~1980년대), 그리고 러시아연방(1989~현재)의 시대적 흐름속에서 진행되었다. 러시아제국

---

4) А.А. Василевский, *КАМЕННЫЙ ВЕК ОСТРОВА САХАЛИН.* (Южно-Сахалинск : 2008), с. 5-34.

시기가 입문단계였다면 일본인에 의한 정보수집과 광범위한 발굴작업을 거쳐 소련시기 체계적인 고고학 연구가 진행되었다. 이를 바탕으로 러시아연방 시기인 현재는 사할린섬의 고고학 편년이 어느 정도 구체화 되었다.

특히 가까운 이웃인 일본은 아무르하류, 쿠릴열도, 홋카이도 및 혼슈의 고고학 연구에 상당한 관심을 갖었고 러시아 극동지역과 일본 북부지역인 사할린섬에 대한 조사를 19세기 중반후터 시작하였다. 18세기말부터 19세기초 일본 여행자들은 이 지역을 탐험하면서 쇼군에게 상세한 보고서를 제출하였다[5]. 이후 1840~1860년대 러시아와 일본인 여행자들에 의해 토기, 돌도끼 및 화살촉 등의 유물 등이 보고되었다. 이들은 상인, 관료 등으로 이루어진 아마추어 고고학 애호가들이었다. 그들 중 지노비 미할로비치 벨킨(З. М. Белкин)은 자바이칼지역의 장교로 1865년 사할림섬의 육군지형측량과로 파견되었다. 그리고 니콜라이 알렉산드로비치 가레진(Н. А. Гарезин)은 1860년대 나이부친스키와 무라비예브에 근무했으며 훗날 홋카이도의 행정책임자가 된 마쓰우라 다케시로(松浦武四郎)는 1867~1868년 푸가체브스코예, 알렉산드로브스코예, 나이부치 등을 탐사하며 자세한 기록을 남겼다. 또한 지리학자이며 광산 엔지니어로 러시아지리광물학회 회원이었던 니콜라이 알렉산드로비치 라파틴(И. А. Лопатин)은 사할린섬의 중부 및 남부지역을 탐사하며 다수의 유물을 수집하였으며 해ㄱ당지역 레뱌지옘 호수, 타라이카 호수 그리고 알렉산드로브스코예-사할린 지역에 대한 보고서는 현재 국가기록보관소 상트페테르부크 지부에 보관되어 있다[6].

이런 기록들을 바탕으로 1862년 처음으로 고고학자이자 동물학자인 이반 시

---

5) А.А. Василевский, 위의 책, 18쪽.

6) И.А. Лопатин, "Некоторые сведения о 49 урочищах в Амурском крае," *Краеведческий бюллетень* (№1.1994), С.140-142.

메노비치 폴랴코프(И. С. Поляков)는 극동과 일본의 자연환경 탐사대의 대장으로 지역 내 고대 기념물에 대한 조사를 수행하였다[7]. 사할린은 탐사대의 첫 번째 목적지였으며 알렉산드로브스코항에서 수집한 조형물들은 모두 상트페테르부르크로 보내졌다[8]. 주요 유물은 석기들로 정교하게 제작된 긁개, 흑요석 칼날들이었다. 폴랴코프는 러시아 중부지역의 구석기 유적들에 대한 경험을 바탕으로 사할린섬의 전기신석기시대를 9,000~7,200년 전으로 설정하였다.

사할린섬의 소수원주민에 대한 연구는 슈테른베르크(Л. Я. Штернберг)에 의해 소개되었는데, 1894년 섬의 북쪽 니브흐족 마을에서 고대 조형물을 발견하였다. 조사지역은 탕기(Танги), 비아흐투(Виахту), 탐보(Тамл-во), 케프보(Кеф-во), 비스크보(Виск-во), 늬우르보(Ныур-во), 폼르보(Помр-во) 등이다. 이외에도 폴란드 초대대통령의 동생이었던 요제프 오시포비치 필수드스끼(Ю. О. Пилсудский)는 동료들과 함께 아니브(Анив)와 테르페니야(Терпения)만의 해안 마을들을 발굴하였다. 다만 당시 고고학발굴은 지금과 같이 체계적이진 못했지만 나름대로 기록을 남겨둔 역사적 평가를 받고 있다.

당시 19말~20세기초 뉴욕 미국자연사박물관의 저명한 인류학였던 프란츠 보아스(Franz Boas)가 미대륙 북서부, 아시아의 북동쪽 그리고 동쪽을 조사하기 위한 탐사대를 조직하였다. 이 탐사는 민족과 문화를 연구하기 위한 최초의 체계적인 인류학 탐사로 특히 북태평양 탐사가 주목을 받게 된다. 1898~1899년 탐사대는 아무르와 사할린섬을 조사하였다. 보아스는 탐사대에 독일계 미국인 동양학자인 베르톨트 라우퍼(Berthold Laufe)와 고고학자인 게라

---

7) И.С. Поляков,"Последнее приобретение России на самом Дальнем Востоке. На Сахалине," *Сахалин* (1895.- Т.XII.- Ч.2.- очерк IV), С.229-272.

8) В.О. Шубин, "История поселений Российско-Американской компании," *Краеведческий бюллетень* (№ 3, 1992) С. 12-64.

르드 포브카(Герард Фовка)를 초빙하였다. 이들에 의해 비록 완전하지는 않지만 섬의 민족 및 언어에 대한 방대한 자료가 수집되었다[9].

1905년 러·일 전쟁의 승리로 일본은 사할린의 위도 50° 남쪽지역에 대한 영행력하에 두게 되었다. 이후 러시아 내전과 1차 세계대전의 발발은 러시아 고고학자들의 사할린 연구에 대한 어쩔수 없는 공백기를 만들었다. 그 시기 1907년 일본 고고학자들은 일본제국과학원의 지원하에 동경대를 주축으로 탐사대를 구성하게 된다. 츠보이 쇼고로(Цубои Сёгоро)의 지도하에 2곳의 소규모 발굴이 진행되었다. 발굴사이트는 카이쭈끄(Кайдзук)와 그곳에서 북쪽으로 2km 떨어진 수수야강(р. Сусуя) 하구 부근이었다[10]. 1920~1925년 사이 일본의 사할린섬에 대한 영향력은 더욱 커졌으며, 1921년 6월부터 8월까지 아무르하류와 사할린 북부 지역에 대한 민족지 조사가 진행되었다. 조사책임자는 토리이 류조(鳥居 龍蔵)[11] 교수로 알렉산드로브 정착지와 차이보(Чайво)만에 대한 중세시대 유적 조사를 중점적으로 실시하였다. 그 결과는『인류학과 민족지학의 관점에서 본 동북아』이라는 책으로 1924년 출판되었다. 이후 사할린에서 주목할 만한 고고학 발굴은 키에노 겐지(Киено Кендзи)에 의해 1924년 수수이 유적 발굴로 이어졌다. 초기철기시대와 중세시대 유적의 수많은 고고학 유물과 인류학 자료가 수집되었다.

2차 세계대전 이후 사할린섬에 대한 연구는 1950년대 고고학자이자 민족지

---

9) К. Иноуэ. "Франц Боас и "незавершённый" Джезуп на острове Сахалин," *Известия Института наследия Бронислава Пилсудского*. (№ 8, 2004), С.159-178.

10) М.М. Прокофьев, Японские археологи и этнологи - исследователи Южного Сахалина и Курильских островов. Материалы к биографиям ученых. VII. Цубои Сёгоро (1863-1917), *Краеведческий бюллетень*. (№1., 2001), С.123-128.

11) 일본의 고고학, 민속학, 인류학자로 도리이 류조가 한반도를 비롯한 동북아시아 일대에서 수집한 자료의 대부분은 현재 도쿠시마 현립 도리이 기념박물관에 보관되어 있다.

학자인 보리스 알렉산드로비치 제렙쵸프(Б. А. Жеребцов) 아이누에 대한 고고·인류학 조사를 수행하였다. 그 자료들은 일본측 소장품들과 함께 향토박물관의 주요 소장자료가 되었다. 또한 오클라드니코프(1954)와 코즈레브(1955)에 의해 극동지역에 대한 체계적인 고고학 조사가 진행되었으며 그 결과 고고학자들은 기원전 2,000년에 사할린 북부에 쁘리아무르 지역에서의 이주가 있었다고 추정하였다. 섬의 남쪽은 연해주에서의 이주를 상정하여 사할린섬에는 남북이 각기 다른 신석기 문화를 형성했다고 추정하였다.

1970년대 이후에는 골루에브(В. А. Голубев), 바실리에브스키(Р.С. Васильевский), 슈빈(В. О. Шубин)과 같은 고고학자들에 의해 1980년까지 고고학 발굴이 진행되었으며, 타코예-2(Такое-2)와 같은 전기신석기시대 유적이 발굴되어 사할린섬의 고대문화에 대한 많은 정보를 얻게 되었다. 이를 통해 국립남사할린사범대와 사할린향토박물관은 그 지역에서 체계적인 고고학 발굴의 핵심연구기관이 되는 계기가 되었다.

1990~2000년대에는 30여개의 전기신석기시대 유적, 전기구석기시대 그리고 후기구석기시대 유적들이 발굴되어 구석기시대에서 신석기시대로의 연속성에 대한 충분한 정보를 제공하였다. 지난 20년간 사할린에서 진행된 사할린-2 프로젝트(1994-2009)[12]는 장기간의 공사와 파이프라인 공사를 동반하기 때문에 러시아 정부는 개발 지역 내 문화재 발굴과 보존에 각별한 노력을 기울이며 공사를 진행했다. 구제발굴을 통해 구석기시대부터 중세시대에 이르기까

---

12) 사할린의 석유 및 가스 개발 프로젝트로 오호츠크해의 필턴-아스토크스(Piltun-Astokhskoye) 유전과 룬스코예(Lunskoe) 천연 가스전 개발과 연안의 관련 기반시설 개발이다. 여기서 만들어지는 천연가스를 공급하기 위한 파이프라인(트랜스사할린 파이프라인) 건설을 위해 사할린에너지와 사할린국립대학교가 구제발굴을 진행했다 (2017).

지 다양한 시기의 유적들이 발견되었으며 사할린의 중기신석기시대 소니문화

〔그림 1〕사할린섬의 전기신석기시대 유적 분포현황(V. A. Grishchenko, 2011)

1. Озерск-2 2. 쁘리고라드노예(푸가우미-메레이) 3. 코스트롬스코예 4. 슬라브나야-1 5. 슬라브나야-4 6. 슬라브나야-5 7. 스따로두브스꼬예 8. 포레취예-4 9. 베르단스키예 오제라-2 10. 늬이보-1,2 11. 비바취노예-1 12. 오또푸투-2 13. 녜자메뜨노예-1 14. 노보알렉산드로브스크-1 15.-27. 푸가체보 1-6, 12-15, 19, 21 28. 타이가 29. 벨로에-2 30. 아도-튀모보-2 31. 드짐단-5, 고렐리이-1 32. 나빌-1 33. 다기-7 34. 훈막타-1 35. 코싸야-1 36. 삐쉐라 메드베쥐니흐 트라게디이 37. 삐쉐라 아스탄쩨바야 38. 삐쉐라 지그자그 39. 쿠즈네쪼보-3,4 40.

에 속하는 여러 유적들 또한 발견되었다(A. A. 바실리예프스키 외 2016)[13].

Ⅲ. 사할린섬의 전기신석기시대 유적

현재까지 발견된 사할린섬의 전기신석기시대 유적들은 40여 곳에 이른다. 유적은 섬 전체 지역에 골고루 분포하고 있으며, 분포양상은 주변환경에 적응하기 위한 생계양식을 반영하여 크게 세가지 형태로 구분된다[14].

- 해안가 만연안 지역 마을 : 현재 해안가에서 1km 이내에 위치한 7~15m 높이 테라스에 분포

- 해안에서 멀리 떨어진 강가 : 큰강 주변지역으로 발강, 양가강, 나빌강, 푸가체부카강, 수수야강 일대이다. 중하류 일대에 집중되어 있으며 해발고도는 5m부터 110m에 이르기까지 다양하다.

- 산악지대 : 동굴과 한데유적을 포함한다. 메디베쥐흐 트라게디이, 지그자그, 아스탄쩨바야 동굴이 대표적이다.

[표 1] 유적 분포양상에 따른 세가지 형태구분

구분		대표유적	특징
1	해안가	슬라브나야-4, 스따로두브스꼬예-3, 포레췌예-4, 슬라브나야-5, 베르 스키예 오제라-2, 늬이보, 오또푸투-2, 비바취노예-1, 녜자메뜨노예-1,	현재 해안가에서 1km 정도 떨어진 7~15m 높이의 테라스에 위치
2	강가	푸가체보 1-6, 아도-튀모보-2, 나빌-1, 벨로예-2, 훈막타-1, 발, 노보알렉산드로브스크-1	발, 양가, 나빌, 팀임, 푸가체브카강의 중류 지류 부근에 위치
3	산악	메디베쥐흐 트라게디이, 지그자그, 아스탄쩨바야 동굴	동굴

---

13) 방민규, 위의 논문, 3쪽.
14) V. A. Grishchenko, *Early neolithic of Sakhalin island*, Sakhalin State UnIVersity (2011), p. 183.

1. 슬라브나야-5(Славная-5)

슬라브나야-5 유적은 2005년 사할린국립대의 발굴조사단이 조사하였다. 사할린남부 철도역 두디노(Дудино)에서 남쪽으로 3.5km 떨어진 곳에 위치하고 있으며 오호츠크해 해안가로부터는 서쪽으로 350m 떨어져 있다. 15m 높이의 테라스로 서쪽과 북쪽 사면이 높고 동쪽이 낮은 지형이다. 문화층은 지표하 10cm에서 발견되었으며 발굴은 사할린국립대학교의 그리센코에 지휘하에 체계적으로 진행되었다[15].

〔그림 2〕토층 확인 피트 정리 후 모습과 흑요석제 석기 발견 지점(그리센코, 2011)

지표면의 나무와 뿌리들을 먼저 제거하고 10cm 깊이로 평탄하게 문화층을 발굴하였다. 부식토와 갈색점토층으로 형성된 문화층은 일부 교란되기도 하였다. 토층은 크게 5개층으로 구분되었고, 2-3층 모두 가늘고 울퉁불퉁한 갈색 점토층이며 목탄은 2-3층에서 모두에서 발견되었다. 대부분의 유물은 3층에서

---

15) В.А. Грищенко, А.В. Можаев, "Раскопки стоянки раннего неолита Славная-5 на острове Сахалин в 2006 году", *Проблемы археологии, этнографии, антропологии Сибири и сопредельных территорий* (XII-1, 2006), с. 55-59.

출토되었다. 표토층과 1층에서는 전체 유물의 10% 정도인 195점의 유물이 발견되었다. 상층인 표토층과 1층이 문화적으로 전시신석기시대로 편년되었다 (흑요석제 뗀돌살촉 문화). 섬세한 기법의 많은 돌날몸돌들이 출토되었으며 망치돌 및 뼈 등의 석기제작도구를 서로 직접 또는 간접적으로 부딪쳐 박편을 떼어낸 후, 전면 또는 일부 지점에 잔손질 등을 하여 제작한 것으로 보인다.

〔그림 3〕 좀돌날과 좀돌날 몸돌(그리센코, 2011)

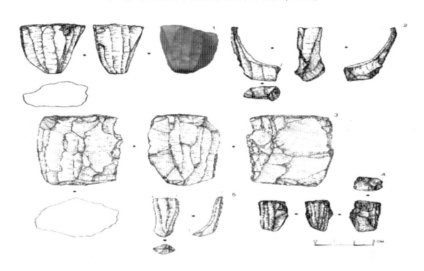

2층에서 출토된 흑요석제 석기들의 원산지는 인접한 홋카이도이며 출토유물의 55%에 해당한다[16]. 흑요석 석기는 크게 화살촉과 창끝으로 구분된다. 2층에서 출토된 흑요석 창끝은 길이가 20cm에 이른다. 화살촉이나 박편과 같은 소형석기가 좀 더 분포범위가 넓은 것으로 나타났으며 창끝과 같은 대형석기의 출토범위는 좁은편이다.

---

16) V. A. 그린센코, 위의 책, 32쪽.

〔그림 4〕흑요석제 뗀돌살촉(그리센코, 2011)

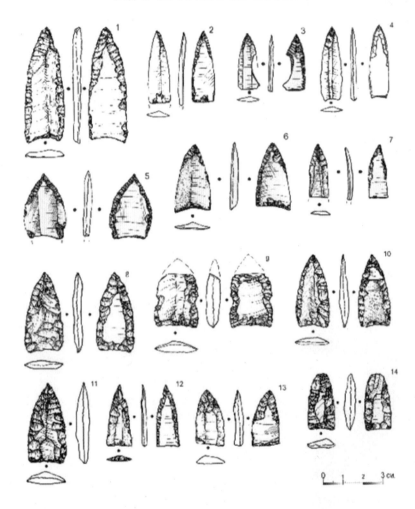

또한 석창, 굴지구류, 돌칼 등 납작한 형태를 가진 대형석기들도 출토되었는데, 출토량은 많지 않은 편이다. 굴지구와 유경식 석창들도 출토되었지만 전체 유물에서 차지하는 비율로 보면 매우 적은 편이다. 가장 주목할 만한 유물은 2층 출토품 중에는 토기편 뿐만 아니라 지름 4cm의 반지 1점이 출토되었다

는 것이다(그림. 또한 낚시추로 사용된 돌추도 발견되어 사할린섬에서 가장 이른시기 어로활동에 대한 모습을 보여 주고 있다.

토기편은 전체 유물의 1.8%에 해당되는 극히 소수이며 35개의 토기편이 수습되었다. 일부 토기편의 외형은 중기신석기시대 소니문화 토기 유형과 유사한 형태를 보여준다. 다른 형태는 벽체가 얇고 평평한 형태를 띠며 흑회색를 띠고 있다. 이런 형태는 소니문화 토기유형과는 차이가 있지만 확실한 기원에 대한 논의를 하기에는 자료가 부족한 상태이다.

2-3층에서 출토된 목탄 중 3층에서 출토된 목탄에 대한 방사성탄소연대측정 결과는 6,550±125년이다[17]. 기대와는 달리 연대가 떨어지는데 중기신석기시대층에 가까운 결과값으로 좀 더 논의가 되어야 할것으로 보인다.

〔그림 5〕 마제 돌반지 전 · 후면 모습(그리센코, 2011)

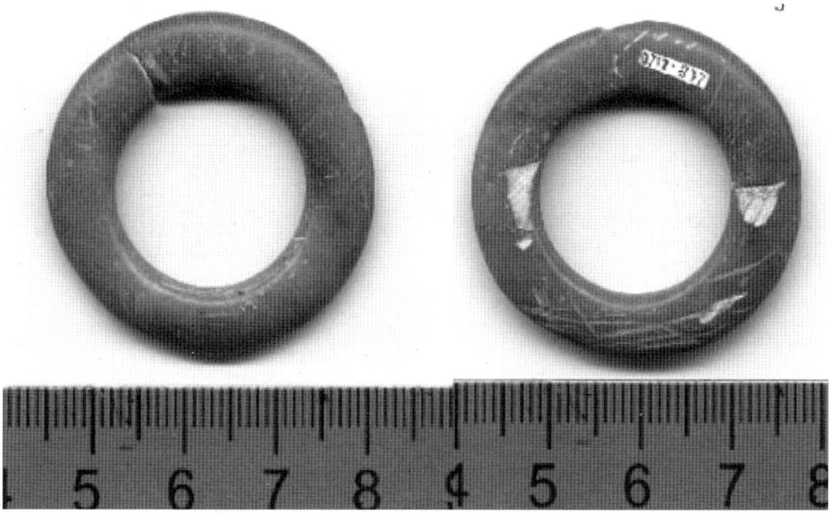

---

17) 노보시비리스크에 위치한 소블레브 지질광물연구소(Институт геологии и минералогии имени В.С. Соболева)에서 수행한 연구결과이다.

이상과 같은 유적상태로 보아 갈샐과 황색점토층이 전기신석기시대 문화
층에 해당된다고 볼 수 있다. 또한 루도이가 발표한 고환경복원 연구결과와도
일치하는데, 루도이는 이 지역이 이른홀로세 환경의 증거를 갖고 있다고 보
고 있다. 자작나무 등과 같은 산림자원이 자연화재 등의 결과로 토층내 목탄
이 함유된 것으로 파악하였다. 화분분석을 통해 따뜻하고 습한환경에서 자라
는 식물들이라는 점이 확인되어 전기신석기시대 유적에 대한 과학적인 증거
가 뒷받침되었다.

2. 아도프투-2(Одопту-2)

아도프투-2 유적은 사할린섬의 북부 오호츠크해 연안 필툰만(залив Пильтун)
에 위치하며 해안테라스 반경 20m에 분포하고 있다. 주변에 깨끗한 식수
를 구하기에 용이한 호수가 자리잡고 있으며 이 호수의 물길은 바다로 이어
진다. 1978년 골루베브(В.А. Голубев)가 이끄는 남사할린국립사범대(현 국립
사할린대학교) 발굴단이 200㎡를 발굴하고 아도프투-1(Одопту-1)과 아도프
투-2(Одопту-2)로 명명하였다. 이후 2008년 국립사할린국립대학교 발굴단이

〔그림 6〕 발굴 후 정리된 유구와 유물 출토 모습(그리센코, 2011)

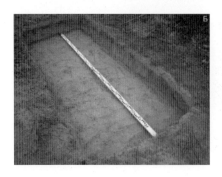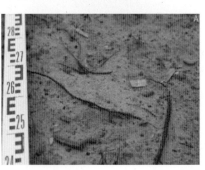

기존 발굴지역에 대한 재조사를 실시하였다. 기존 발굴지역에서 130m 남쪽으로 떨어진 곳에서 발굴을 진행하였거 문화층을 확인하였다. 석기들의 특징으

〔그림 7〕좀돌날(1-15), 토기편(15-16), 석기(17)(그리센코, 2011)

로 보아 기존 발굴지역과 동일한 성격을 갖고 있는 것으로 보인다.

유적 토층의 단면이 일치하고 지표하 0.5cn애서 12cm까지의 짙은 갈색모래층과 밝은 황갈색 모래층이 단면에서 확인되고 있다. 작은 좀돌날들이 주류를 이루지만 길이 8~10cm 내외의 흑요석제 석기들도 수습되었다. 석기들 중 찌르개가 특징적이며 이 유적이 전기신석기시대 유적임을 알려주는 중요한 유물이기도 하다.

남쪽 홋카이도섬과의 교류를 알려주는 흑요석제 석기도 출토되었는데 1978년 아도프투-2 유적의 흑요석 원산지 분석을 통해 밝혀졌다. 2008년 발굴피트에서 토기편이 처음 발견되엇는데 흑갈색모래층에서 흑요석제 석기들과 좀돌날들이 함께 발견되었다. 4개의 토기편은 두께가 5mm 내외로 얇은편이다. 이들 토기편의 발견으로 아도프투-2 유적의 연대가 홀로세 초기(8,000~9,000년 전)부터 전기신석기시대로 편년되었다. 신석기시대로의 이행과정 속에서 양면석기 기술이 사용된 석기들이 발견되지 않았다는 점에서 전기신석기시대 유적중에서도 가장 이른시기의 유적이라고 평가받고 있다.

3. 슬라브나야-4(Славная-4)

슬라브나야-4 유적은 전기신석기시대 두 번째 단계에 해당하는 유적으로 중기신석시대의 가장 이른시기 유적으로 보는 시각도 있다. 2005년 구제발굴을 통해 유적의 성격이 규명되었는데 유적은 사할린섬 남부에 위치하며 오호츠크해 연안에서 서쪽으로 400m 떨어진 지점이다. 10월과 11월에 걸쳐 진행된 발굴을 통해 전체 유적 범위에 대한 확인을 실시하였다.

해안가 사면 10-15m 범위에 걸쳐 발굴을 진행하였으며, 이름없는 작은만의 사면을 절개하여 문화층을 확인하였다. 동쪽으로 기울어진 사면에서는 초목

〔그림 10〕 반수혈주거지1, 2 발굴 현장 모습(그리센코, 2011)

이 우거져 있으며 남쪽사면에는 작은 골짜기가 형성되어 있다. 2006년 사할린 프로젝트-2 공정이 본격화되면서 발굴도 본격적으로 진행되었다.

사면의 높이는 해수면으로부터 14-15m 정도가 되며 이 지점에서 전체 토층이 확인되어 문화층을 확인할 수 있었다. 중기신석기시대 이른시기 문화인 소니문화와 연결되는 돌화살촉과 전시신석기시대 흑요석제 석기 그리고 반수혈주거지가 발굴되었다. 낮은 서쪽지점에서 좀 더 높은 동쪽지점으로 이동하며 발굴을 진행하였다. 전체 층위는 표토층을 포함하여 6개츠응로 구성되어 있다.

표토층은 5-30cm로 부식토와 갈색점토층으로 구성되어 있으며 상당부분 교란이 되어 잇는 상태이다. 1층은 5cm 내외의 부식토층이며, 2층은 10-40cm

〔그림 11〕 토기편과 반수혈주거지1 내부 모습(그리센코, 2011)

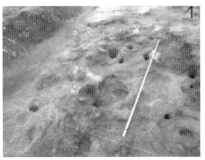

두께의 갈색점토층과 황색 점토층으로 구성되어 있다. 3층은 흑갈색 사양토층으로 회색점토층도 포함하고 있다. 토층 두께는 10-20cm 이다. 4층은 회녹색 점토층이 섞인 황갈색 점토층으로 형성되어 있으며 반수형주거지 1과 2의 바로 위층에 해당된다. 5층은 흑회색 사양토층이며 주거지의 문화층에 해당된다. 주거지의 토층은 10-20층 내외이다. 6층은 황갈색 모래층으로 유물은 발견되지 않았다.

주거지 1과 2에 2×2, 2×1.5m의 피트를 통해 주거지 바다까지의 토층을 확인하였다. 주거지 내부에서는 양면가공 석기와 함께 소니문화 유형 토기편도 발견되었다. 흑요석제 석기는 소수만이 발견되었다. 이를 통해 슬라브나야-4 유적과의 연대설정도 가능하게 되었는데, 전기신석기시대 두 번째 단계로 편년되었다. 주거지 1에서 출토된 목탄을 통해 방사성탄소연대 측정이 진행되었는데 4,970±120년의 값을 나타냈다. 주거지 2의 측정연대값은 7,445±115년으로 나타나 전기신석기시대 편년과 일치하는 값을 보여주었다. 주저지 1에서 출토된 토기편은 발열광연대측정을 통해[18] 8,135±50년, 8,150±50년의 값을 나타냈다.

이상과 같은 상황을 종합해보면 슬라브나야-4 유적은 사할린섬 남부 중기신석기대문화인 소니문화의 이른시기에 해당된다고 볼 수 있다. 전기신석기시대 유물인 흑요석제 화살촉과 함께 규암제 석기, 양면석기의 출현은 중기신석기시대 소니문화로의 변화과정속에 나타난다. 주거지 1, 2의 발굴을 통해 흑요석제 화살촉이 전기신석기시대의 지표유물로 볼 수 있음을 확인하였다. 토기편을 통한 연대측정 값들을 종합해보면 사할린섬의 전기신석기시대의 두 번째 단계의 범위는 7,000~8,000년으로 볼 수 있다고 판단된다.

---

18) 그리셴코, 앞의 논문, 49쪽.

〔그림 12〕 무경식과 유경식 화살촉(그리센코, 2011)

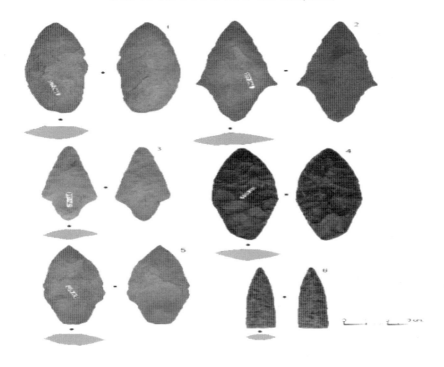

〔그림 12〕 무경식과 유경식 화살촉(그리센코, 2011)

4. 푸가체보-1(Пугачево-1)

전기신석기시대의 두 번째 단계에 해당하는 유적이다. 사할린주 마카로브스끼 지역의 푸가체보 강의 왼쪽 하안단구 반경 10~15m에 위치한다. 1984년 유적은 이미 지역 고고학자인 고르부노프(С.В. Горобунов)의 발굴을 통해 알려졌다. 1989년 또 한번의 발굴이 진행되었는데, 이 당시 수습된 유물들이 전기신석기시대의 특징을 보여주었는데 흑요석제 석기들,양면석기들을 비롯한

〔그림 8〕 양면가공 찌르개 및 석기(그리센코, 2011)

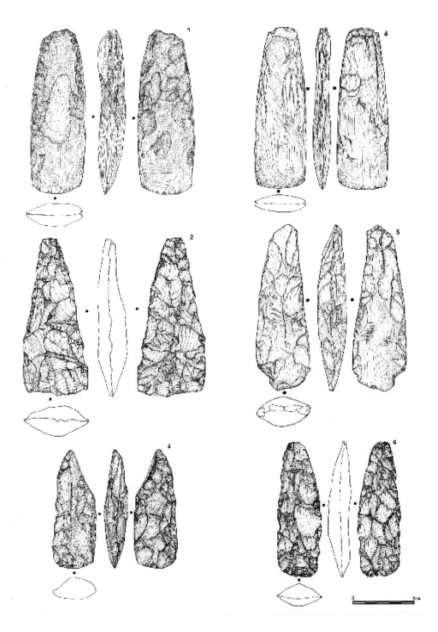

다양한 석기들이 발견되었다[19].

1998년부터 2005년 사이 사할린-2 프로젝트로 인해 국립사할린대학교 발굴단이 구제발굴에 나서 테라스에 대한 발굴을 진행하였다. 세 지점에서 문화층을 확인하였으며 유적의 범위 또한 확인하였다. 푸가체보-1 유적 3지점은 발굴범위가 5,000㎡ 정도였고 유구 및 유물은 220㎡ 범위 정도에 분포하였다[20]. 반경 10m 범위에서 진행된 발굴지점은 푸가체보강 하안단구에 위치하며 10-15m 정도 깊이로 사면을 절개하였다.

문화층의 최상층(1층)은 10cm 정도이며 황색점토층, 흑갈색점토층에서 유물이 발견되었으며, 2층은 10-15cm, 3층은 20-25cm 정도의 토층으로 구성되어 있고 최하층 4층은 적갈색점토층 위에 푸른색 점토층을 형성하고 있다. 유물은 주로 4층에서 출토되었으며 최상층은 현대에 이르러 사람들에 의해 교란되고 훼손된 것으로 확인되었다. 각기 다른 토층에 대한 분석은 현재 진행중이다.

수습된 유물들을 살펴보면 전기신석시대의 두 번째 단계에 해당하는 특징을 보여주는데 석기들은 주로 근처에서 구하기 용이한 이암(Mudrock), 규암(Quartzite) 등의 암석들을 사용하였다. 외부에서 들어온 석기들을 주로 홋카이도산 석재들을 사용한 것으로 보인다. 전체 유물 중 5.1% 정도에 해당된다.

좀돌날 몸돌은 5점 정도 발견되었는데, 석기 유물에서 차지하는 비중은 매

19) С.В. Горобунов, Список археологических памятников Макаровского района. *Вестник сахалинского музея* (v.10, 2003), с. 379-396.

20) В. А. Гришенко, Отчёт. О спасательных археологических раскопках, проведенных отрядом 2 археологической экспедиции Сахалнского государственного университета в зоне строительства трубопроводов по проекту Сахалин-2 на оъекте культурного населения - стоянке Пугачево-1, пунта 3 в Макаровском районе Сахалинской обласьти в 2005 году. Деп.(5, 2006), с. 152.

〔그림 9〕양면가공 도끼(그리센코, 2011)

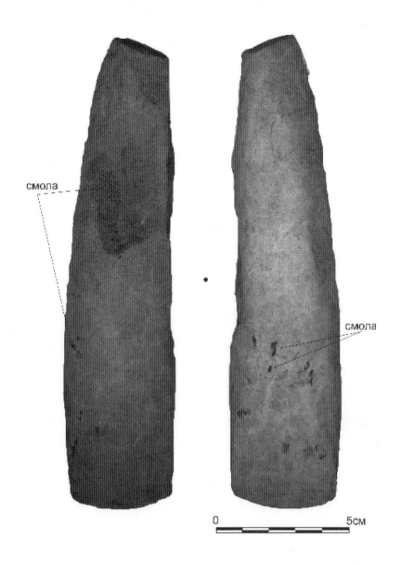

우 낮은편으로 유적의 특징을 잘 보여주고 있다. 양면석기 같은 정교하게 제
작된 찌르개와 돌칼 그리고 작고 예리한 돌화살촉도 발견되었다. 다양한 형태

의 흑요석제 석기들이 발견되었는데 무경식과 유경식으로 구분된다.

유적의 연대는 방사성탄소연대측정법을 통해 1,100±95년으로 나타났는데 유적의 마지막 사용연대를 보여주는 것으로 추정되며 정확한 상한 시기는 유물과 토층을 통한 상대연대로 추정하고 있다. 푸가체보 유적을 통해 지역 석재를 이용한 석기 제작 사실이 확인되었으며양면손질 흑요석제 석기와 슴베가 있는 석기와의 조합이 처음 발견되어 사할린섬의 전기신석기시대 두 번째 단계의 문화를 잘 보여주는 유적으로 평가 받고 있다.

5. 지그자그 동굴(Пещера Зигзаг)

지그자그 동굴은 1950년대 초반 지질학자인   치노브(И.Ф. Немчинов)에 의해 발견되었다. 1988년 지역연구자 그룹인 〈아보리겐()〉이 가르부노브의 주도하에 동굴조사가 진행되었다.[21] 동굴은 사할림섬의 중동부 오렐산에 위치하며, 자우쥐강과 이바슈키강이 양쪽으로 흐르고 있다. 행정구역으로는 이즈베스트꼬이 스미르늬호브스코보군에 속한다. 동굴은 오렐산의 정상에서 북서 경사면 0.2km 지점에 위치하며 동쪽에 들어가는 입구가 있다.

분포양상으로 보면 강가 유형으로 구분할 수도 있지만 동굴이라는 형태가 특징적이기 때문에 동굴 유형으로 분류한다. 동굴은 폭 0.5~0.7m, 높이 0.8~1.1m의 크기이다. 전체 동굴길이는 19m 정도이다. 입구는 꽤 가파르며 동굴 내 온도는 상대적으로 높은편이다. 이곳을 가르부노브가 8m 정도 발굴을 진

---

21) Э. В. Алексеева, С. В. Горбунов, Н. Б. Михеев, В. В. Зуенко, ПАЛЕОНТОЛОГИЧЕСКИЕ И АРХЕОЛОГИЧЕСКИЕ НАХОДКИ В ПЕЩЕРЕ ЗИГЗАГ НА ГОРЕ ОРЕЛ, ВЕСТНИК САХАЛИНСКОГО МУЗЕЯ(2,1995), с. 350-353.

행하였다. 1×1m 크기의 그리드를 5개 정도 구획하였으며 지표하 20cm에서 문화층을 발견하였다.

토층의 양상을 살펴보면 다음과 같다. 표토는 2~3cm 두께의 회갈색 점토층이고, 그 아래로는 15~16cm의 흑갈색 부식토가 식물뿌리들과 섞여 있으며, 회갈색 점토층도 끼여 있다. 문화층은 회갈색 점토층으로 형성되어 있는 3층으로 회살색점토층이다. 이층에서 고동물학자인 알렉세예바가 동물뼈 조각 411개를 수습하였다. 확인된 동물뼈는 사슴의 큰정강이뼈로 판정되었는데 학명은 Cervus Elaphus(붉은사슴)이다. 4번 그리드에서서도 붉은사슴의 견갑골이 발견되었는데, 오호츠크해 연안에서 30km 정도 떨어진 거리이다.

또한 수많은 곰뼈가 수습되었는데 4번 그리드에서 붉은사슴의 견갑골과 함께 곰의 큰 견갑골도 같이 발견되었다. 동물뼈들의 대부분은 성숙한 개체들이었으나 발견도니 곰들은 대부분 어린개체들로 판명되었다. 뼈들과 함께 석촉 3개도 발견되었다.

이런 결과를 바탕으로 조사자는 동굴에서 발견된 뼈들은 사냥꾼에 의해 포획된 것들로 추정하였다. 동굴은 사냥을 위한 일시적인 거처로 사용되었으며, 사냥무리가 크지는 않았을 것으로 보고 있다. 사용시기는 전기신석기시대(9,000-7,000년 전)로 추정 되어지며, 사냥꾼들은 한곳에 머물지 않고 이동을 한 것으로 보인다. 동굴에서 해상포유류의 뼈도 발견되었는데 이들의 이동거리는 해안까지의 거리를 감안하면 30~50km 정도 였던 것으로 보인다.

IV. 맺음말

본 연구의 목적은 사할린섬의 전기신석기시대 고고학 유적의 특징을 살펴봄으로써 이 지역의 신석기시대 문화적인 양상을 살펴보고 과거 사할린 원주민의 삶의 모습에 대한 정보를 제공하는 것이다.

사할린섬의 고고학 연구는 시대적 배경에 따라 크게 4단계로 구분된다. 러시아제국(1867~1905년), 일본(1905~1945년), 소련(1945~1980년대), 그리고 러시아연방(1989~현재)의 시대적 흐름속에서 진행되었다. 1990~2000년대에는 30 여개의 전기신석기시대 유적, 전기구석기시대 그리고 후기구석기시대 유적들이 발굴되어 구석기시대에서 신석기시대로의 연속성에 대한 충분한 정보를 제공하였다. 지난 20년간 사할린에서 진행된 사할린-2 프로젝트(1994-2009)는 장기간의 공사와 파이프라인 공사를 동반하기 때문에 러시아 정부는 개발 지역 내 문화재 발굴과 보존에 각별한 노력을 기울이며 공사를 진행했다. 구제발굴을 통해 구석기시대부터 중세시대에 이르기까지 다양한 시기의 유적들이 발견되었다.

현재까지 발견된 사할린섬의 전기신석기시대 유적들은 40여 곳에 이른다. 유적은 섬 전체 지역에 골고루 분포하고 있으며, 분포양상은 주변환경에 적응하기 위한 생계양식을 반영하여 크게 세가지 형태로 구분된다. 첫 번째 유형은 해안가 만연안 지역 마을(슬라브나야-5, 아도푸투-2, 슬라브나야-4), 두 번째는 해안에서 멀리 떨어진 강가(푸가체보-1), 세 번째는 산악지대에 분포(지그자그 동굴)한다. 사할린섬의 전기신석기시대의 편년은 보통 9,000~7,200년 전으로 보고 있다.

대표적인 전기신석기시대 유적인 슬라브나야-5(Славная-5), 아도푸투-2(Одопту-2), 푸가체보-1(Пугачево-1), 슬라브나야-4(Славная-4), 지그지그 동굴(Пещера Зигзаг) 유적의 특징을 통해 사할린섬의 구석기시대로부터 신석기시대로의 이행과정에 대한 많은 정보를 얻을 수 있었다. 전기신석기시대 유적 중 1단계에 해당되는 슬라브나야-5(Славная-5), 아도푸투-2(Одопту-2) 유적의 특징은 흑요석제 뗀돌살촉 문화로 특징지어지며, 2단계인 푸가체보-1(Пугачево-1), 슬라브나야-4(Славная-4) 유적은 양면가공 흑요석제 석기와 슴베가 있는 석기와의 조합이 나타나는 특징을 보여준다.

　사할린섬의 전기신석기시대 유적 4곳에 대한 연구성과를 바탕으로 대략적인 전기신석기시대 문화의 흐름을 파악해보았다. 부족한 부분은 추후 사할린섬의 신석기시대 전반에 걸친 고고학 발굴 연구성과를 조사해서 한반도 신석기시대 뿐만 아니라 동북아시아 지역의 신석기시대 문화와의 비교를 통해 전체적인 양상을 파악할 수 있기를 기대해 본다.

〈참고문헌〉

김정훈, 북극권의 인문지리 현황 분석: 러시아를 중심으로, 『한국 시베리아연구』제 24권 4호, 2020.

방민규, "사할린섬의 신석기시대 원주민의 발자취와 자원 활용에 대한 연구 : 중기신석기시대 소니문화를 자료를 중심으로," 『아태연구』제29권 제2호, 2022.

Grishchenko, V. A., *Early neolithic of Sakhalin island*, Sakhalin State UnIVersity, 2011.

Алексеева, Э. В., Горбунов, С. В. Михеев, Н. Б. Зуенко, В. В., ПАЛЕОНТОЛОГИЧЕС КИЕ И АРХЕОЛОГИЧЕСКИЕ НАХОДКИ В ПЕЩЕРЕ ЗИГЗАГ НА ГОРЕ ОРЕЛ, *ВЕСТНИК САХАЛИНСКОГО МУЗЕЯ*, v.2, 1995.

Василевский, А.А., *КАМЕННЫЙ ВЕК ОСТРОВА САХАЛИН*. Южно-Сахалинск, 2008.

И.А. Лопатин, "Некоторые сведения о 49 урочищах в Амурском крае," *Краеведческий бюллетень*, №1. 1994.

Горобунов, С.В., Список археологических памятников Макаровского района. *Вестник сахалинского музея*, v.10, 2003.

Гришенко, В. А., Отчёт. О спасательных археологических раскопках, проведенных отряддом 2 археологической экспедиции Сахалнского государственногоуниверситета в зоне строительства трубопроводов по проекту Сахалин-2на оъекте культурного населения - стоянке Пугачево-1, пунта 3 в Макаровском районе Сахалинской области в 2005 году. Деп. 5, 2006.

Грищенко, В.А., Можаев, А.В., "Раскопки стоянки раннего неолита Славная-5 наострове Сахалин в 2006 году", *Проблемы археологии, этнографии, антропологии Сибири и сопредельных территорий*, ХⅡ-1, 2006.

Иноуэ, К., "Франц Боас и "незавершённый" Джезуп на острове Сахалин," *Известия Института наследия Бронислава Пилсудского*., № 8, 2004.

Поляков, И.С., "Последнее приобретение России на самом Дальнем Востоке. На Сахалине," *Сахалин*, ХII.- Ч.2.- очерк IV, 1895.

Прокофьев, М.М., Японские археологи и этнологи - исследователи Южного Сахалина и Курильских островов. Материалы к биографиям ученых. VII. Цубои Сёгоро (1863-1917), *Краеведческий бюллетень*., №1., 2001.

Шубин, В.О., "История поселений Российско-Американской компании," *Краевед ческий бюллетень*, № 3, 1992.